구술기록집
남양군도의 기억
– 잊혀진 섬, 그 곳은 지옥이었다.

강제동원 & 평화총서 17

구술기록집
남양군도의 기억
- 잊혀진 섬, 그 곳은 지옥이었다.

초판 1쇄 발행 2021년 2월 26일
초판 2쇄 발행 2021년 3월 26일

엮은이 정영민
사 진 강건구
교 정 박인아
구술자 안옥순 외

펴낸이 윤관백
펴낸곳 도서출판 선인

등 록 제5-77호(1998. 11. 4)
주 소 서울특별시 마포구 마포대로 4다길 4
전 화 02-718-6252
팩 스 02-718-6253
E-mail sunin72@chol.com

정 가 19,000원

ISBN 979-11-6068-457-5 94900
     978-89-5933-473-5 (세트)

■ 저자와의 협의에 의해 인지 생략.
■ 잘못된 책은 교환해 드립니다.

이 책은 경상남도 지역방송발전기금 지원에 힘입어 제작되었습니다.

구술기록집

남양군도의 기억
-잊혀진 섬, 그 곳은 지옥이었다.

정영민 엮음
강건구 사진
안옥순 외 구술

도서출판 선인

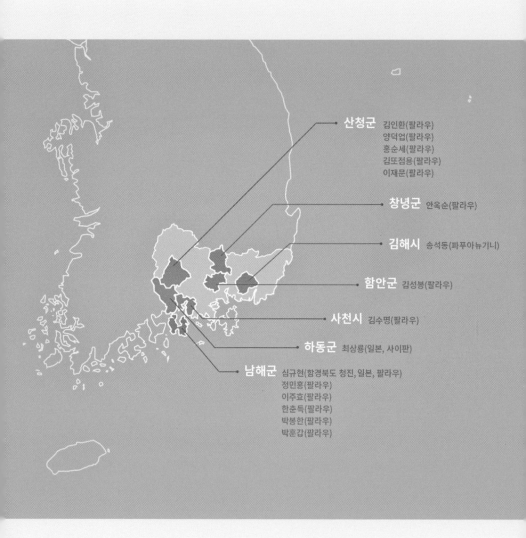

산청군 김인환(팔라우)
양덕업(팔라우)
홍순세(팔라우)
김또점용(팔라우)
이재문(팔라우)

창녕군 안옥순(팔라우)

김해시 송석동(파푸아뉴기니)

함안군 김성봉(팔라우)

사천시 김수명(팔라우)

하동군 최상룡(일본, 사이판)

남해군 심규현(함경북도 청진, 일본, 팔라우)
정민홍(팔라우)
이주효(팔라우)
한춘득(팔라우)
박봉한(팔라우)
박훈갑(팔라우)

"세상 어디에도 없던 지옥이었다."
"자신들이 피해자인지 몰랐던 사람들"
"피해자성을 공유하는 노력을 해야"

사람들은 저마다 다른 시간이 흐른다.

"9살 때 와서 4년 있으니까 전쟁이 나버렸어 대동아전쟁", "남태평양에서 걸어
나오는데 시체가 쌓여서 시체를 밟고 넘어오는데", "B−29호가 위에서 막 폭격을
해대니까 피가 막... 밑으로 냇물처럼 흘러내려왔다고"

피비린내 나는 전쟁의 기억이었다고 말하는 남양군도 피해자와 2세들의 증
언이다.* 한국에서 3,000여 킬로미터 떨어진 중서부태평양지역. 이 푸른 바다
에서 벌어진 전쟁을 위해 수많은 조선인들이 끌려갔다. 요새와 같은 동굴을 파
고, 비처럼 쏟아지는 포탄을 피해 활주로를 닦으며, 일본군을 위해 진지를 구
축했다. 바다 깊은 곳으로 가라앉은 이곳, 이곳의 이름은 남양군도였다!
　미국과 벌인 태평양전쟁을 일본은 '대동아전쟁'이라고 불렀다. 전쟁 목적은
대동아의 신질서 건설에 있다고 주장한 일본제국. 아시아의 해방을 자처하며
그들은 이 전쟁을 정당화했다. 그렇게 3년 8개월 간 일본은 태평양 전역에서
밀고 밀리는 전투를 이어갔다. 19세기 말 팽창정책을 거듭한 일본은 중국과 동
남아시아의 광대한 영토와 태평양 일대를 침략해 거대한 식민 제국을 경영했
다. 지금의 미크로네시아 섬 일대를, 일본은 '남양군도'라 불렀다. 태평양의 작

----

* 　남양군도 역사와 강제동원에 대해서는 정혜경 저, 『팩트로 보는 일제 말기 강제동원 1 − 남
　양군도의 조선인 노무자』(도서출판 선인, 2019년) 참조

은 섬나라, 다이버들의 천국이라 불리는 팔라우의 바다 속엔 아름다운 산호초를 대신하는 차가운 물체들이 있다. 이들에게도 거칠고 험한 세월이 있었다는 걸 증명하듯, 여기저기 전쟁의 상흔으로 을씨년스러웠다. 소리 없이 역사를 증명하는 잔혹한 전쟁의 잔해들이 말해주고 있는 듯했다.

설탕을 얻기 위한 사탕수수 재배지로, 또한 동남아시아와 남태평양으로 진출하기 위한 전략 거점으로 일본은 일찍부터 이곳에 공을 들였다. 부족한 노동력을 공급하기 위해, 당시 식민지였던 조선에 눈을 돌렸다. 1938년 국가총동원법을 공표한 후 전시체제기를 선언한 일본은 식민지·국민을 자국의 전쟁물자로 동원했다.

경북 청송군 출신 김정환씨는 남양군도 징용살이를 기록했다. 20년 전 그가 직접 작성한 원고에는 일본에 속아 남양군도까지 가게 된 사연과 현지 생활, 그리고 귀환하기까지 내용이 구체적으로 담겨 있다.

"도망을 하다가 잡혀서 반죽음으로 맞는 꼴을 보니 아예 도망 할 마음은 나지 않았다. 더군다나 군복을 입었기 때문에 어디로 달아난다 해도 곧 발각이 되기 때문에 도망은 생각도 못할 지경이었다."

"갑자기 열대 기온으로 바뀌니 모두가 이질에 걸려버렸다. 병에 걸린 사람들은 군의에 가면 무조건 방공호에 가두고 식사는 일체 주지 않고 치료는 커녕 굶겨서 죽이고 있었다."

"공중폭격과 함포사격으로 많은 사람들이 죽어갔고 모든 시설은 파괴되었다. 비행기며 비행장, 식량창고, 유류창고 전부가 잿더미가 되어 버리고 야자 숲은 간 데 없고 보급조차 끊겨서 그때의 그 고생을 다 기록하려면 지필묵이 부족할 것이며 생지옥이라는 표현이 더 적절할 것이다."

"실컷 두들겨 맞았는데 볼기짝이 시커멓게 타서 일주일간을 바로 앉지도 눕지도 못했다. 억울하게 매를 맞아서 살이 벌벌 떨렸으나 어쩔 수가 없었다."

일제강점기 남북한을 통틀어 강제동원 피해자가 가장 많은 지역은 경상남도 였다. 가장 먼저 태평양지역으로 떠난 이들도 경남 사람들이었다.

취재진은 수집한 기록물들을 토대로 당시 남양군도로 갔던 경상남도의 피해 자들을 찾아보기로 했다. 지명조차 생소한 그 머나먼 곳까지 누가 어떻게 해서 가게 된 것일까. 실증적인 방법으로 한 사람 한 사람, 남양군도로 간 피해자들 을 찾아보는 작업부터 시작해나갔다. 사실 얼마나 걸릴지 모르는, 어쩌면 포기 하고 돌아가야 하는 긴 여정이었다.

구사일생으로 살아 돌아온 피해자들 대부분 일찍 한 많은 생을 마감했다. 지옥과도 같았던 남양군도. 1930년대 후반, '야자수는 부른다'는 내용의 남양 군도 관련 신문기사가 사회면을 메우기 시작했다. 실제로 1938년 3월 4일. '조 선노동자 남양 진출, 경남 의령에서'라는 조선일보 원문을 보면 이런 기사가 나 온다.

"조선노동자가 이제는 멀리 언제든지 여름기후인 열대지방 남양(南洋)까지 진 출하기 시작했다. 이들은 남양 모 농장(某農場)으로부터 의령군에서 뽑아 보내 달라는 주문이 와서 급히 가게 된 것이라 한다."

그런데 남양군도로 떠난 지 얼마 안 돼 돈을 보내서 사람을 살리라는 전보 가 고향 마을에 전해지기 시작했다. 이후에도 남양청의 의뢰를 받은 조선총독 부는 경남 사람 500명에 이어 108명을 개척부대라는 이름으로 또 데려갔다.

태평양전쟁이 일어나기 전 1938년부터 노무자로 동원된 조선인들의 숫자는 매년 급격히 늘어났다. 1941년 12월 7일 진주만 공습을 개시로 태평양전쟁이 시작된 후에는 노무자 외에 군무원과 군인이 추가됐다.

경남 의령을 비롯해 각지에서 남양군도로 가는 이들은 밀양 삼랑진역에서 열차를 타고 부산항으로 이동했다. 조선 사회에 남양 열풍을 일으키기 위한 언론의 적극적인 홍보와 철도국의 협조(?)로 수많은 조선인들이 고향 땅을 떠났다. 이들 중 대다수는 가뭄 피해가 극심했던 경남 지역 조선인들이었다. 애초에 모집부터 지역과 동원 인원까지 결정돼 체계적, 전략적으로 송출됐다. 이들은 부산항에서 시모노세키, 요코하마를 거쳐 사이판, 팔라우 그리고 남양군도의 크고 작은 섬으로 보내졌다. 보통 보름에서 한 달이 걸리는 먼 길이었다.

한민족의 서러운 수난사를 실어 나른 부관 연락선에 오르기 전까지, 사람들은 천국의 섬에서 돈을 벌어와 언젠가 자작농이 될 한줄기 꿈을 꾸었을지도 모른다. 어디로 가는지 얼마나 걸릴지 누구도 아는 사람이 없었다. 그렇게 몇 날 며칠 밤바다를 건너 여름과 겨울을 알지 못한다는 남양군도로 멀어져갔다. 차마 떨어지지 않는 발길을 돌릴 수 있었던 것은, 2년 후면 고향으로 돌아올 수 있다고 믿었기 때문이었다.

그러나 그들은 마음대로, 돌아올 수 없었다. 남국에 도착하니, 그리던 파라다이스가 아니었다. 보이는 것은 바다와 황무지 뿐. 속았다는 환멸과 비애가 파도처럼 돌아왔다. 1943년도 남양군도에 동원된 조선인의 수는 팔라우 3천 793명, 티니안 2천577명, 사이판 1천 354명 등 총 9천 500여 명의 조선인이 남양군도에 끌려간 것으로 확인되고 있다. 이 가운데 20%에 가까운 사람들이 경남 출신이었던 것으로 전해지고 있다.

조선인 송출과정은 계획 단계부터 모집, 수송하기까지 크게 세 단계였다. 남양군도에 있는 국책기업들의 요청이 있을 때마다 조선총독부와 남양청이 대상자를 찾아 현지 사업장까지 보내주는 구조였다. 난요흥발이나 난요척식 주식회사 등 조선인들을 데려갔던 기업들은 국책기업들이었다. 일찍부터 사탕수수 등 집단 농장과 제당소, 인광 사업장 등을 운영하면서 전시에는 군에 노무자들을 군속으로 공용해 주며 전쟁 수행을 했다. 조선인들은 이들 국책기업이 운영하는 112개 사업소에서 군사시설, 집단 농장, 토목공사 등에 배치되어 하루 10시간 이상 강도 높은 노동을 강요당했다.

조선총독부는 1939년부터 1940년까지 조선인 노무자 관련 세 권의 문서철을 남겼다. 이 중 남양행농업이민관계철은 남양군도의 집단농장으로 동원한 조선인들의 명단을 담고 있었다. 남양행농업이민관계철을 보면 경남 창녕과 합천 출신 사람들이 많았는데, 같은 주소를 쓰고 성씨가 같은 것으로 보아 모두 한 가족임을 알 수 있었다. 초기엔 단신출가자가 많았지만, 1939년을 전후로 가족 동원을 진행했던 것은 정주성을 높이기 위해서였다.

그리고 또 하나의 문서철인 조선인노무자관계철은 일본 정부가 국책기업에 부대비용까지 지불하면서 조선인 할당 모집을 위해 계획적으로 개입한 사실을 입증하고 있다. 1943년 남양군도 행정기관인 남양청과 맺은 청부계약에 따라 남양흥발주식회사가 조선인 노무자 500명을 모집하겠다는 '견적서'와 실제로 석 달 뒤, 조선인 노무자 500명을 부관연락선에 태워 왔다는 '노무자·물품 인도서', 그리고 노무자 모집에 들어간 비용 총 6만 1천 897엔을 남양청에 제출한 '청구서'까지 내용이 자세히 기록되어 있다.

태평양에선 밀고 밀리는 전쟁이 계속됐다. 조선인들은 목숨을 걸고 군사시설 구축과 보수를 위해 전장에 동원됐다. 남태평양 트럭섬으로 동원돼 살아 돌아온 김정환씨의 '남양군도 징용살이' 원고에는 또 이런 글이 나온다.

"일본 군인 두 사람은 몸이 비대하고 건장이 아주 좋아서 아무리 봐도 수상해서 붙잡았다가 고문을 하니 고백을 하는데 사실은 사람을 잡아먹었다고 했다고 했다."

"망치로 쳐서 죽였고 맛은 볼기짝이 제일 좋더라고 했다면서 그 두 사람을 사형 시켰다고 했다."

"방공호에서 폭탄으로 죽은 시체는 누구의 시체인지 분간 못해서.."

"합동으로 화장해서 인원수대로 해골함에 넣어 명단만 기록했다. 그런데 그 해골함들을 물품 보관 창고에 보관했는데, 폭격을 또 당해서 건빵 부스러기인지 해골 부스러기인지 분간하기가 어려웠다."

" 그 당시 내가 취사반에서 배급을 주었더니 간혹 해골 부스러기가 입에서 씹힌다고 했다."

연이은 패전으로 일본은 수세에 몰렸다. 남양청에 의해 매년 400여 명씩 동원된 노무자 대부분이 군에 인계됐다. 1942년에는 전원이 육해군에 배치됐다. 일본 후생노동성 기록에 의하면 1941년부터 1944년까지 해군 군무원(군속)으로 동원된 경남 출신 조선인은 22개 군부(郡府)에서 모두 1만2천여 명인 것으로 확인되고 있다. 경남 창원군이 2,010명으로 가장 많았고 진양군 712명 순이었다. 이 가운데 10%인 1,784명이 남양군도 해군 군속으로 동원되었다. 당시 부산항과 근접하고 열차로 인력 수송이 용이했던 창녕과 밀양, 울산군 등 경남 동부지역에서 동원된 조선인들이 많았다. 이들은 16개 부관연락선을 타고 부산항을 출발해 일본 시모노세키를 거쳐 태평양지역으로 이동하다 공습이나 피뢰로 인한 선박 침몰로 사망한 것으로 확인됐다.

침몰 사망자만 모두 125명에 달했다. 실제로 해군군속신상조사표의 기록을 살펴보면 본적지가 경남 진주인 박00 이란 사람은 태평양전쟁이 한참이던 1944년 티니안에 동원됐다 적의 공격을 받아 사망한 것으로 나와 있었다. '피

'징용사망자명부'라는 자료를 보면, 돌아가신 분이 어디에서 돌아가셨는지가 적혀있다. 그 명부 중에 팔라우, 혹은 펠렐리우에서 돌아가신 분을 확인할 수 있는데, 팔라우에서 돌아가신 분이 거의 600명 정도가 되고 펠렐리우에서 돌아가신 분이 580명 정도로 확인할 수 있다.

그러니까 1,200여 명에 가까운 사람이 팔라우와 펠렐리우 전투에서 사망한 것이다. 미군에 의해 팔라우가 고립된 후 밀림지대에선 포로들의 투항이 이어졌다. 누가 일본인이고 누가 조선인인지 알 수 없다.

동굴 속에서 두려움에 떨고 있는 조선의 아이들은 어떻게 됐을까. 태평양과 필리핀을 연결하는 선상에 위치해 전술적 가치가 높았던 팔라우, 초토화되었던 섬은 또 다시 정글로 뒤덮여 있었다. 일본 입장에서는 결코 빼앗길 수 없는 요충지역이었다.

급격한 군사요새화가 진행됐던 곳마다 조선인들의 피땀이 서리지 않은 곳이 없었다. 금방이라도 총탄이 빗발칠 것만 같은 건물들은 여전히 살아있는 전쟁터였다. 모든 섬을 요새화한 일본군은 아무도 모르게 미군함대를 격침할 대포를 동굴에 설치했다. 실제로 펠렐리우에는 동굴 600개가 구축돼 있었는데, 이 동굴을 모두 조선인들이 들어가서 팠다는 현지 원주민의 증언이 나오기도 했다. 개미처럼 동굴을 파고 포탄을 피해 군수물자를 실어 날랐을 조선인들의 숨소리가 들리는 듯했다.

이 와중에 일본군들은 가족과 함께 온 조선인 여성들을 강제로 데려가 성노예로 삼고 있었다. 도망칠 길 없는 이곳에서 조선인들은 얼마나 울음을 삼켰을까. 전쟁이 끝나고 일본 측은 조선인 문제에 대해 무대책으로 일관했다. 결국 조선인들의 귀국은 미군의 주선으로 실행됐다. 그렇게 만 천여 명의 조선인들이 목숨만 건진 채 고향 땅을 밟을 수 있었다. 생사의 길을 건너 빈 몸으로, 그래도 살아서 고향으로 돌아왔다. 너무 먼 길이었다.

올해 나이 92세. 안옥순 할머니도 그 모진 세월을 누구라도 아는 게 싫어 입 밖으로 꺼낸 적이 없었다고 했다. 누가, 무엇으로 이 가혹한 기억을 위로할 수 있을까. 남양군도 강제동원 피해 사실에 대한 국가 차원의 직권조사는 61년 만에 이루어졌다. 2006년에 처음 시작된 남양군도 직권조사는 국무총리 소속 대일항쟁기 강제동원 피해조사 지원위원회가 2015년에 폐지됐기 때문에, 처음이자 마지막이었다.

조선인의 발길이 닿았던 남양군도 곳곳을 찾아다니며 사실을 확인해 나가는 작업은 결코 쉽지 않았다. 30도가 웃도는 기온, 수시로 비가 내리는 악천후... 더구나 60년 전엔 생사를 보장할 수 없는 전시였다. 조선인의 발자취를 따라 조사팀은 하나라도 빠질까 무거운 마음과 걸음을 늦추지 않았다.

전문가들의 말에 의하면 그 당시만 하더라도 남양군도에 대한 연구가 거의 없을 때였다고 한다. 일제강제동원 평화연구회 정혜경 대표연구위원이 2002년에 연구한 논문 한두 개가 전부였다. 남양군도가 어디고, 어떤 사람들이 남양군도로 갔고, 거기에서는 어떤 피해를 입었는지에 대한 사실관계 확인이 안 되는 그런 상황이었다고 했다. 그러다보니 각각의 피해 신고 건에 대해 피해 판정을 해주려면 일단 전체적인 상황을 알아야 개별적인 건에 대해 확인할 수 있으니 당연히 위원회 차원에서 현장 조사를 서두를 수밖에 없었을 것이다. 하지만 대규모로 희생된 상황이 분명히 있는데 거기에 대해서 현지조사 2회로 끝냈다는 것은 매우 안타까웠다. 힘든 과정을 거쳐 남양군도 강제동원 피해 사실에 대한 직권조사 보고서가 2009년에 발표되며 학계의 관심을 집중시켰다. 늦었지만, 의미 있는 결과였다. 그리고 당시 언론에 집중 조명을 받았던 기억이 있다.

갈 때는 강제동원 상태가 아니었을지 몰라도 남양군도에 도착한 후로는 철저히 일본의 침략전쟁을 위해 동원됐던 사실을 잊을 사람은 없었다. 구사일생으로 살아 돌아온 고향사람들끼리 친목회를 결성했던 모양이다. 남양야자수회, 지금은 모두 고인이 된 경남 산청 사람 17명의 이름과 주소까지 빼곡하게 적혀있었다.

지난해 여름 부산역 광장에선 광복 70년이 지나도록 해결되지 않은 숙제를 안고 거리로 나온 사람들을 만났다. 태평양전쟁을 전후로 강제로 끌려간 피해자와 그 유가족들이었다. 이들은 정기적인 모임을 통해 국가기록원에서 피해 신고자의 기록물을 찾아주거나 정부의 배상 판결이 날 때 재판 소식을 알려주는 등 유족들을 입장을 대변해 주는 역할을 해오고 있다.

우리 정부가 2015년 강제동원 피해조사 지원위원회를 폐지한 후, 현재 과거사 관련 업무는 모두 행정안전부 과거사관련 업무지원단에서 맡고 있다. 태평양지역 강제동원 희생자 유해 봉환에 관한 인터뷰를 요청했으나, 담당부서에서는 서면으로 답을 대신했다. "중서태평양 지역에 대한 유해봉환 계획 및 과거에 추진한 사례는 없으며," 남양군도 지역의 유해 봉환이 어려운 이유는 "조사에서 국내봉환까지 최소 1년 이상 소요되고, 전문 인력과 코로나-19 상황 등 국내외 여건으로 관련 국가와 실무협의가 어려운 상황"이라고 해명해 왔다.

그러나 태평양전쟁을 일으킨 전범국 일본은 최근까지 중부 태평양지역에서 전몰자 유해 7만 4천여 구를 수습했다. 각 섬별로 수습한 전쟁 희생자들에 대한 유해 수치도 자세히 기록하고 있었다. 노하우를 축적하고 지속적으로 조사

해나가야 하는 유해 봉환 사업. 그러나 한국은 이를 전담하는 특별법이나 전담기구조차 확고하지 않은 게 일본과 가장 큰 차이라고 전문가는 말한다.

망국의 서러움과 갖은 고난 속에서 고향을 그리며 숨진 해외동포들의 안식을 위해 세워진 국립 망향의 동산에도 태평양전쟁으로 희생된 무연고자 묘비가 있다. 1976년 고 이영식 목사가 남양군도 일대에서 드럼통 속에 방치된 한인 유골들을 찾아내 화장 후 망향의 동산에 봉환했다. 그렇게 꿈에 그리던 고국에 한 줌의 재가 되어 돌아온 사람들...

아직 돌아오지 못한 고혼들을 위한 전국 합동 위령제가 지난해 가을에도 어김없이 열렸다. 언제까지 이 무겁고 아픈 역사의 숙제를 유족들만의 몫으로 남겨야 하는 것일까. 일제 36년의 마지막 페이지로만 여기기엔 너무 큰 희생이었다. 일본이 일으킨 태평양 전쟁사에 이들의 이야기는 어느 한 줄도 제대로 적히지 않았다.

| 차 례 |

구술기록집이 탄생하기까지

1. 일제 강제동원 노동자상에서 시작해 고 김광렬 다큐를 두 편 제작하기 까지

나는 학창시절 역사 공부에 유독 소질이 없었다. 역사적 흐름이나 맥락을 잡기보다 무작정 외우기만 하다 보니 막상 시험을 보면 뭐가 먼저고 나중인지 헷갈릴 때가 많아서였다. 그때 범했던 우를 반복하지 않기 위해 어른이 되선 흥미로운 역사책은 꾸준히 속독하는 편이다. 드라마나 소설로도 짧은 역사 지식을 채우는데 꽤 도움을 받는 편이다. 그 시대가 빚어낸 해악과 풍자가 흥미롭기도 하고 객관적 증거를 가지고 묘사를 해내는 접근이 희열을 가져다주기도 해서다. 기자가 된 후 역사 기사를 쓸 때가 종종 있는데, 대부분 근현대와 관련한 내용들이다.

내가 살고 있는 경상남도는 독립운동부터 한국전쟁, 민주화 운동 등 근현대를 대표하는 굵직한 사건이 많이 발생한 지역이다. 특히, 창원시는 제조업이 밀집한 국가산업단지가 위치해 노동자의 도시로 불리는 곳인데, 노동 운동에 대한 역사 또한 깊은 곳이기도 하다. 노동자의 도시 창원에선 지난 2018년 노동절을 앞두고 의미 있는 행사가 열렸다. 전국에서 다섯 번째, 규모로는 전국에서 가장 큰 '일제 강제동원 노동자상'을 건립한 것이다. 노동자상은 일제강점기 탄광으로 강제동원된 청년이 곡괭이를 부여잡고 땀을 흘리는 모습과 저고리를 입고 보따리를 옆에 낀 채 어디론가 떠나야 하는 소녀, 그리고 배를 움켜쥐고 울고 있는 어린 소년의 모습을 묘사했다. 노동자상을 건립하기 위해 노동자단체와 학생, 일제 강제동원 후손들이 군함도로 잘 알려진 하시마를 비롯해 규슈지역 탄광 지역을 답사했다. 그게 벌써 3년 전 봄이다. 나는 기획 뉴스를 제작하기 위해 동행 취재를 했는데, 가는 곳마다 생경한 풍경이 눈길을 사로잡았다. 차가운 콘크리트 벽으로 둘러싸인 군함도는 폐건물로 가득했는데, 안으로 들어가는 길은 통제하고 있었다. 이 섬 수 백 미터 지하 탄광에서 강제로 끌려온 조선인들은 강제 노역을 하며 죽어가야 했다니..

이런 현장이 어디 이 섬 한 곳 뿐이었겠는가? 조선인들의 피와 땀이 젖은 곳이 일본만 해도 얼마나 많을까? 알려지지 않은 역사적 진실이 어딘가에 반드시 숨겨져 있을 거란 확신이 들었다. 현장에 답이 있다는 생각은 10여 년의 기자 생활을 하며 터득한 진리이자 나의 강점이기 때문이기도 했다. 무엇인가 논리적으로 이해할 수 없는 건 역사를 따라가면 풀리는 경우가 많지 않은가? 뉴스로만 끝낼 일이 아니었기에. 더 알아보고 싶은 취재 욕심은 다큐멘터리를 만들어 보겠다는 결심으로 이어졌다. 그런데 너무 막막했다. 일제 강제동원의 이야기는 너무나 방대하고 그동안 언론에 보도된 내용들도 제법 많았기 때문이다. 획기적인 소재가 필요했다. 기획안을 쓰려면 소재가 있어야 하는데, 그것도 새로운 소재가..

그동안 알려지지 않은 강제동원 이야기를 하고 싶었다. 단독 소재를 찾기 위해 발품을 팔아야 했고 결과는 노력을 배신하지 않았다. 일제 강제동원과 관련해 국내 최고의 전문가 모임인 일제 강제동원 평화연구회를 찾게 됐고 정혜경 연구위원의 자문을 통해 재일사학자 고 김광렬의 기록물에 대해 알게 됐다. 40여 년 동안 수집하고 기록한 강제동원 관련 기록물 13만 건이 국가기록원에 비공개로 기증된 사실과 기록물을 하나하나 확인하는 작업은 기자로써의 삶을 바꿔놓을 정도로 거룩하고 역사적인 사건이었다고 자부할 만 하다.

카메라를 둘러메고 수첩과 마이크를 들고 후쿠오카 지쿠호(筑豊) 탄전 지대를 누비며 강제동원 사실을 녹음하고 현장의 사진을 찍고 일본 사찰과 탄광 회사를 일일이 방문해 조선인의 명부와 유해 발굴조사를 다니던 김광렬 선생님의 모습은 존경 그 자체였다. 기자 수첩과 마이크 들고 취재 현장을 다니던 방송기자의 모습과 유사해 보였지만 한 가지 내용으로 평생을 이어간다는 건 비현실적이기도 하지만 불가능에 가까운 작업이다. 인간의 기록은 인류가 살아온 날들에 비해 미미한 수준이라고 생각해서였을까. 더 많이 알아내기 위한 노력은 밤낮을 가리지 않았던 것 같다. 고 김광렬의 정신은 더 많은 과거를 알아내는 것보다 밝혀진 것, 확인한 것의 왜곡을 막는 것을 더 중요하게 생각했다는 것에 있다. 나는 고 김광렬의 기록물과 현지 취재를 통해 2018년과 2019년 보도 다큐멘터리 '끌려간 사람들-지쿠호 50년의 기록'과 '끌려간 사람들-증언'을 제작했다.[*]

이 두 작품은 많은 보도상과 인권상, 촬영상 등을 수상했다. 방영 이후 국내 언론과 학계, 정치 분야 뿐만 아니라 외신들도 많은 관심을 가질 정도로 김광렬의 기록물은 일제 강제동원의 역사를 새로 쓰기에 충분했다. 기록으로 말

---

* 보도 다큐멘터리 '끌려간 사람들-지쿠호 50년의 기록'과 '끌려간 사람들- 증언'(https://www.youtube.com/watch?v=sLWFITtyoS4&list=PL3aVUccvZVdcZz2B3elMOvvrsDPJyGwqF&index=30, https://www.youtube.com/watch?v=uILbd4THtqw&list=PL3aVUccvZVdcZz2B3elMOvvrsDPJyGwqF&index=32)

하고 기록으로 증명할 수 있었기 때문이다. 지금도 역사를 부정하는 일본 정부와 전범기업에게 이래도 강제동원이 아니었다고 말할 거냐고, 자꾸 거짓말할 거냐고 대 놓고 말할 수 있는 기록이다.

2년 동안 13만 건의 기록물의 대부분을 확인했으니 역사 공부를 나름 빡세게 한 셈이다. 그래서일까. 또 다른 취재 욕심이 발동하기 시작했다. 이제 우리 지역의 강제동원 이야기를 하고 싶어졌다. 내가 자식을 키우며 살고 언론사에 몸담아 취재하며 밥벌이를 하고 있는 이곳 경상남도. 경상남도야말로 일제강점기 가장 많이, 그리고 가장 많은 나라로 강제 동원된 곳이라는 사실만으로 세 번째 이야기를 풀어가는 근거는 충분했다. 전문가 자문을 통해 선정한 지역이 이름도 생소한 남양군도였다.

남양군도는 지금의 중서부 태평양지역인 미크로네시아에 있는 여러 섬나라들이 모여 있는 곳으로 한반도에서 가장 먼저 떠난 조선인이 경남 출신이었다는 사실 외에도 새로운 역사적 사건을 담고 있는 곳이기도 하다. 남양군도로 동원된 지금의 경남과 부산, 울산지역 조선인들의 피해 실태는 어떠했고 조선인 60% 정도가 현지에서 사망할 정도로 태평양전쟁의 피해가 컸지만 아직도 유해 수습은 이뤄지지 않는 지옥의 땅, 남양군도의 이야기를 세 번째 다큐멘터리 소재로 삼아 '남양군도의 기억'을 제작하고 2020년 11월에 방영했다.*

---

* '남양군도의 기억'(https://www.youtube.com/watch?v=UadNkzjMAWU&list=PL3aVUccvZVdcZz2B3elMOvvrsDPJyGwqF&index=66&t=2030s)

그림 1 11월 방송된 MBC경남 보도 다큐멘터리 '남양군도의 기억'

2. 다큐 '남양군도의 기억'이 낳은 구술기록집

이 구술기록집은 실제로 다큐멘터리에 등장하는 남양군도 강제동원 피해자와 피해 2세 등 스무 명의 생생한 증언을 담고 있다. 유일한 생존자 안옥순 할머니를 제외하면 19명은 모두 2세들로 연령은 50대에서 80대까지 다양했다. 당사자가 아닌 2세라는 점에서 증언의 정확성이 떨어질 수 있다는 염려를 제기하는 분들이 있을 수 있겠지만 이 책에 실린 2세들의 증언과 기록물을 읽어보면 무릎을 탁! 칠 정도로 놀랄 것이다. 누군가 내 자신에게 부모님이 살아온 인생 역경에 대해 물어보면 전부를 이야기할 순 없어도 특정 부분에 있어선 당시 부모님의 말씀과 자료를 토대로 기억을 떠 올리며 말할 수 있지 않은가? 그렇다. 부친의 강제동원 사실을 알고 있는 자녀들의 상당수 증언이 실제 피해자들이 몸소 겪은 피해 사실과 일치하는 부분이 많은 점으로 미루어볼 때 구술에서 구술로 이어 온 2세들의 증언 가치는 매우 높다고 할 수 있다.

이번 다큐의 핵심은 남양군도에 동원된 경남 출신 조선인들의 피해 구술이다. 애초 기획은 여기서 출발했다. 어디를 갔는지는 아는데 누가 어떻게 왜 갔는지를 찾는 작업을 시작해야 했다. 아직 국내에는 당시 남양군도인 중서부 태평양지역에 몇 명의 조선인이 동원됐는지에 대한 공식적인 자료가 없어 쉽지 않은 작업이었다.

일본 측이 제공하지 않아 일부 자료만 인용되고 있는 게 현실이다. 유일한 희망은 행정안전부 과거사관련 업무지원단이었다. 과거사 관련 업무지원단은 국무총리 산하 일제강점하 강제동원 피해 진상규명위원회가 지난 2005년 전국적으로 실시한 일제 강제동원 피해 실태 조사를 통해 파악한 피해자들의 신상정보를 2015년 위원회 폐지 이후 넘겨받아 보관하고 있지만 개인정보라는 이유로 언론을 비롯해 일체 외부 공개를 금지하고 있었다. 그 사이 피해자들 대부분이 사망했다.

당시 피해조사를 총괄했던 위원회가 남긴 '남양군도 지역 한인노무자 강제동원 실태에 관한 직권조사보고서'가 유일했다. 이 조사서엔 실제로 당시 위원들이 태평양지역을 직접 답사하며 확인한 강제동원 관련 내용이 피해자 구술과 현장 사진 등이 자세하게 담겨 있어 코로나-19로 태평양 현지를 가지 못한 나에게 훌륭한 나침판의 역할을 해 주었다.

밑그림은 그린 셈이니 이제 알맹이를 채우는 일이 중요했다. 일제강제동원평화연구회 정혜경 연구위원의 자문을 통해 조선총독부가 생산한 '남양행노동자명부철'과 '남양행농업이민관계철', '남양농업이민관계철'을 접하게 됐고 곧바로 분석 작업에 들어갔다. 이 문서들은 조선인들이 언제부터 어떤 방식으로 남양군도로 동원됐는지를 알려주는 독보적인 자료였다. 좀 더 구체적으로 설명하면 남양군도의 일본 행정기관(남양청)과 다수의 국책기업이 남양군도로 동원할 조선인 수를 계획해 조선총독부에 통보하면 총독부는 각 도에 하달하고 이는 일선 면단위까지 하달되어 조선인 모집이 이뤄지는 구조였던 것이다.

그림 2 국가기록원 소장 '남양행노동자명부철'과 '남양행농업이민관계철', '남양농업이민관계철'

당시 매일신보와 조선일보 기사를 보면 일본은 1938년 의령과 함안에서 40명씩 동원한 이후 조선총독부의 알선으로 경남에서 노동자 500명을 모집해갔다는 내용이 나온다. 이후 '야자수 나라의 개척 선발대'라는 이름으로 경남 거창지역 출신 108명을 부산항에서 부관연락선에 태워 태평양지역으로 끌고 갔다고 전하고 있다. 경남 사람들이 처음으로 남양군도로 동원된 사실을 간접적으로나마 입증할 수 있는 자료인 셈이다.

그림 3 매일신보 1938년 3월 4일자 기사　　　　그림 4 조선일보 1938년 3월 4일자 기사
(다큐멘터리 '남양군도의 기억' 중에서)　　　　(다큐멘터리 '남양군도의 기억' 중에서)

3. 남양군도로 동원된 경남인을 찾아

그렇다면 이제부터 생존자와 유족을 찾기 위한 실체적 접근이 필요했다. 기록물을 찾던 중 국사편찬위원회가 소장하고 있던 1939년과 40년 팔라우에 동원된 조선인 송출자와 승선자 명부, 그리고 일본의 한 대학교수로부터 기증받아 국내 전문가 그룹이 소장하던 '반도이민관계'라는 자료와 '조선인노무자관계철' 등을 입수할 수 있었다. 이를 통해 한반도에서 남양군도로 동원된 조선인 노무자가 모두 9천 5백여 명에 이른다는 사실을 확인할 수 있었다. 그럼 이 중에서 경남 사람들은 몇 명이나 될까? 팔라우 송출자와 승선자 명부에 집중했다. 이 명부에는 경남에서 팔라우로 몇 명이 떠났고 몇 명이 살아서 돌아왔는지가 나와 있는데 대략 천 3-4백여 명의 인적사항을 정리할 수 있었다.

팔라우는 일본의 행정기관인 남양청이 있던 남양군도의 요충지였다. 그만큼 많은 조선인이 이곳에 동원됐음을 짐작케 했다. 나는 천 명이 넘는 명단의 인적사항을 경남 18개 시·군과 부산, 울산지역으로 먼저 분류한 뒤 조사 요원들과 함께 피해자 찾기에 나섰다. 사람 찾는 일도 중요하지만 그 보다 한 번 더 팩트 체크할 부분이 있었다. 명부에 나온 조선인들의 이름이 국가기록원이 제공하는 '강제동원자 명부 검색 사이트'와 '일정시피징용징병자명부', '왜정시피징용자명부'에 존재하는지를 찾는 작업이다. 이렇게 크로스 체킹을 하면 피해자의 인적사항을 더 구체적으로 알 수 있거나 가족 동원 여부도 확인할 수 있어 의외의 수확도 뒤따랐다.

　조사팀(정영민 팀장, 박인아·임지은·박다원 팀원)은 명부에 나온 인적사항을 토대로 경남과 부산, 울산지역 읍면동사무소를 통해 피해자 생존 여부를 확인했고 사망했다면 유족이 본적지에 거주하는지 여부도 확인하는 1차 조사를 벌여 나갔다. 이 역시 개인정보에 해당되어 행정기관을 통한 확인 작업은 한계가 있었다. 이때 큰 도움을 주신 분들이 바로 마을 이장님들이시다. 수십 년 동안 한 마을에 살며 마을 사정을 속속들이 잘 알고 계신 만큼 실력 발휘를 해주셨다. 덕분에 구술자 대부분의 연락처는 이장님들을 통해 알게 됐고 그렇게 생존자와 2세들에게 연락해 남양군도 동원 사실 여부를 묻는 2차 확인 작업을 거쳐 인터뷰 후보군을 만들 수 있었고 이후 최종 3단계에서 증언과 기록물 수집까지 할 수 있었다. 이번 기회를 빌려 도움을 주신 이장님들께 다시 한번 감사 인사를 드린다.

그림 5 경남 출신 남양군도 강제동원 피해자 발굴조사 사업 (2020년 7월 ~ 10월)

4. 경남인의 구술 앞에서, 정부의 책무를 생각한다

끝이 안 보이던 3개월의 작업은 서서히 가닥이 잡혀갔다. 1, 2, 3단계를 거쳐 최종 만난 분들이 이 구술기록집에 실은 스무 명의 구술자들이다. 아쉽게도 피해자 대부분이 태평양전쟁으로 현지에서 사망한 상황이었고, 운 좋게 살아 돌아왔다해도 결혼 후 가족에게 강제동원 사실을 알리지 않았거나 알리기도 전에 사망해 부친의 강제동원 사실을 알지 못하는 유족이 많았다. 또는 부친 사망 후 고향을 떠나는 바람에 더 이상 유족들과 연락이 닿지 않거나 피해자가 생존하더라도 지병이 심해 인터뷰를 할 수 없는 사례도 있었다. 이산가족 찾기만큼 힘들었던 조사였다고 말하면 과장일까?

다큐멘터리에 등장하고 이 구술기록집에 등장하는 분들이 그냥 쉽게 말씀하신 게 아니다. 평생을 가슴에 담아왔지만 강제동원 이야기를 한 번도 꺼내 놓지 않은 분들이 대부분이었다. 인터뷰하는 매 순간 시간은 멈춘 듯 했다.

특히, 피해자의 아내이신 이분남, 장규임, 차복아 이 세분은 어린 나이에 결혼을 했어도 결혼한 게 아니었다. 적게는 사흘, 많게는 보름이 이들의 신혼 생활 전부였다. 결혼 후 남양군도로 떠나야 했던 남편. 그리고 5년의 시간이 흘러 고향에 돌아온 남편. 살아왔다는 것에 위안을 삼아야 할까? 그 사이 어린 나이에 시집온 아내들은 20대가 됐고 바느질을 하며 독수공방 시댁의 대소사를 책임져야 했다. 죽었다고 간주하고 다른 집에 시집을 가거나 친정으로 돌아오는 경우도 있었지만 구술자들은 끝까지 남편을 기다렸고 마침내 극적 상봉을 통해 5남매, 7남매를 낳고 가정을 꾸리고 생계를 책임지며 살기 시작했다. 안타깝지만 남편들은 모두 후유증에 시달리다 일찍 세상을 떠나야 했다.

80년이 지난 지금도 피해자와 유족들은 전쟁 피해의 고통과 굶주림, 그 속에서 벌어진 일본군의 만행을 또렷이 기억하고 있었다. 하늘과 바다, 육지에서 계속되는 연합군의 공습 때문에 "동굴에 숨어 뱀과 쥐, 달팽이, 풀뿌리를 먹으며 생명을 유지해야 했다. 심지어 사람 고기까지 먹어야 했다"는 충격적인 증언까지 나왔다. "전쟁으로 숨진 동포들의 시체를 묻어야 했고 전기고문의 고통을 견뎌야 했다." 또, "일본군이 한인 여성들을 성 노예로 삼았다."는 가슴 속에 묻어뒀던 원주민의 증언도 담아냈다.

지금도 2세분들은 부친의 피해사실에 대해 일본 정부와 전범기업에 사과와 배상을 요구하는 목소리를 내고 계신다. 이분들이 오래 살아계셨으면 하는 게 솔직한 심정이다. 다시 한 번 말하지만 나라를 잃어 목숨을 바쳐야 했고 부상을 당해야 했고 그래서 지금도 피해 가정들이 고통 속에 살아야 한다면 이건 누구의 잘못인가? 누가 책임 져야 하냐는 말이다. 조국은 이들을 위해 무엇을 해줬는가? 다큐멘터리 한답시고 언론사에서 먼저 나서기 전에 정부 아니면 자치단체가 나서서 강제동원 피해조사를 했어야 했거나 하고 있어야 하는 것 아닌가?

　　가해자인 일본은 어떤가? 일본은 1951년 샌프란시스코 조약 체결 이후 1953년부터 아시아태평양전쟁 중 필리핀 등 해외 격전지에서 사망한 유해 발굴 작업을 벌여 지난해 8월 현재 7만 4천위를 수습하고 추도 행사까지 진행하고 있다. 전문가들도 "전쟁 당시 식민 지배를 받았고 전쟁 등으로 인해서 사망한 자국민의 유해를 확인하고 추적하고 모셔온다고 하는 것, 잘 추도하고 기다린다는 것은 국가나 정부라면 끝까지 해야 할 사업"이라고 강조했다.

　　그런데 부끄럽게도 대한민국 정부는 현재까지 태평양지역에서 유해를 봉환한 사례가 없다. 전문 인력이 부족하고 관련 국가와 협의가 어렵다는 게 이유였다. 올해부터라도 유해 수습에 적극 나서겠다는 입장을 유족들에게 전하고 있다. 늦었지만 환영할 만 하다. 이 발표로 피해 가족들의 마음도 매우 들떠 있다. 부모의 유해를 찾아 좋은 곳에 모셔 놓고 이제야 눈을 감을 수 있다는 간절한 마음에서일 것이다.

5. MBC경남 다큐를 계기로 국내 최초로 시작하는 경상남도의 일제강제 동원 자료조사

이런 가운데 경상남도에서 희소식이 들려왔다. 일제강점기 강제동원 피해자들에 대한 자료조사에 나서겠다는 것이다. 전국 자치단체 가운데 처음 있는 일이다. 너무 반갑고 기분 좋은 소식이다. 그동안의 수고스러움이 덜어지는 순간이었던 것 같다. 구술집에 나온 피해자와 유족들이 모두 경남 도민들 아닌가? 도 단위 행정기관에서 나서면 팔라우 뿐만 아니라 일본부터 만주, 사할린, 태평양지역 등 국내외 강제동원에 대한 실상을 낱낱이 파헤칠 수 있겠다는 희망과 기대감이 교차했다. 일제 강제동원 문제가 외교, 사회 문제로 불거질 때 경남의 정치권과 시민사회단체에서 선제적 대응의 목소리를 내기 시작했고 결국 일제 강제동원 피해 실태 자료조사 착수라는 큰 움직임으로 이어지게 된 것이다.

역사 공부에 소질이 없는 나에게 지난 3년 동안 한 우물을 판 결과가 가져다 준 보상일까? 이런 반향의 결과는 마땅히 피해자와 유족들에게 돌아가야 한다. 누군가에 의해 왜곡되고 숨겨지고 묻히고 이제 조금만 더 시간이 지나면 2세들조차 세상을 떠나 강제동원에 대한 진실이 기억 속에 희미하게 남겨질 것 같아 자꾸 마음이 조급해진다. 그런 측면에서 강제동원 역사에 대한 실체적 진실을 파헤치는 작업은 계속되어야 한다. 역사적 과업이라는 게 뭐 대단한 것인가? 앞으로의 할 일을 위해 또 다시 취재 발동을 걸게 되는 순간이다.

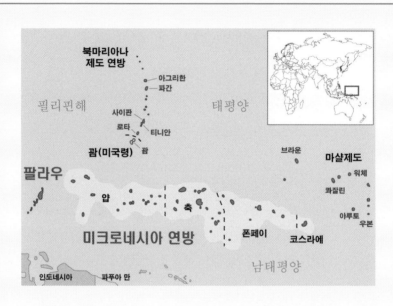

■ 남양군도(南洋群島)

　1914년부터 1945년 8월 일본 패전까지 일본의 통치를 받은 중서태평양 지역 623개 섬. '남양군도', '남양제도', '내남양'이라는 이름으로도 불렀으나 제1차 세계대전으로 일본이 중서부 태평양지역 마샬, 캐롤린, 마리아나 군도를 차지한 후 점령지를 공식적으로 '남양군도'라 불렀음. 주요 섬은 사이판Saipan, 팔라우Palau, 축Chuuk, 폰페이Pohnpei, 콰잘린 Kwajalein 등 일본은 '설탕을 얻기 위한 사탕수수 재배지 및 동남아시아와 남태평양으로 진출하기 위한 전략 거점'으로 이용했고, 1941년 12월 태평양전쟁 발발을 전후해 곳곳에 군사시설을 구축

■ 남양군도에 동원된 조선인 노무자

1939년부터 1944년까지 매년 조선인 노무자들이 동원

1917년부터 조선인들이 이주하기 시작했으나 수 백 명 단위의 소수가 거주

1939년 남양청이 조선총독부에 의뢰해 조선인들을 동원하면서 조선인 숫자는 급격히 늘어나 태평양전쟁이 1941년 12월이 발발하기 직전에는 5,824명. 이후 1944년 말, 태평양 전투에서 일본이 패전할 때까지 매년 조선인 노무자들을 동원

1941년 제외 1941년 12월 태평양전쟁이 일어난 후에는 노무자 외에 군무원과 군인이 추가

－정혜경 저, 『팩트로 보는 일제 말기 강제동원 1－남양군도의 조선인 노무자』(도서출판 선인, 2019년)

그림 7 태평양전쟁 당시 일본군 사령부가 사용하던 건물(팔라우 펠렐리우)

남양군도 강제동원 과정과 현황

남양군도[South sea Island]

제 1차 세계대전 종전 이후부터 태평양 전쟁 때 까지
일본 제국의 지배 하에 있던 미크로네시아의 섬들을 칭한다

남양군도 지도

남양군도 강제 동원 과정

부산항　요코하마
시모노세키
티니안　사이판
로타　마샬제도
팔라우
폰페이
얍루트　트럭(축)

남양군도 강제동원 과정

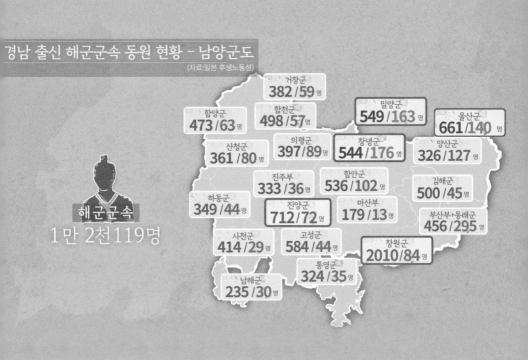

경남 출신 해군군속 동원 현황 - 남양군도
(자료:일본 후생노동성)

해군군속
1만 2천119명

거창군
382 / 59 명

함양군
473 / 63 명

합천군
498 / 57 명

밀양군
549 / 163 명

울산군
661 / 140 명

산청군
361 / 80 명

의령군
397 / 89 명

창녕군
544 / 176 명

양산군
326 / 127 명

진주부
333 / 36 명

함안군
536 / 102 명

김해군
500 / 45 명

하동군
349 / 44 명

진양군
712 / 72 명

마산부
179 / 13 명

부산부+동래군
456 / 295 명

사천군
414 / 29 명

고성군
584 / 44 명

창원군
2010 / 84 명

남해군
235 / 30 명

통영군
324 / 35 명

경남 출신 해군군속 남양군도 강제동원 현황

◈ 일러두기

- 가능한 원문을 유지하되 가독성을 위해 구술 녹취록의 일부를 윤문했다.
- 지역 사투리나 설명이 필요한 부분은 ( )에 기재했다.
- 구술 내용에서 사실과 다른 내용은 각주를 넣었다.
- 연도와 지명, 인명은 구술 내용을 그대로 실었다.

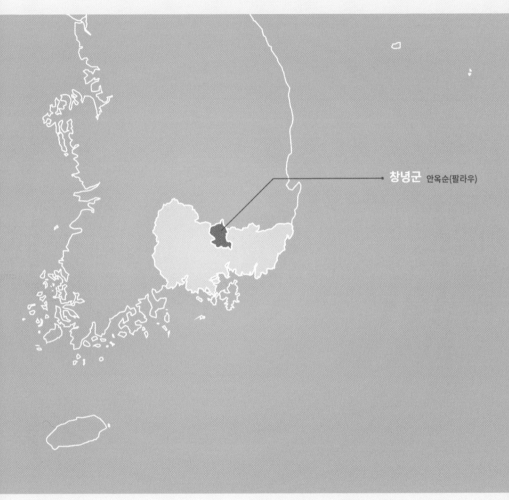

창녕군 안옥순(팔라우)

창녕군

구술 및 강제동원 경험자 안옥순(1929년생)

충북 충주에서 출생
1938년 팔라우에 도착한 후 앙가우르에서 생활
1942년 4학년 나이에 태평양전쟁을 경험
1946년 귀환
현재 경남 창녕에서 생활

그림 8 남양군도 강제동원 생존자 안옥순(2020년 6월)

◆ **안옥순과의 만남**

　일제강점기 강제동원 생존자 등에 대한 정보는 대한민국 행정안전부 과거사 관련 지원단이 담당하고 있다. 하지만 개인정보를 이유로 이들의 신상정보에 대한 협조는 받을 수 없었다. 전문가 그룹의 도움을 받아 국사편찬위원회와 국가기록원 등에서 어렵게 확보한 팔라우 송출자와 귀환자 명부, 그리고 왜정시 피징용자명부 등의 기록물을 바탕으로 주소지를 추적한 끝에 2020년 6월 경남 창녕군 창녕읍의 한 시골 마을에서 거주하는 안옥순씨를 만날 수 있었다.

안 할머니는 작은 구멍가게를 운영하며 마을 노인들의 담배와 생필품을 책임지고 있었다. 또래 노인들은 안옥순씨를 '남양댁'이라고 불렀다. 남양갔다 왔다고 남양댁이라고 부른다면서 마을 사람들도 남양군도에 갔던 사실을 최근에서야 입 밖에 꺼내 알게 됐다고 했다.

안 할머니는 부지런했다. 앞마당에선 닭과 병아리를 키우고 아침마다 집 앞 텃밭에 나가 작물 재배에도 힘을 보태고 있었는데, 92살의 작은 체구에서 나오는 에너지가 젊은 사람 못지않을 정도로 정정하셨다. 인터뷰 당일 안옥순씨는 안방에 앉아 취재진을 반갑게 맞이해 주었다. 80년 전 남양군도 갔던 이야기를 1시간이나 해주실 정도로 당시의 상황을 또렷이 기억하고 있었다.

서울에서 내려온 작은 아들의 도움을 받아 2005년도 일제강점하 강제동원 진상규명위원회가 남양군도 강제동원 사실을 입증해 준 '피해 심의 조사서'와 당시 함께 갔던 가족들의 사진도 보여주며 당시 상황을 설명해 줬다.

출발 당시 안옥순씨는 가족이민이었다. 하지만 현지에 도착해서야 속아서 왔다는 생각이 들었다고 했다. 오빠와 아버지는 전쟁에 동원돼 팔라우에서 태평양전쟁이 가장 치열했던 펠렐리우섬으로 끌려가고 어머니와 여동생과 함께 굴속에서 숨어 살았다고 했다. 전쟁 중에 어머니가 아이를 출산한 뒤 먹을 게 없어 식용 달팽이를 산 채로 잡아먹었는데, 온몸에 독이 퍼져 죽어가는 모습을 목격했을 때 가장 슬프고 힘겨운 시간이었다고 했다. 일본의 패전으로 전쟁에서 살아 돌아온 아버지는 어머니의 사체를 화장해 부산으로 돌아오는 연락선에서 바다에 버렸다고 했다. 슬픈 가족사다.

3개월 동안 진행한 경남, 부산, 울산지역 조사에서 남양군도로 강제동원된 유일한 생존자는 안 할머니뿐이었다. 감염병이 창궐한 시기에 부디 건강하시길 인사드리고 취재진은 발길을 돌렸다.

그림 9 기록물을 보며 동원 당시 상황을 취재진과 아들에게 설명하는 안옥순

◆ 4년은 그냥 있고, 4년은 전쟁 속에서

처음에 어떻게 가게 되셨나요?

남양 갔다 온 이야기! 내 고향이 충청북도 충주인데, 우리 부모님은 충청도 충주읍에, 거기 살았거든.. 9살 때 우리 친정엄마랑 아버지랑 오빠·동생들 다 같이, 모집해서 남양을 갔었어. 마을에서도 우리밖에 안 갔어. 아무도 안 갔어. 일본사람이 우리를 다 모집을 해서, 일본사람들이 이제 피난을 시켰지. 기차 타고 부산까지 가서, 부산에서 배 타고 갔지. 좋다고 그러니께(까) 갔겠지 뭐. 자발적으로 우리가 어떻게 가겠어. 자발적으로 못가지, 거기는. 모집을 해서 간 거지. 충청도에서, 우리 식구대로. 오빠, 동생, 식구대로 다 갔어. 부산에

서 배 타고, 거의 한 달은 걸리더라꼬(고). 처음에는 배멀미를 해서 아무것도 모르겠꼬(고). 한 열흘 타고 나니까 괜찮더라.

남양 날씨는 어땠나요?

거기는 사실은 더운 곳이고, 춥지도 않고. 뭐, 살기는 좋더라꼬(고). 뭐, 옷이 걱정돼, 돈이 걱정 돼? 없는 사람 살기는 좋더라고. 춥지도 않고. 하루에도 비가 서너 번씩 오는데. 춥지도 않아. 막집 해서, 청마루 놓아서 자고. 춥지도 않고, 남양은 더웠지. 과일은 많아. 더워도 여기처럼 엄청 뜨겁지는 않고. 비가 하루에 서너 번씩, 많이 오니까 많이 덥지는 않아. 겨울이 없었어.

거기서 한 8년 있다가 왔응께(왔으니까). 4년은 그냥 있고, 4년은 전쟁 속에서. 처음 간 데는 팔라우* 아니고, 앙가우르에 갔어. 거기도 남양이야. 앙가우르에 우리 집은 방이 3개고, 앞에는 전빵(전방)도 있고, 거실도 있고 많이 있는

---

* 정식 명칭은 팔라우공화국Republic of Palau)며, 남태평양상의 도서국가. 343개의 섬으로 구성되어 있으나, 그 가운데 주민이 거주하는 섬은 9개 섬이다. 면적은 459㎢, 인구는 2만 1265명(2015년 현재), 수도는 멜레케오크Melekeok다. 종족구성은 팔라우인 69.9%, 필리핀인 15.3%, 중국인 4.9% 기타 아시아인 2.4%, 백인 1.9% 등이다. 언어는 영어와 미크로네시아어를 사용하며, 일부에서 일본어도 통용된다. 종교는 70% 이상이 기독교이지만 토착종교도 있다. 이 지역이 최초로 유럽에 소개된 것은 16세기 스페인인들에 의해서이며, 1886년에 교황 레오Leo 13세가 공식적으로 스페인령임을 확인하였다. 1899년 미국-스페인전쟁에서 스페인이 패배함으로써 독일에 매각되었다가 제1차 세계대전 중 일본이 점령하면서 남양청 소재지가 되었다. 그 뒤 1947년 유엔의 위임으로 미국의 신탁통치령이 되었다. 1980년 7월 반핵 자주 헌법을 제정하고 국민투표로 일체의 핵실험과 핵저장을 금지하는 철저한 비핵 헌법을 채택했다. 1982년 국방과 안전보장권을 미국에 이양하고 경제원조를 획득하는 것을 골자로 한 자유연합협정(the Compact of Free Association)을 체결했다. 그러나 1983년부터 1990년까지 7차례에 걸쳐 실시된 주민투표에서 계속 부결되어 세계 최후의 신탁통치령으로 존속했다. 이후 1993년 11월 주민투표에서 자유연합협정이 68%의 지지로 승인되어 1994년 10월 1일 미국으로부터 독립국의 지위를 획득하고, 1994년에 유엔에 가입했다. 이로써 팔라우는 신탁통치를 받는 4개의 태평양 내 제도 가운데 1986년 북마리아나 제도, 1987년 미크로네시아 연방, 마셜 제도에 이어 마지막으로 미국과 자유연합을 이루었다. 정치 체제는 대통령 중심제 공화제이며, 의회는 양원제인데, 정당은 없다.

데, 집이 컸었어요. 거기는 본토쟁이(원주민), 시커먼 사람 사는 마을에, 집이 큰 게 하나 있다라고. 그래서 우리 아버지가 그 집을 샀나 봐. 그 집으로 이사를 가니까… 군인이 우리 집에 꽉 찼더라고. 내가 공부를 했는데, 4년 있응께(있으니까), 전쟁이 나뿟어(나버렸어). 대동아전쟁. 전쟁이 나니까 우리 집에 군인이 꽉 찼어. 그래서 팔라우라는 데로 피난을 갔지.

앙가우르에서 공부는 어떤 공부를 하셨나요?

일본글. 4년 했어. 9살에 (학교) 1학년 들어가고, 4학년 하다가 전쟁이 나뿟어(나버렸어). 그렇게 피난을 간 거야. 팔라우로. (지금도) 조금씩 아는 글이 있긴 있는데, 하도 오래돼서 다 잊어 버렸어(웃음). 안 쓴께(쓰니까). 조선에 와서 조선 글만 쓰는데. 조선 글 이것도 내가, 야학도 안 다니고 아무것도 안 했는데, 한글을 내가 조금 알긴 아는 걸 보니까, 어깨너머로 배웠나 봐. 나 그래도 기억력은 좋다고 해.

가족분들은 남양에 대해서 어떻게 생각하실까요?

다 세상 버리뿌고(돌아가시고) 여자 형제는 내 아래로 둘 있어요. 서울에 하나 있고, 충청도에 양용군(단양군으로 추정)에 살고 있고. 여동생들은 기억을 잘 못하지 싶어. 나이가 뭐, 8살, 9살? 그쯤 되었지 싶은데. 만나도 당시 이야기는 안 하지. 할 사람도 없고. 오빠도 돌아가시고, 남동생도 돌아가시고… 아무도 없다. 다 세상 버렸다(죽어버렸다.) 나 말고 없는데 남양군도 이야기를 누구한테 해.

어머님은요?

어머니는 남양군도에서 돌아가셨다. 화장하고, 그렇게 나왔어요. 남양군도에, 조선에 구렁이처럼 이런 게 있더라고. 커다란 게. 그걸 잡아서 삶아서 막

재를 넣어서, 많이 치대서, 씻어서 먹어야 하는데, 우리 어머니가 날것을 두드려서 하나 자시뿟어(드셔버렸어). 배가 고파서 못 견디니까. 아이 낳은 지 얼마 안 됐을 때니까. 그걸 먹고 독이 올라서, 못 일어나는 거야. 병원도 없지, 난리 바람에. 가 볼 데가 있어, 약이 있어? 그 길로 누워서… 거기서 세상 버리고(장례 치르고) 나왔다. 우리 아버지, 우리 오빠, 우리 남동생 하나, 여동생 둘. 다섯은 충청도로 갔다. 충청도가 고향이라서. 나는 시집을 갔기 때문에 여기로 따라 나왔고.

남양군도에서 결혼을 하신 거예요?

지금 마을회관을 나가도 내가 (나이가) 제일 많다. 동네에서 최고로 많다. (웃음) 남양에서 나와서 남양댁이라고(꼬), 택구(택호)를 자기들이 지었는데 뭐. 내가 젊을 때 와서 담배를 조금 팔고 했응께(있으니까), 담배집이라고도 하고, 아니면 남양댁이고, 그래. 택구(호)가 그렇다.

남양군도, 그 난리 속에서 결혼까지 했당께(했습니다.) 그 이야기 뭐 할 게 있을꼬(고), 전쟁 속에 그 하나 믿고 결혼했는데, 이야기할 것도 없지 뭐. 산 속에서 결혼 했는데 뭐. 사람도 몇 없고. 우리 식구끼리만 딱 모여서 살고.

◆ 비행기 포탄에 죽을 고생하는 와중에도 결혼을 했어

남편께서는 누구랑 같이 남양군도에 갔어요?

우리 시숙, 우리 시아버지, 우리 형님, 시동생, 조카 3명이랑 나하고 우리 영감하고, 식구들 많지요. 와서 집도 없는데 우리 친척 한 집에 영감, 우리 시삼촌인데, 그 홀아버지 집인데, 아들 한명이랑 둘이서 사는데, 방도 조그만 한 칸이고. 그 집에 가서 밥 얻어먹고. 저기 딴 집에서 잠자고. 우리 큰 집이, 아주버님. 처갓집이 밑에 여기인데, 거기서 장을 봐와서 있고. 막, 셋이서 나눠서 그렇게 살았지.. 힘들었구마(힘들었습니다.) 살기 힘들어.

한국 사람끼리 모여 살았나요?

한국 사람은, 그 밑 집 삽니다. '싱싱구'라 하더라. 싱싱구라……. 윗집이 살아요. 가까이 사는 게 아니고, 드문드문. 저기 하나, 여기 하나, 살기는 살았어. 한국 사람이 살더라꼬(고).

남양군도 원주민도 만나셨나요?

거기는 우리 한국 사람, 검은 사람… 본토쟁이(원주민), 그리고 인도쟁이(인도네시아사람)… 여러 사람 살았어. 많이 살았어. 그 본토쟁이(원주민)는 옷도 입지도 않고, 불도시(칼)만 차고 다니는 (사람들이야). 그 사람은 창을 만들어서 바다에 탁 쏴서 잘 잡더라꼬. 바다에. 이런 거를 만들어서… 옷도 안 입고, 맨발로 다니더라고. 살도 새까맣고. 입은 뭘 씹는지, 꼭꼭 씹어서 침을 칙칙 뱉는데, 입은 빨갛고. 입안에는 빨갛게 되어있고. 그 사람들은 뭐, 밥도 안 먹더라. 한국 사람들은 어쩌다가 한 번씩 밥 먹고. 살은 새까맣고 번들번들하고. 매일 옷도 안 입으니까. 살에 기름이 끼여서 번들번들하이…….

본토쟁이(원주민) 그 사람들은 또 무섭더라. 시커멓게 해가꼬(새까맣고)… 일본 사람은 괜찮은데, 본토쟁이(원주민)는 무서워. 꼭 짐승처럼 그렇던데. 옷도 안 입고. 새까맣고. 거기 같이 있으면, 그 사람들, 남자들도 있는데, 겁이 나서 사귀지도 못해. 우리 한국사람, 같이 간 사람하고 그렇게 살지. 폭력적이진 않아. 폭력적이지는 않은데, 밤으로 자마, 여자를 좋아하더라고. 그게 겁이 난다. 남자애들은, 좀.

◆ 전쟁이 나서 매일 도망만 다녔어요

전쟁 때 생각하면 어떠세요?

무섭다, 그때는. 그때 기억하면 무섭다. 내가 잠만 자면 밤마다 꿈을 꾸는데… 어찌된 일인지 거기 있는 꿈은 생전 안 꾸데(하나도 안 꾸더라.) 한 번도 꾼 적 없어. 생각하기 싫은지, 꿈에 안 보여. 예, 살아 나온 게 다행이야.

그래서 앙가우르[*]에서 남양 팔라우로 피난을 갔어. 전쟁 난 데, 산으로 돌아다니면서, 구덩이 판 곳에 들어가서 매일 누워서 자고. 비행기가 노상(항상) 떠서 폭탄을 떨어트려대니까. 군인들.. 사람을 끌어서 마, 연기 나도 안 되고, 불을 피워도 안 되고, 막 다라라라.. 기주(기관총)를 쏘아 대니까. 맞아뿌면(맞아버리면) 죽고. 그렇게 피난 가서, 우리 오빠 아버지는, 피리우도우(펠렐리우^{**})라는 데가 있어요. 피리우도우는 비행기장수(비행장), 보급대 다 뽑혀 가버리고. 우리는 산으로 돌아다니면서, 피난 다니면 이리 갔다 저리 갔다 후드끼 댕기고(도망 다니고). 만날 그랬어요. 구덩이를 매일 파놓고. 비행기 소리만 나면 구덩이 안에 들어가야 하고. 그렇게 살았어요. 만날 후드끼 댕기고(도망 다니고).

보급대는 어떤 건가요?

남자애들은 보급대 가고. 한국 사람들도 같이 있었는데, 군인들은, 남자들

---

* 앙가우르 섬(Angaur Island): 면적은 8㎢의 작은 섬. 팔라우에서 유일하게 일본어를 공용어로 사용하지만 일상적으로는 사용하지 않는 편이다. 소수 민족은 앙가우르어도 사용하지만, 영어와 팔라우어도 사용한다.

** 펠렐리우 섬(Peleliu Island): 팔라우의 섬 중 하나. 팔라우 제도의 주요 섬 중 하나인 팔라우 주요 제도의 남서부에 위치한다. 북동쪽에 카프 섬과 첼바체브 제도를 끼고 옛 수도 코로르 섬과 현 수도 바벨다오브 섬이 있고, 남서쪽으로는 앙가우르 섬이 존재한다. 펠렐리우주에 속해 있으며, 펠렐리우주 주민의 대부분이 이 섬에 거주하고 있으며, 주의 중심이기도 하다. 섬에는 클루클루베드, 옹게우이델, 이멜레촐, 라데미상 등 4개의 마을이 있는데, 라데미상 이외는 북부에 집중되어 있어 많은 주민들이 클루클루베드에 거주한다.

은, 피리우도우라는 곳이 있는데 거기는 또 딴 섬이야. 거기 비행장 만든다고, 보급대로 다 뽑혀가고.

난리 바람에 월급이 어딨노(전쟁 속에 월급이 어디 있어). 무조건 가서 하는 거지. 월급이 어디 있어. 보급대지, 월급을 주나(줘)? 아유, 쌀도 없고 아무것도 없다. 그냥 다 보급대하는 거지. 일본 놈들이 빌다(잡아다) 일시키고 하는 거지. 월급이 어디 있어. 그땐 쌀도 없다. 피난, 전쟁 났는데 쌀이 어디 있어. 잡혀가서 일하는 거지. 월급도 안줘. 월급이 어디 있어. 통장은 전쟁나기 전에, 모아놓은 돈이지. 전쟁 나고 나서는.. 보급대 가서 돈 줄 일이 뭐가 있어. 거기 가서 일만 하는 거지. 그 난리바람에 보급대에 가서 비행장 만드는 데 거기서 일하고 왔는데. 다른 섬에 가서 일하는데 내가 어떻게 알아. 거기서 일하고 오지도 않아. 다른 섬인데 배 타고 가야 되지. 가기만 같이 갔지. 가서 보급대 가버리고.. 해방되고 나니까 같이 와서 같이 조선으로 나왔지. 딸은 보급대에 가서 만나지도 못해요. 딸이.. 우리는 피난 다니고.

어떤 일을 하셨나요?

우린 앙가우르니까 섬이 작고, 팔라우는 크니까. 팔라우에서 배에 싣고 와서 여기 (식량을) 내려주고 그러더라. 그때는, 전쟁이 안 났으니까. 괜찮지. 군인들한테 다니면서 일을 했지. 난리나기 전에는.

그 처음에 가가꼬(가서), 농사를 안 지으니까, 앙가우르에 가니까 땅을 막 파디비더라고(파더라고). 물속에서 파서.. 그 땅을 파는 게 나중에 보니까 큰 공장을 지어서 구워서 지어내는데, 그 비료 만드는 거라고 하더라고. 공장을 크게 만들어서, 거기서 구워서 일본에 싣고 가면, 비료를 만든다고 해. 싸라기매이로(싸라기처럼), 여기 비료들은 노랗고 동글동글하니 그렇더라. 땅에서 파니까. 물에서 푹 파 올리는 건, 막 부하니 덩거리 매이로(덩어리처럼) 그렇고. 일본사람도, 군인도 많이 죽었지 싶다. 먹을 게 없어서 굶어서 많이 죽었다.

일본어로 시르. 흙 파서 모아서 비료 만드는, 그걸 말려서 일본에 실어 보내고 하면, 돈 좀 받았었지. 그때는 받고 했지.

산에 나무가 꽉 찼는데, 나무를 베서, 나무껍데기를 베끼서(벗겨서), 회사에 갖다 바치고. 이렇게 하기도 했지. 나무 껍데기(는)… 밧줄 만드는 건가 몰라. 나무는 많은데, 그렇게 쳐서, 껍데기를 벗겨서, 회사에 갖다 바치고, 일본 놈들이 받아서 갔지. 한국 사람들이 많이 했어. 벗겨서, 말려서, 갖다 바치고. 집에서 또 일하는 게 있고. 일이 힘들어도, 도망 가봐야 갈 데도 없는데 뭐. 섬이고 바닷가인데 갈 곳이 어디 있노?(어디 있어?) 매일 거기 붙어서 있지.

일 못한다고 때리거나 그러지는 않았나요?

그런 건 없지 싶은데. 그건 일본 놈들이, 우리가 일본 놈들한테 보급대 가고 했으니까 거기서 그렇게 했는지 나는 모르겠어. 우리는, 그땐 아직 어려서… 그런 건 아직 잘 모르겠어. 보급대 가서 그렇게 안 했겠능교(하지 않았을까)… 일본 놈들이 그렇게 시키면서 잡아다가 했지 싶다.

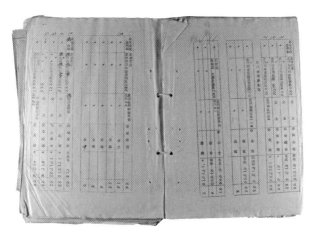

그림 10 남양척식주식회사에 소속된 안옥순
(노무자명부각점소 중 앙가우르광업소행 조선인노무자명부)

◈ 남양은 군인도 많이 굶어 죽었다

남양 생활에서 힘든 건 없으셨나요?

팔라우는 농사짓는 곳이 아니라서 옛날에 일본사람이 (음식을) 실어서 날라야, 우리가 밥을 먹고. 식량을 먹고 하는데. 남양은 군인도 많이 굶어 죽었다. 식량을 많이 못 가져다줘서. 비행기에서 폭탄을 떨어트리기에, 배 속으로도 배 다니는 집이 있는데, 배 속으로도 폭탄, 지네가 막, 탁 아다리(맞춰서)를 때려서 배가 파산 되게, 미국 놈들이 다 해놨어. 그래서 식량도 못 가져오는 기야(오는 거야). 군인도 굶어서 죽은 사람 많아요. 고생은 말도 못해요. 거기는 농사도 안 지으니까. 굶다시피 굶고, 이렇게 살아 나왔다.

음식은… 쌀도 없고. 그 남양 땅에서 가마를 안 대도(농사를 안 지어도) 타피오카라는 게 있더라고. 나뭇가지. 구덩이를 이렇게 파 놓고. 푹 쑤셔서 넣어 놓으면, 만 이만한 (게)… 서너 달 되면 이런 게 열려요. 그거를 패서 막 갈아서. 그게 또 독하더라고. 갈아서, 이제 말려서. 가지 부숴서 먹고.

그 갈분가루(녹말가루)를 녹혀서, (불에)앉혀서, 말려서 그래 살아 나왔다. 남양 땅에 사탕수수는 많은 것 같더라고. 사탕수수는 많이 심더라고. 사탕수수는 많이 심고, 고구마는 심고 한 서너 달 후에 캐면 이만해져. 타피오카라는 기다란 그것도 심고, 과일이 바나나랑 파파야, 파인애플, 사사뿌(사포딜라)… 그런 게 꽉 찼어. 그런 거 많이 따먹고. 군인들한테 얻어서, 건빵 하나씩 얻어서 수제비처럼 끼려(끓여)서 먹으니까. 맛이 있더라고. 일본군한테 얻어 먹었어. 일본군하고 미국군하고 싸움이 붙었으니까.

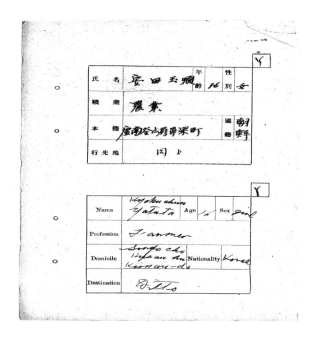

그림 11 국사편찬위원회 소장 남양군도 승선자명부 중 팔라우 승선자 명부에 적힌 안옥순(당시 16세)

해방될 때 심정이 어떠셨어요?

일본사람이, 우리 한국 사람을 이제 관리를 했어요. 우리가 일본사람 밑에 치여서 살았다아이가(살았잖아). 옛날에 조선나라, 일본한테 뺏겼는가 봐. 그러니까 일본사람들이 다 관리하고 했지. 일본사람한테 우리 한국 사람이 압박을 많이 받았어. 일본 놈한테 많이 매여서 살았거든. 일본하고 미국하고 전쟁을 해서 있는데 우리 조선 사람은 일본사람한테 매여서 있었잖아. 우리도 거기 가서 그렇게 살았다 아이가(살았잖아). 그 안에서는 그 사람이 살고. 여기 조선에도 뭐… 농사를 지어도 하나도 먹지도 못항께(하고). 다 뺏어 가고, 매상 다

하고 그렇게 했다고 하더라. 난리 바람에⋯ 식량 농사를 지어도 밥도 마음대로 못 해먹고. 다 뺏어가고. 어디 숨겨놓고 먹고 이랬다더라. 이제 해방되고 나서, 미국 사람들이 다 처리했지. 내가 열일곱에 조선(으로) 나왔어. 해방이 돼서 열일곱에 나왔지.

올 때도 배 타고 오는데, 또 그렇게 배멀미를 하더라. 어떻게 해도 그렇게 해. 배 타고 부산까지 오면서, 나올 때는 다 같이 나왔어. 우리 시숙, 시아바시(시아버지), 시동생, 형님, 조카들 다 같이 나왔어요. 다 같이 나오고. 우리 친정은 충청도로 다 가버리고. 나는 신랑 따라 이렇게 나왔땅께(나왔어요). 거기서 안 나오려고 한 사람도 있었는데, 우리가 나옹께(나와 보니까), 우리보다 먼저 나와 있어. 그래서 어떻게 나왔냐고 물어보니까, 그 사람들은 비행기를 타고 왔다고 하더라고. 아이고⋯ 못 살게 나가라고 하더란다. 다른 사람들도, 같이 많이 오기는 많이 왔어. (남양에서) 다 나가라고 그래서 나왔지. 큰 배 하나에 같이 타고 나왔는데. 한 배 타고 많이 나왔지. 그런데 어디에 사는지 다 모르겠어. 부산에서 다 헤어져 뿟는데(버렸는데) 뭐.

고국으로 가면 아무것도 없어도, 고국으로 가면 누가 뭘 주는 것처럼 좋지. 좋은 심정으로 나왔지. 기쁘면서도⋯ 누가 뭘 줘? 집도 뭐도 없는데, (남양에서) 해외로 나가면 좋다 싶어서 나왔지. 억지로 숨어서 살았으니까. 고생 말 못해요. 거기 나와서도.. 지금한 돈, 그거나 좀 주면 찾아서 쓸 건데 그것도 안 주지⋯⋯.

돈 준다, 이런 이야기가 나와도. 안 줘. 돈 준다는 말은 듣기든데(들리던데), (정부가) 조사한다는 얘기.. 이런 이야기를 했는데도. 안주더라고. 몇 년 있다가 또 전쟁이 나서, 우리 조선이 전쟁이 났잖아. 통장이고 뭐고 다 이자뿌꼬(잃어버리고). 집도 다 타버렸지. 전부 다 타버리고 없는데. 그 피난 갔다가, 그때 조선에 난리 났었어. 해방되고 나서 한 5년 있다가 전쟁 났는지 모르겠다.

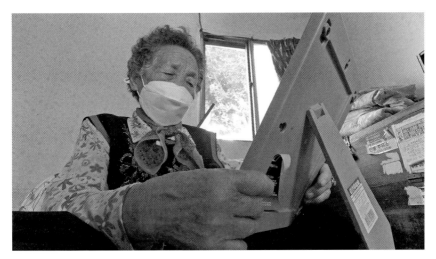
그림 12 남편 조석구의 사진을 보고 있는 안옥순

가지고 온 물건 같은 건 있으세요?

신분증도 없고, 남양 물건이라고는 아무것도… (못 가져가게 했지). 그때, 피난 가면서 다 태워 뿟고(버렸고). 결혼 했는데, 혹시 종이 하나 가지고 다녀도 다 태워 버리고. 못 가지고 오게 하는데 뭐. 살림 살다가, (살림을) 쪼매(조금) 배 타는 곳까지 들고 오기는 왔는데, 배 타는 곳에서도, 못 가져오게 하는데 뭐. 손에 들고 있는 걸 배에 가지고 타질 못하게 해. 아무것도 못가지고 나왔제(나 왔지). 몸만 나왔지. 올라가버리면 시마이라(끝이야). 여기 있는 것도 가지러 못 오고. 다 버리고 왔어, 배 타는 곳, 거기서도.

그 당시 부산 모습은 어땠어요?

부산 부둣가에 보니까, 일본사람들도 우리처럼 아무것도 못 가져가게 했는 지, 옷 뺏어놓은 게 집채만 하더라. 일본사람도 들어가면서 집도 다 내버리고, 아무것도 못 가져가게 했나봐, 우리 한국 사람이. 우리는 남양에서 나와서… (일본사람들도) 우리처럼 그렇게 살다가 다 나와 버렸나 봐. 보따리를 다 뺏뜨러

가서(빼앗아가서), 아무것도 못 가져가.

일본 놈들이 집을 사 놓아서, 그 집에 들어가서 살았으면 좋았을 건데. 그걸 몰라서……. 부산에서 일본 사람들 살던 집에 들어가서, 우야해서라도(어떻게 해서라도) 살 건데. 아무것도 없는데 여기 와서 얼마나 고생했겠노(고생했겠어요). 집도 없고, 아무것도 없는데.

해방 후에도 고생이 많으셨겠어요.

민 여서(맨 여기서) 고생해서 근근이 살아왔지. 집도 없지, 아무것도 없지. 우리 영감이 산에서 나무를 해서 나무 장사… 하루에 나무 두 짐 씩 해서 팔아서. 그렇게 먹고 살았어. 고생 뭐, 말도 못하지.. 하루에 나무, 저기 산에 골짜기에 두 짐씩 해서, 한양 땅에, 한 수레를 시장에 팔아서, 그렇게 먹고 살았지.

거기서 돈을 벌어도, 일본사람이 돈도 못 가지고 나가게 하고. 100원 이상은 다 저금하라고 하고. 모아놓으려고 한 돈을. 얼마 있다가 돈 준다고 하더니, 십 오 전 한다 이러더니 돈도 안 주고. 또 (한국)전쟁이 나서 피난 나갔다가. 피난한 서너 달. 7월 달에 가서 9월 달에 들어와서. 불 다 나뿌고(나버리고). 식량 다 타뿌고(타버리고). 막집에서 살다가. 그래, 집 지어서 이리이리 살아 나왔어요. 영감은 나보다 10살 더 많지만, 영감은 일찍이 상계해뿌고(돌아가시고). 내가 이렇게 오래 삽니다.

그림 13 남양군도 강제동원 생존자 안옥순과 남편 고 조석구

남양에 살 때하고 돌아오셔서 한국에 살 때 중에, 언제가 더 힘드셨어요?

거기 사는 거야 뭐, 전쟁 속에 그게 사는 거야? 전쟁 안 났을 때, 학교 다닐 때, 그때는 좋았지. 전쟁 나고 나서는 사는 것도 아니고. 그렇게 피난 가서, 산으로 돌아다니면서 비행기 소리만 나면 구덩이 안에 들어가야 하고. 그때는 자동차가 어디 있어? 그냥 뭐 걸어 다니지. 집도 없고, 산에 가서 얄궂은 막집을 만들어서 있으면, 또 군인들이 와서 나가라고 지랄하지.

매일 이리저리로 피해서 댕겼어(다녔어). 구덩이 판 곳에 들어가서 매일 누워서 자고. 피해서, 피해서……. 사는 것도 아니에요, 전쟁 속에는… 아프기도 잘 아프더라. 그렇게 댕긴께(다니니까). 내가 그때는 자꾸 그렇게 피해 다니니까. 많이 아프더라고. 가다가도 매일, 누워 있어야 하고… 그렇게 아프더라고. 전쟁 속에 피난 댕기는 게(다니는 게) 제일 고통스럽지 뭐. (다른 게) 머시(뭐가) 고통스러워……. 피난 다니는 거, 그게 제일 고통스럽지. 군인들 피해 다녀야 하지. 일본 놈들 따라서, 군인 피해 다니고, 비행기에서 때리지, 폭탄을 갖고 떠라제(떨어트리지)… 말 못하지 뭐. 식량이 있어? 밥을 올케 얻어 묵나?(밥은 거의 먹지도 못했지). 얄궂게 그렇게 먹고, 매일 굶는 게 반이고, 그렇지 뭐.

남양을 안 갔으면 삶이 달랐을까요?

남양 안가도 뭐… 농사지어도 똑같이 일본 놈들이 다 빼뜨러가고 항께(뺏어 가고 하니까), 내나 한가지여(똑같아). 우리가 농사지은 걸, 마음대로 먹고 해야 하는데. 가을되면 싹 다 받아 가버리고. 매상 받아 가버리고. 몰래 조금 숨겨 났다가 먹고, 그렇게 했다고 한다. 우리는 거기 있어서 몰라서 그렇지. 그렇게 다들 이야기합니다. 일만 새가 빠지게(뼈 빠지게) 했지. 자기 것이라도, 자기 마음대로 못 먹었다고 하더라. 그러니까 독하긴 독해, 일본사람들이.

일본이 원망스럽지 않으세요?

일본 놈들. 그렇지. 원망하지. 밉지. 이쁘겠나? 그전에 그렇게 고생하던 거 생각하면, 그걸 뭐 좋게 생각하나. 그놈들이 돈도 다 뺏들어 가뿌고(뺏어가고) 안 주는데. 뭐가 좋겠노(좋았어). 공부도 시켜주고 잘 해줘? 일본사람이? (웃음) 그렇게 해주기는 뭘 해 주겠노(주겠어). 일본 놈들이 난리를 쳐서 사람들을 다 죽였는데. 좋다하긴 뭘 좋다해. 일본 놈 때문에 다 죽고, 고생 많이 했지 뭐. 일본 놈들이 독한 놈들이다. 우리 한국 사람들을 못 살그로 했응께(모질게 했으니까) 독한 거지.

지금 바라는 게 있다면 어떤 거예요?

바라는 거? 돈이나 많이 주면… 돈을 바라지, 뭘 바랄꼬(바랄까). 걸맹이 매이로(거지처럼) 이렇게 사는데. (웃음) 안 그른교(안 그래요)? 얼마나 살끼고(얼마나 살겠어요), 이제. 아들도 실업자라. 돈도 없고 아무것도 없다. 닭 (모이)주고… 나 혼자 밥 끓여서 먹고, 혼자 살지. 돈이나 있으면 먹고 싶은 거나 먹고, 살다 죽으면 되지.

산청군   김인환(팔라우)
양덕업(팔라우)
홍순세(팔라우)
김또점용(팔라우)
이재문(팔라우)

산청군

어떤 친구들인가 물었더니 남양야자수회라 하데

구술 김득호(1946년생, 김인환의 장남)

경남 산청에서 출생
현재 경남 산청에서 생활

강제동원 경험자 김인환(1921년생)

팔라우로 동원
군속으로서 1943년 4월 19일 동원
1946년에 귀환
산청 남양야자수회

그림 14 남양군도 강제동원 피해자 고 김인환의 아들 김득호(2020년 8월, 9월)

◈ 김득호와의 만남

팔라우 귀환자 명부에서 확인한 강제동원 피해자 김인환씨의 주소는 경남 산청군 산천면 정곡리로 나와 있었다. 하지만 관할 읍사무소에 확인한 결과 이미 30년 전 사망했고 다행히 정곡마을 이장을 통해 그의 아들 김득호씨가 부친의 집에 거주하고 있다는 사실을 확인한 뒤 만날 수 있었다.

8남매의 맏이인 김득호씨는 산청군에서 공직 생활을 하다 퇴직해 경남 진주에 살고 있었는데, 고향집을 떠나지 못하고 농사를 지으며 산청과 진주를 오가며 노년 생활을 보내고 있었다. 그는 부친의 생전 모습이 담긴 사진 여러 장을 취재진에 보여주고 집 앞 선산 밑에 모셔놓은 부친의 묘도 기꺼이 안내해 주었다.

또, 부친의 강제동원 사실을 입증하기 위해 고이 간직해 오던 부친의 남양군도 통장 사본과 남양야자수회원 명단은 압권이었다. 통장 사본은 남양청에서 발행한 통장으로 추정되는데 원본이 낡아 사라질 것에 대비해 똑같이 만들어 놓은 것이라고 했다. 야자수회원 명단에는 부친이 생전에 남양군도에 징용 갔던 산청지역 사람들 17명의 주소와 이름이 빼곡히 적혀 있었는데 대부분 사망한 상태였다. 하지만 이름과 주소가 있는 또 다른 피해 2세들은 찾을 수 있을 거란 희망이 보였다. 모두 고향으로 돌아온 뒤 사망한 피해자들이어서 분명 2세들은 경남 지역 어딘가 생존할 거란 확신이 들었다.

김득호씨의 부친은 태평양전쟁이 한창이던 1943년 5월 팔라우섬에 있는 제4선박사령부 팔라우 지부 운수공으로 동원됐다. 선박사령부는 당시 일본 육군 소속으로 〈육군군수부군속명부〉에서 이름을 확인할 수 있었다. 팔라우 제당소에서 만든 설탕 원료를 일본 본토로 실어가는 배에서 물건 상·하역 작업을 했는데 밤낮으로 이어지는 연합군의 공습으로 동굴에 숨어 지냈다고 했다. 김득호씨는 15년 전부터 부친의 강제동원 사실을 입증할 기록물을 수집하고 있었다. 이렇게라도 해야 부친의 한을 풀어줄 수 있기 때문이라고 했다.

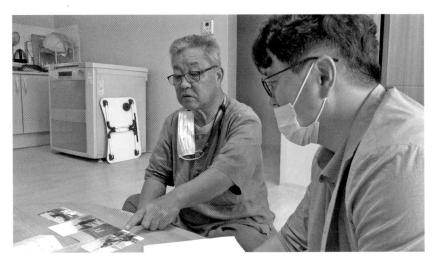

그림 15 취재진에게 부친 사진을 보여주고 있는 김득호

◆ 어떤 친구들인가 물었더니 남양야자수회라 하데

부친께서는 생전에 남양군도 가신 이야기를 하셨습니까?

내가 49년생이라고 되어 있거든. (아버지 남양군도 가신) 그때가 몇 살인지 모르는데, 그래도 우리 아버지는 개중에도 제일 젊어. 젊은 편이어서 오래 살았지. 내가 고등학생 때였을 거야. 잘은 모르지만, 친구 만나러 가신다기에 어떤 친구들인가 물었더니 남양 같이 갔던 야자수회라고 하데. (회원들끼리) 계도 하시고 그러데. 그때 들어서 남양군도 다녀오신 건 알고 있었지. 살아온 이야기만 조금 듣는 거지. 아버지하고 나하고는 이야기할 시간이 별로 없었어. 말을 잘 안 했거든. 어릴 땐 들어도 잘 몰랐고, 크면서는 공무원 생활을 해서 같이 안 살았으니까 몰라.

어떻게 가시게 되셨다던가요?

어떻게 끌려갔는지는 잘 모르겠어. 그때는 어디 차출된 것처럼, 잡혀간 것처럼 그렇지 뭐. 거기서 고생하다가 마지막 해방될 때 들어왔는데, 모인 사람들 몇 명 되지도 않았다고 하던데. 홍순세라는 사람도 갔다 왔는데,(우리 아버지는) 늦게 들어와서 (야자수회)명단에 뒤에 늦게 있고, 그렇더라고요. 그(홍순세 씨) 사람도 남양회야.

그래도 우리 아버지는 여기 와서 다 나아서 몸이 크게 불편한 건 없었어. 머슴살이는 안 했고, 우리 생활하는 거는 능력이 없어서, 남의 농사 조금 짓고, 그런 걸 했지.

그림 16 산청군 남양야자수회원 명단 앞면 (김득호 제공)

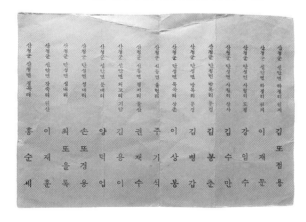

그림 17 남양야자수회원명단, 산청군 5개 면 17명(뒷면 포함) 기록

◆양식이 없어서 설탕만 먹고 살았지

남양에서는 어떤 일을 하셨다던가요?

거기서 설탕을 배에 싣는 일을 한 이야기해 주는 건 잠깐 들었어. 설탕을 배에 싣는데, 거기에 미국이 비행기에서 폭탄을 떨어트리면 설탕이 여기저기 다 터져 가꼬(터져서) 난리였대. 부친 다리에는 흉터가 어디 긁힌 것처럼, 깊이 파인 것처럼 있었어. 부상은 비행기에서 다친 것 같은데. 이야기해서 물어보니까 그거지 뭐, 배 안에 숨다가 그랬겠지 뭐. 그때는 배 안에서 생활했다고 해.

배가 (설탕을) 싣고 가고 왔다 갔다 했는데, 너무 잘했나 봐. 현지에서 하는 게 아니고, 배 안에 설탕을 싣고 와서 또 여기서 일본 보내고 그랬나 봐. 설탕 넣고 그런 것보다, 식량이 없으니까 힘들었지. 양식이 없어서 설탕만 먹고 살고. 다른 거 먹을 거 없어. 설탕밖에 없어. 그때 그것만 들었지 뭐. 먹을 게 설탕밖에 없었으니까, 배 싣다가 나오면 밭에서 먹을 것을 찾느라고 풀뿌리 파 묵고(파서 먹고) 그랬겠지.

그림 18 김득호의 부친 고 김인환(김득호 제공)

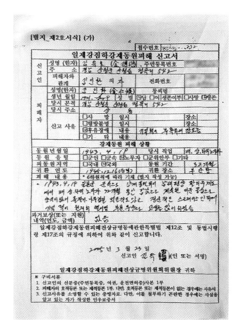

그림 19 고 김인환의 강제동원 피해 조사서(김득호 제공)

◈ 사람이 죽었다 살아나는 것도 아닌데

피해보상신고는 어떻게 하게 되셨나요?

내가 공무원 퇴직하기 전이었으니까, 아마 2000년대 초반이었을 거야. 군에서 신청하라고 연락이 오고 하더라고. 그래서 보상이 나올까 싶어서 피해지원(조사)할 때 몇 번 신고를 했거든. (남양) 갔다 온 통장도 찾을까 싶어서 (기대를 했지). 그때는 복사기가 없어서 싹 다 일일이 선을 그어가꼬(그어서), 손으로 내용을 적어서 보내주고 (그랬어). 대서방이란 곳에 가서 이렇게 복사를 하는 것도 있고. 금방 가지고 있는 건 대서방에서 한 기라(거야). 그렇게 해도 기척이 없더라고.

이게 당시에 내가 적은 거거든. '1943년 4월 19일 일본군 군속으로 강제동원

되어, 남태평양 팔라우 제도에서 배 상·하역 작업을 32개월 동안 밤낮으로 계속된 미군 공습으로 양식이 없어서 풀뿌리, 나무껍질을 먹었던 적도 있고, 정신적인 스트레스에 대하여 현지의 떨어진 부분 부상으로 고생을 많이 하였음.' 되어있네. 근데 그때 아버지 저금한 것도 찾지도 못하고 그렇네.

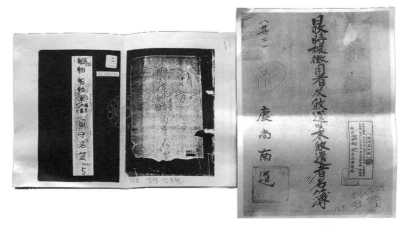

그림 20 김득호가 보관하던 일정시피징용자(징병)자명부 : 경상남도

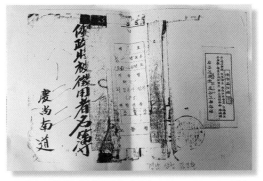

그림 21 김득호가 보관하던 기록물(왜정시피징용자명부) 사본

그림 22 왜정시피징용자명부 : 경상남도에서 확인되는 고 김인환의 이름

그림 23 김득호가 보관하던 육군운수부군속명부(陸軍運輸部軍屬名簿)*

연합회 진주지부에서 한번 오면 일 년에 3만원 씩 거두고 그래. 지금도 전화 오고, 납부도 하지. 진주나 사천에서 모임을 한다 하면, 들으러 가. 무슨 이야기를 하나 싶어서. 정부서 어찌 할 거라는 현황이나, 연합회가 고발을 하겠다, 요구하겠다, 이런 이야기들을 듣고 오지. 그래도 아직 된 게 없는데 뭐. 옛날에는 몇 백만 원씩 보상을 받은 사람도 있는 것 같다만, 우리는 피해자가 맞다는 확정은 국가에서 받아놨는데 왜 안 되는지 모르겠어. 살아 있어도 한 번씩 와

---

* 김득호는 부친의 강제동원 사실을 확인하기 위해 '일정시피징용징병자명부'와 '왜정시피징용자명부', '육군운수부군속명부'를 국가기록원에서 찾아 보관하고 있었다. 해당 명부에는 부친 김인환의 이름이 적혀 있었다.

보는 사람도 없고. 지금까지 아무런 그런 게 없었어. 사람이 죽었다 살아나는 것도 아닌데, 살아있을 때 보상을 해 줘야지……. 서면으로만…… 서운하지.

그림 24 인터뷰 중 부친의 기억을 회상하는 김득호

다리 다쳐 일 못한 남편, 남양군도 갔던 거 가르쳐주지도 않더라

구술 **장규임**(1928년생, 양덕업의 배우자)

전남 화순에서 출생
현재 경남 산청에서 생활

강제동원 경험자 **양덕업**(1922년생)

1942년 팔라우로 노무동원
1946년 귀환
산청 남양야자수회 회원

그림 25 남편 고 양덕업의 이야기를 들려주는 장규임(2020년 8월)

◈ 장규임, 양서윤, 양종열과의 만남

산청 남양야자수회원 중 마지막으로 찾은 분이 고 양덕업씨다. 경남 산청군 신안면 문대리가 고향인 양덕업 씨는 일단 야자수회원 명단에 이름이 있어 남양군도 징용 피해자인 사실은 짐작하고 있었지만 구체적으로 언제 어떻게 동원됐는지 확인할 수 없었다. 취재진은 제주대학교 재일제주민센터 심재욱 연구교수가 소장하고 있는 구해군군속신상조사표(旧海軍軍屬身上調査表)를 확인한 결과 양덕업씨가 1942년 해군 군속으로 팔라우 지역에 동원된 강제동원 피해자였음을 확인할 수 있었다.

취재진은 신안면사무소를 통해 문대마을 이장님을 거쳐 그의 넷째 딸 양서윤씨와 연락이 닿았다. 취재진이 확인한 정보를 전화상으로 먼저 말씀드렸는데, 너무 놀라며 울음을 터뜨렸다. 이유를 조심스레 물어봤더니 부친이 강제동원된 사실을 전혀 모르고 있었다며 그 사실이 정말 맞는지 몇 번이고 되물었다. 다음날 양서윤씨는 모친이 살고있는 집으로 취재진을 안내했고 그 자리에는 고 양덕업씨의 아내 장규임 씨와 큰 딸, 그리고 아들 양종열씨가 맞아 주었다.

인터뷰는 장규임 씨부터 시작했고 다음 자녀 두 분을 했는데, 장규임씨는 남편이 징용 다녀온 뒤 결혼을 했는데 다리가 불편해 농사를 짓지 못했고 집 안에서 주로 가정 일을 하며 생활했다고 했다. 슬하에 자녀 4명을 포함해 5명의 생계를 책임져야 했는데, 안 해 본 일이 없을 정도라고 했다.

남편은 죽기 전 팔라우에서 가져온 통장을 몸에 지니고 다녔다고 했다. 일본이 조만간 한국에 돈을 보내면 우리도 먹고 살 정도로 보상을 받을 수 있다는 말을 위로 삼아 자주 했다고 했다. 아내에 대한 미안함 때문일 수도 있겠다는 생각을 했다. 막내딸인 양서윤씨는 아버지가 징용 갔다 왔을 거란 사실을 피상적으로만 알았지 정말 다녀왔는지는 취재진과 연락이 닿으며 처음 알게 됐다고 했다. 어려서부터 아버지의 병수발을 도맡아야 했던 그녀는 아버지의 대소변과 수시로 뱉어내는 피 섞인 가래를 받아내야 했다고 했다. 손을 떠실 때 온몸을 주물러야 했다. 오죽했으면 자신을 아버지의 인간 리모컨이었다고 표현할까? 다시 눈시울이 붉어졌다.

고통스러워하는 아버지가 안쓰러우면서도 가장의 역할을 못했던 아버지가 늘 원망스러웠다고 했다. 돌아가시고 나서도 어린 시절 자신의 인생이 아버지 때문에 뺏겼다는 생각에 용서를 못하고 있었는데, 취재진이 제작한 '남양군도의 기억'을 보며 아버지를 조금은 이해할 수 있게 됐다고 했다. 전쟁 속에서 지옥 같은 삶을 살아야 했던 증언들을 들으며 바로 우리 아버지에 대한 이야기라는 사실에 아버지를 원망했던 지난 세월이 야속하고 죄송스러운 마음에 밤잠을 설쳤다고 했다. 아들 양종열씨는 부친에 대한 기억이 뚜렷하지 않았는데, 어쨌든 양덕업씨 가정을 취재하고 나서 여러 의문이 들었다.

그림 26 취재진과 인터뷰를 하고 있는 장규임

왜 강제동원 사실을 자식들에게 말하지 않았을까? 먹고 살기 힘들어 그럴 수도 있었겠지만 살면서 가족 구성원 간의 아픈 상처를 보듬어가며 살았더라면 이런 오해와 원망은 하지 않았을 텐데, 양씨 가정과 비슷한 사연을 가진 유족이 우리나라에 얼마나 존재할까? 이런 분들에게 지금이라도 피해 사실을 알

려드리고 이제라도 마음 편하게 살 수 있게 해드려야 하지 않을까? 꼭 보상이
아니더라도 정부가 됐든 자치단체가 됐든 행정력만 모으면 충분히 할 수 있을
텐데 말이다.

◆ 다리 다쳐 일 못 한 남편, 남양군도 갔던 거 가르쳐주지도 않더라

생전에 남편은 어땠는지요?

화순에서 만나 결혼해서 산청으로 왔지. 영감은 온몸이 안 좋은가봐. 그래서
일도 안 해. 고향을 와 봐야 돈도 거의 없고. 돈도 돈이지만 만날 아프다면서
약도 안 사먹고. 자기는 돈을 안 버니까 친척들도 따로 살려고 하지. 영감이 몸
이 건강했으면 무슨 품을 팔아도, 남의 일을 해도 할 것 아니요.

도통 남의 일도 못해. 다리가 아파서. 만날 놀기만 해. 그러니까 그때만 해도
남자들이 나가면 밀가루 한 포씩 벌거든요? 온 동네 사람 다 벌어 와도, 우리
영감은 안 간대. 돈을 못 벌어 와서. 남들이 저기 산에 나무를 해서 다 지고와
도, 나무 한 짐 못 해와. 다리가 아풍께(아프니까) 안 가. 그런 거 하나 못 해먹
고. 내가 그때만 해도 고생 많이 했어. 친정에서 재봉틀을 가지고 와서, 베를
놔서 바느질로 시골 사람들 저고리니 치마니 만들어서 조금씩 벌어서 산다고
경을 쳤다(고생 많이 했어). 나는 이때까지 살면서 내가 벌어서 약도 사먹고. 근
데 이제는 나이가 많아서 허리를 쓰지도 못하고 그래.

일본이 아니라 남양군도로 가셨는데, 거기 생활에 대해서는 별 말씀 않으시
던가요?

아…… 자세하게 안 가르쳐줘서 몰랐네.……* 결혼하기 전에 일본 갔다 온

---

* 장규임은 남편이 일본이 아닌 남태평양으로 갔으며, 2~3년간 있었다는 사실을 인터뷰 시점
에 알았다.

이야기를 하기는 하더마는(하던데), 생전 자기가 돈을 안 벌고 하니까······. 부끄럽다고 가르쳐주지도 않더라. 다리를 어떻게 다쳤냐고 물어봐도 알면 뭐할 거냐고 쏘아붙이고 그러던데. 거기서 오른쪽 다리뼈를 다쳐서 못 쓴다고 항상 그러긴 하더라. 뼈를 다쳤으면 병원에서 치료해서 나을 수 있었을 텐데 이때까지 만날 아프다고 해. 그때는 돈도 없고 어떻게 낫지도 못하고, 돈을 줘야 병을 치료하지, 그러더라. 그래도 살아 나와서 천만다행인거야.

보상 신청은 어떻게 하게 되셨나요?

일본사람들 돈 준다 쿵께(준다고 해서) 자기 아는 친구한테 도장을 받고 해가꼬(해서), 서류를 해서 면에 갔다 줬다고 하더라. 일본에서 나온 사람끼리도 편지를 해서 저 산청 어디로 오라고 해서 무슨 이야기를 하고 막 그렇게 하더라고요. 나는 이러고 있어서 자기가 그런 사람(남양군도 친목회원) 만났는지 안 만났는지 잘 몰라요. 나보고 '서류는 해두었으니까 이제 걱정마라.' 그러더라. 서류를 다 해서 주고는, 내가 산청으로 오라케도(오라고 해도) 안 갔어. 서류 다 해서 면에 다 냈으니 돈 나오면 좀 써보겠다고 기다리다가 자기는 돌아가시고. 몇 번을 면에다 신청했어. 돈이 안 나오는데 일본에서 돈 나오면 얻어먹을 거라고. 영감은 돈 나오도록 기다리고 있다가, 70살에 돌아가셨어. 자기 돌아가신 지가 이제 30년이야.

어디가 편찮으셨어요?

지침(기침)을 하더라고. 천식으로 병원에 큰딸이랑 데려다 노응께(놓으니까) 10시나 돼서 봐준다고 그래. 의사가 아픈 사람 나오면 일찍 봐줘야 할 건데. 선생님이 오니까 그만 안 있고 와버렸어. 병원에 있어봐야 돈 줄 것도 없고, 돈 나올 데도 없고 자기는 애가 타서 나온 거야. 자기가 돈을 안 벌어 와서 약도 못 사먹고······. 만날 콜록콜록 하고, 만날 앉았다가 섰다가, 겨우 나가면 정자

나무 밑에 앉았다가 오고. 그러다가 그만 돌아가셨어. 아이고, 시방(지금) 같으면 호강할건데.

그림 27 남양군도 강제동원 피해자 고 양덕업

그렇게 살다가 돌아가셨으니까 평생 한이 맺혔지. 잡수고(드시고) 싶은 것도 못 잡쉈고(드셨고). 지금은 아무것도 없어도 정부에서 쌀이라도 주지. 쌀밥을 내가 아무리 많이 해도, 한이 맺혀서…… 애 놓고 밥 한 그릇 못 먹었어. 밥 안 내부러(내버려). 그때 한이 맺혀서. 아이고, 옛날 살았던 거 생각하믄(생각하면)…… 그때는 내가 가만히 있으면 아무것도 없어요. 바느질 내가 해가꼬(해서) 먹고 살았지.

옛날에 기록을 봉께(보니까), 할매(할머니)들이 만날 돈 달라고 TV 보면 그러더라. 할매(할머니)들 많이 돌아가시고 얼마 안 남았던데. 돈을 노인들 살아있을 동안 줘야 될 건데. 나도 나이가 많은데 일본사람들 돈 못 받아먹고 죽겠어.

이제야 당신을 이해하고 원망을 거둘 수 있게 되었습니다

구술 양서윤(1965년생, 이분남 · 양덕업의 4녀)

경남 산청에서 출생
현재 경남 산청에서 생활

강제동원 경험자 양덕업(1922년생)

1942년 팔라우로 동원
1946년 귀환
산청 남양야자수회 회원

그림 28 장규임과 고 양덕업의 4녀 양서윤

◆ 이제야 당신을 이해하고 원망을 거둘 수 있게 되었습니다

따님께서 기억하는 아버님은 어떤 모습인가요?

당시에 끌려갔던 이야기는 모르고, 과거에 일본에 갔다 오셨다는 정도만 알고 있었어요. 저는 어렸을 때부터 사회에 나올 때까지, 밤마다 밤새도록 기침하고 가래 뱉어놓은 아버지 요강 비우기 담당이었어요. 친구들하고 놀거나 하는 제 생활이 없었고, 항상 집에 들어오면 간병인, 심부름꾼처럼 아버지 옆에서 뒤치다꺼리를 했어요. 친구들과의 그게(추억이) 없어요.

어렸을 때는 아버지가 게으르다는 생각을 많이 한 것 같아. 내내 안방에 드러누워 계셨죠. 막연하게 징용 끌려가서 건강이 엄청 안 좋으셨구나 생각만 했는데, 어른이 되어서 결혼생활 하면서 보니까 어쩌면 아버지는 폐암에 걸렸을지도 모르겠다, 하는 생각이 들더라고요. 아버지는 세월이 가면서 말라가고, 손도 많이 떠셨어요. 돌아가실 때는 옆에서 저 때문에 못 죽겠다고. 그런 소리도 했었어요.

원망도 많이 하셨겠네요.

우리 아버지가 그렇게 안 됐으면 우리도 공부도 더 많이 할 수 있었을 거고, 고생도 많이 안 했겠지. 원망을 많이 한 것 같아요. 그런데 이번 일을 계기로 해서 아버지에 대한 원망이 많이 없어진 거지. 아버지는 죄가 없는데, 우리나라가 약해서 간 거잖아요. 그런 게 많이 달라졌어.

이 좋은 세상을 못 보고 가다니, 그게 억울하다

구술 **양종열**(1965년생, 이분남 · 양덕업의 4남 1녀 중 아들)

경남 산청에서 출생
현재 경남 산청에서 생활

강제동원 경험자 **양덕업**(1922년생)

1942년 팔라우로 동원
1946년 귀환
산청 남양야자수회 회원

그림 29 장규임과 고 양덕업의 막내아들 양종열

아버님 생전에 들은 이야기가 있으신가요?

제가 막내라서 아버지랑 나이 차이가 많이 나요. 제일 막내여서 저는 귀여움만 받았고, 잘 모르거든요. 그래도 기억나는 건, 옛날에는 자기가 전축도 있었다고 말씀하시더라고. 배 타고 나오면서 다 압류되고, 다 **뺏들어**(뺏어) 가버리고. 아버지가 통장은 가지고 있었는데, 통장에 일본이 망하고 이렇게 (처리를) 해야 하는데, 잘 모르니까 옆 동네에 잘 사는 재일교포 분이 계셔서 그 밑에 일하시는 분을 통해서 어떻게 통장을 맡깄어(맡겼어). 그런데 그게 진행이 되다가 없어져 버렸어. 그 통장 행방을 아무도 모르니까 그 이후로 그냥 갑갑하게 돼가(돼서) 답도 없어.

아버지 돌아가시기 전에, "이 좋은 세상을 못 보고 살다니 그게 억울하다. 이렇게 삶이 좋은데, 이렇게 삶이 좋은데……." 이런 말씀을 하시더라고요. 당시에 저희는 무슨 말인지 잘 몰랐어요.

일본 정부도 그렇지만, 제 짧은 생각에서는 한국 정부도 잘못이 있어요. 우리나라 자체가 약하니까.

포탄 나르고 진지 구축하고, 돈 준다고 해서 갔는데

구술 홍성표(1951년생, 홍순세의 아들)

경남 산청에서 출생
현재 경남 합천에서 생활

강제동원 경험자 홍순세(1946년생)

팔라우에 군속으로서 동원
1942~1943년 동원 추정, 1946년 귀환

그림 30 남양군도 강제동원 피해자 고 홍순세의 아들 홍성표(2020년 7월)

◆ 홍성표와의 만남

취재진은 남양군도 징용 피해자 고 김인환씨의 아들 김득호씨를 통해 확보한 경남 산청군 '남양야자수회원명단'을 토대로 먼저, 김득호씨의 부친과 함께 팔라우에 동원된 같은 마을 출신 홍순세씨의 행방을 찾아 나섰다. 읍사무소 확인결과 본인은 사망하고 아들 홍성표씨가 경남 합천에 거주한다는 사실을 확인해 어렵게 연락처를 알아내 만날 수 있었다.

백발의 홍성표씨는 부친이 돌아가시기 20년 전인 2000년대 초반부터 한 마을에서 강제동원된 어르신들을 자신의 봉고 자동차에 태워 전국에 있는 유족단체를 돌아다녔다고 했다. 그리고 부친의 피해 사실을 확인하기 위해 국가기록원도 수차례 찾아가 관련 기록물들을 확인하기도 했다고 한다. 피해 사실을 입증하기 위한 자식의 헌신적 노력이 뒤따랐던 것으로 보이는 대목이다. 홍성표씨는 당시 '남양야자수회원명단'에 적힌 17명 외에도 본인이 파악한 남양군도 강제동원 피해자들 27명을 적은 별도의 명단을 취재진에게 보여줬다. 시간이 흘러 기억 속에서 사라질까 봐 기억하기 위해 컴퓨터 문서로 직접 작성한 것이다. 한글 문서 적은 이 명단 한 장이 부친 생전의 동창회 명단과 같은 것이었을지 모른다.

남양군도 동행자 명단	
징용당시및 다녀온후 거주지	
성 명	주 소
홍순세	경남 산청군 정곡리
최경섭	경남 산청군 산청읍
양덕음	경남 산청군신안면 문태리
허울생	경남 산청군 산청읍 묵곡리
김진부	경남 산청군 생초면
김또점용	경남 산청군 신안면
이또순천	경남 산청군 산청읍 정곡리
김원식	경남 산청군 단성면
전두용	경남 산청군 단성면
손또경용	경남 산청군 단성면
배을만	주소불명
징용 간 장소	
남양군도 팔라우 섬	

그림 31 홍성표가 작성한 남양군도 친목회 명단의 일부

어쨌든 취재진은 또 하나의 단서를 찾은 셈이다. 하지만 이 명단에는 주소지가 있는 이름은 10명이고 나머지는 이름만 있을 뿐 주소가 나와 있지 않았다. 산청군 남양야자수회원 명단과 중복되는 5명을 제외하면 12명이 새로운 사람들이다. 그래도 이게 어딘가? 적어도 이분들은 살아생전에 속아서든 강제로든 낯선 땅에서 강제 노역을 해야 했던 일본 제국주의 피해자였던 분들 아닌가? 꼭 보상 받기 위함이 아니다. 그냥 분했을 것이다. 가슴을 치며 분노했을 것이다. 국권이 없던 시절 먹고 살기 힘들어 부모 형제를 위해 대신 떠나야 했던 이억 만 리 낯선 땅에서 겨우 목숨만 건져 살아 돌아온 것만으로 다행이라고 위안을 삼기에는 너무 억울한 인생이 아니었을까?

그림 32 남양군도 친목회 기록물을 찾고 있는 홍성표

◆ 팔라우에서 끼니 대신 먹은 항구고구마

부친께서 징용 가셨던 이야기를 들려주세요.

제가 들은 걸로서는, 남양군도 팔라우섬으로 가셨다고 들었어요. 구글로 팔라우가 어떤 곳인지 찾아보고 그랬는데, 단지 그렇게밖에 모르고. 해방이 45년도에 되었으니까, 42년이나 3년도에 아마 가셨을 거예요. 2년 동안 고생만 하다 오셨지. 듣기로 갈 때는 배를 타고 갔대요. 기분에 적도 부근을 지나니까 물고기가 뱃전에 쌔리(막) 부딪힐 정도로 물고기가 엄청 크고 많았대요. 가셔서는 군속으로 전쟁물자 수송하고, 포탄 나르고 하면서 한 2년 정도 있었다고 해요. 뭐 육군인가 해군인가 그건 몰라도 전쟁물자 이송하는 그런 걸 했습니다. 다른 건 못 들었어요.

처음에 어떻게 가시게 되었는지요?

아버지나 이런 분들이 말씀하시기로, "징용 갔다"고 하니까 강제 징집이라는 게 더러 있었겠죠. 위안부도 뒤에서 총칼 들고 있고, 가면 좋은 데 가서 뭐 어쩌고저쩌고……. 감언이설로 데리고 가는, 딱 마찬가지라고 봐야죠. 일단은 먹고 살기가 힘들고 하니까… 아버지 같은 경우로 봐서는 감언이설에 속아서 자발적으로 간 것 같아요. 제가 들은 기억으로는. 그런데 이제 거기 갔다 온 분이 이야기하면 더 정확하겠지. 여기서는 먹고 살기 힘든데 당시에 120원이면 상당히 큰돈이었으니까.

부친께서 결혼은 언제 하셨습니까?

결혼을 안 하고 가셨어요. 우리 누나가 하나 있는데, 30세에 첫 딸을 낳았어요. 해방하고 나서 60년 이전에는 진짜 기근이 심했잖아요. 말 그대로 참, 초원 목축으로 연명할 때인데, 그렇게 생활했죠. 잘 사는 사람은 일부고.

그림 33 남양야자수회원명단에서 확인한 강제동원피해자 고 홍순세(오른쪽)

◈ 포탄 나르고 진지 구축하고, 돈 준다고 해서 갔는데…

가서는 어떤 일을 하셨다던가요?

구체적으로는 안 물어봤고, 포탄 나르고. 전쟁물자, 물자 수송 뭐 그런 걸 했다고 하더라고. 인력으로 하는 거. 되게 전세가 불리할 때는 굴속에서 생활도 하고. 처음에 전세가 좋았을 때는 보급이 잘 됐대요. 그때 봉급이 120원인가 그랬는데, 20원은 거기서 쓰라고 주고 100원은 고국에 바로 부쳐준다고 했대요. 그런데 거기서는 돈을 받아도 쓸 데가 없더래요. 보급도 충분하고, 아무것도 사 먹을 게 없으니까. 그래서 그 돈을 전부 다 가지고 있었대. 이야기가 되려나 모르겠는데, 그 전시상황에서도 화투를 쳤대요. 돈을 딴 사람은 밥을 안 먹어도 살이 찌고, (얼굴색이) 하얗게 좋아지더라는 이야기를 하시더라고요. 돈이 참 좋은 거다, 하고요. 다른 사람은 가지고 나왔는지 아닌지 그건 모르겠는데, 아버지는 돈이 없으셨어요. 일본이 전세가 불리해지니까 돈도 하나도 안

주고, 여기 와서 보니까 봉급은 받지도 않았더라고. 나중에 준다는 식으로 해놓고 전쟁 항복하고 하니까 못 받은 거지.

그때는 공습도 심했을 텐데요.

그런 이야기를 내가 들은 것 같습니다. 말하자면 미군이 폭격을 심하게 하니까, 토굴속에서 낮에는 꼼짝을 못한다고 해요. 먹는 것도 저녁으로, 달밤에 나가서 뜯어서 먹었다고 했거든. 고구마 순을 싹싹 비비가꼬(비벼서) 처음에는 생으로 먹기도 하고 그랬대요. 옛날 항구고구마 아시죠? 항구에다 고구마 이파리를 넣어서, 소금이 없으니 바닷물을 부어서 삶아먹고 그랬대요. 거기서 도미한 마리를 잡으면, 지금 소고기 구워 먹는 이상의 그런 기분으로 먹었대요. 살아서 한국에 가서 밥 한 그릇 무 봤으면(먹어봤으면) 소원이 없겠다면서. 누가죽으면 고국에 갖다 해주라(묻어달라)고도 하고.

사진이라든지, 아버님께서 오시면서 가져오신 물건이 있나요?

세상이 바뀌어서 이렇게 될 줄 알았으면 좀 더 상세히 기록했을 건데. 저도컴퓨터를 85년도에 만져서, 그나마 이렇게 기록해 놓으니까 어디 있는 걸 알지. 종이 같았으면 벌써 어디로 갔는지도 모르고 그래요. 또 옛날 분들이 기록(에대한 인식) 그런 게 별로 없잖아요. 남양 팔라우에서 받았던 월급 명세서라든가그런 것도 없습니다. 그래서 기록에 대한 건 제가 못 듣고 못 느꼈습니다.

마을에서 같이 가신 분이 계시지요?

제가 그때 들은 이야기는, 말하자면 산청군 사람은 산청군 사람, 합천군 사람은 합천군 사람, 이런 식으로 집단화했던 모양이고. 특별히 다른 것 들은 건없는 것 같습니다. 자기가 겪은 건 오래 기억을 하지만, 저도 들은 지도 오래되었고. 가끔 집에 있으면 남양군도 갔다 온 분들 친목회에 가셨다, 한번씩, 그런 이야기만 듣고. 친목회 사람들은 좀 차이가 나요. 두세 살 많은 분도 있고, 두세 살 적은 분도 있고. 제가 보기엔 그렇더라고요. 그리고 이제 거기에 가서 고생을 해놓으니까, 동기 계 하듯이, 친목을 위해서 한 거지 별 다른 건 (없다). 저는 못 느꼈어요. 현지에서는 친목계 그런 건 엄두도 못 냈겠지 뭐. 와서 보니까 참 이렇게라도 우리가 얼굴을 봐야 되겠다. 이런 개념이었다고 생각합니다. 직접 만난 건 김인환 씨가 한 동네니까 잘 알고. 이또순천이라고 하는 양반도 우리 동네 사람인데, 그 분하고는… 자주 안 만났고. 이분이 나이가 좀 더 많을거에요. 다른 분들은 특별히 잘은 몰라요.

◆ 보상을 위해 태평양전쟁유족회도 찾아가봤지만

보상 관련해서 이곳저곳 찾아가보셨다지요?

그때 그 법이 시행되면서 그 시행한 그 해부터 생존한 연도까지 해서 1년에 80만원, 2년 적용을 받아서 160만원 받았어요. 실제로 보니까 우리 이웃에 일본 우체국에 통장 가지고 있는 사람들도 있고 하던데, 내가 안타까워서 한국은행으로 모시고 같이 가기도 했어. 어떤 사람은 받아서 챙기기도 하던데…… 그런데 못 준다고 하대요.

한번은 어디서 전쟁유족회에 인터넷으로 신고를 해놓으니까 태평양전쟁유족회라는 곳에서 자꾸 편지가 오더라고요. 그래서 뭐가 되려나 싶어서 유족회 거창지부인가를 한번 모시고 갔어. 갔더니 1인당 회비를 3만원씩 내라고 하니까… 내가 다 내줄 형편도 아니고……. 그래서 포기하고 내려오면서 그냥 돌아올 수가 없어서 '함양 노을정'인가 '월계정'인가, 거기 가서 숲에 가서 밥 한 그릇 대접해서, 그래가(그렇게) 내려왔지.

그때 유족회에는 몇 분 정도 모시고 가셨어요?

그레이스가 9명에서 12명 정도 탔으니까, 한 차에 다 탔으니까 거의 뭐 이 인원이겠지 않느냐, 생각합니다. 뭐, 가는 걸음이니까 사람 조금 더 태운다고 기름 더 먹지, 일부러 한 번 더 가는 건 아니다 (싶어서). 나는 이제 친구 분들하고, 아버지를 모시고 가면서… 뭔가 뒤에 좀 도움이 되려나 싶어 가는데, 실망을 하고.

그때 같이 가셨던 분들이 외형상으로는 상처가 있다든지 불구가 되었다든지 하지는 않았어요. 그런데 그래서 그런지는 몰라도 아버지는 뭘 기억을 잘 못하더라고. 93세에 돌아가셨는데, 한 뭐 60살…… 전에도 기억을 좀 많이 못하더라고.

유족회에 실망이 크셨겠어요.

내가 태평양전쟁 유족회에서 나도 이런데 갔다 왔다고. 접수를 하려면 3만원을 내라고 하고 그것도 뭐 개인마다 3만원을 다 내라고 하니까. 처음에 말하자면, 이 정부에서 뭘 하는 줄 알고 갔는데, 아니라는 거야. 그러고 나서 보니까 합천서 또 한 번 왔더라고. 거기도 등록하는 데 3만원 내라고 하는 거야.

◆ 남양군도에 가지 않았더라면

아버님을 생각하면 어떤 생각이 드십니까?

저는 그냥 내 개인적으로는 시대 흐름에 맞춰서 살아야 된다. 이런 개념을 가지고 사는데, 먹고살기가 어려운 시기에, 가난한데다가, 타국에까지 가서, 그것도 순조롭게 그냥 노무자로 간 것도 아니고, 전쟁터에 가서 고생을 많이 하고, 그래서 좀 안타까운 점이 많아요. 그런 걸 많이 느끼고 있죠. 속된 말로 중

동에, 사우디에 돈 벌러 가도 고생하는데, 전시에, 생활물자도 조달 안 되고 하니까, 그렇게 가셨으니 얼마나 고생했겠습니까.

일본에 대해서는 어떻게 생각하세요?

저는 우리나라 사람 감정이 다 같을 거라고 보고, 아주 안 좋은 감정을 가지고 있죠. 속된 말로 하면 원수. 우리 어머니가 그런 이야기를 많이 했거든. 일본 놈, 직일(죽일) 놈. 이렇게 말하고…. 요새 하는 꼴도 그렇고.

뭐 구체적으로는 모르지만 하여튼 남양군도 가서 고생한 이야기, 친구가 어디 있고, 친구 누구는 잔치를 하고 이런 이야기… 구구절절 많이 들었겠죠. 어머니도 저한테 그런 이야기를 좀 했거든. 이런 마음이었을까?

"우리 양반도 안 갔으면 형편이 펴서 저 친구들처럼 살았을 텐데……."

그림 34 가족과 즐거운 한때를 보냈던 고 홍순세(왼쪽)

아버지에 대한 기억이 별로 없어, 굳이 들추고 싶지 않았어

구술 김영주(1953년생, 김또점용의 장남)

경남 산청에서 출생
현재 경남 산청에서 생활

강제동원 경험자 김또점용(1912년생)

팔라우에 군인으로 동원(시기 불명)
1946년에 귀환
산청 남양야자수회

그림 35 부친의 이야기를 하는 고 김또점용의 아들 김영주(2020년 8월)

◆ 김영주와의 만남

김영주씨의 부친 고 김또점용씨의 고향은 경남 산청군 신안면 하정리 원지 마을이다. 김또점용씨 역시 남양야수회 회원 중 한 분이다. 그러니까 취재진이 만난 산청지역 남양군도 동원 피해자들을 순서대로 말하면 고 김인환씨의 아들 김득호씨를 통해 고 홍순세씨의 아들 홍성표씨를 만날 수 있었고 홍성표씨가 자세히 기억은 나지 않지만 산청군 신안읍에서 철물점을 찾아가 보라 해서 김영주씨를 만날 수 있었다. 야자수회원 2세 3명을 명단 하나로 만난 셈이다. 그런데 지난해 7월 중순, 취재진이 어렵게 만난 김영주씨는 부친이 태평양 어느 섬으로 동원됐던 사실은 기억하지만 구체적으로 어떻게 갔다 돌아왔는 지에 대해선 기억나는 게 별로 없다고 했다.

부친이 남양군도에 있을 때 사진이 있다고 했지만 막상 찾아보니 찾을 수가 없다고 했고 부친이 가지고 나온 통장도 찾을 수 없다고 했다. 너무 아쉬움 마음에 안방에 모아 놓은 깡통 속 사진을 하나씩 들여다보며 인터뷰를 이어갔다.

취재를 하면서 느낀 남양군도 동원 피해자들의 공통점은 피해 당시의 유품이 거의 없다는 것이다. 생존자 뿐만 아니라 2세분들이 간직하고 있는 거라곤 사진 한 장 정도가 전부이거나 당시 남양군도의 일본 행정기관인 남양청이 발급해 준 우체국 통장 정도였다. 이런 것조차 없는 경우가 대부분이었다. 부친의 사망 이후 세월이 흘러 사라지거나 태워버렸다는 게 이유다. 하지만 더 큰이유가 있다. 남양군도, 그러니까 지금의 중서부 태평양지역으로 동원된 피해자들의 경우 행방 후 미군이 조선인들을 배에 태워 귀국시키면서 소지하고 있던 물건을 일체 가져가지 못하게 했다고 한다. 1,2년도 아닌 4년 넘게 살면서 작으나마 살림살이라도 있었을 텐데 모두 가져오지 못했고 미군이 나눠준 수건과 건빵, 담요가 전부였다고 한다. 미군은 남양에 끌려온 조선인들의 피해사실을 외부에 알리고 싶지 않아서였을까? 안타까웠다. 후세라도 피해 사실을 입증하려면 적어도 부친이 어디서 어떻게 어떤 피해를 입었는지 입증할 근거자료는 있어야 했기 때문이다.

유품이라도 있었다면 2세들도 부친을 더 오래 기억할 수 있었을 텐데, 취재를 이어가야 하는 압박감 때문이었을까? 나도 모르게 이런 아쉬움을 감추지 못했던 모양이다. 김영주씨는 부친에 대해 더 이상 이야기해 줄 것이 없는 것에 되레 미안해했다. 한편으로 부친의 이야기를 하고 싶지 않았을지도 모른다. "그런 옛날 얘기를 왜 또 끄집어내야 하냐." 는 말씀은 말하지 않아도 많은 것으로 말해주는 듯했다. 인터뷰는 더 이상 이어가지 못했다.

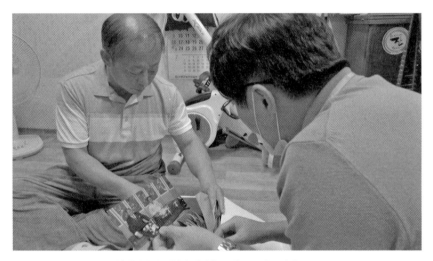

그림 36 취재진에게 부친의 사진을 보여주고 있는 김영주(2020년 8월)

◆ 아버지에 대한 기억이 별로 없어

부친께서 징용 가신 일에 대해서 들려주세요.

지금 누님이 살아계시고 올해가 벌써 80살 인데, 부친이 결혼을 해서 갔는지 안 해서 갔는지 그건 모르겠어. (웃음)

아버지하고는 한 7, 8년? 10년? 같이 살았는데, 그때는 나이가 많으시니까……. 특별히 이야기한 것도 없었고 그랬어요. 어른들만 이야기하는 거지. 내가 거기 낄 자리도 아니고. 나이 차이가 워낙 많이 나니까 모르는 거야. 내가 잘 모르기도 하지만, 그런 건 또 이야기할 게 없잖아. 무슨 이야기를 해.

내가 여기서도 생활을 같이한 게 아니거든. 내가 중학교에 다닐 때, 그 이후에 들은 것 밖에 없어. 아버지가 여기에 왔을 때 나는 객지로 고등학교를 나갔으니까. 또 군에 가버렸지. 직장생활도 바깥에서 하며 나와서 살았지. 여기 내가 들어온 지 한 30년 됐어. 그 당시에 아부지(아버지)는 내가 오고 나서 10년 만에 돌아가셨지. 그래서 생활을 같이 한 적이 많이 없지.

그림 37 회갑잔치 당시 고 김또점용과 아내

◆ 보상 때문에 굳이 들추고 싶지 않았어

부친께서 가셔서는 어떤 일을 하셨습니까?

남양군도 가서는 노역은 아니고, 전투를 하셨나 봐. "소대장을 했다"는 소리를 들은 것 같아. 대원들을 다 데리고 다녔대. 여기서 같이 간 사람들이 거기서 다 생존해서 살아서 돌아오셨다고 하더라고. 다친 사람은 많은데, 사망은 없이……. 사진은 지금 찾아보니까 없어. 그 당시에 전체가 와서 여기에서 찍고 그랬는데, 아버지 돌아가시고 유품 정리하면서 오대(어디) 다 정리를 해버린 모양이야.

그 시대에 어쩔 수 없는 상황이지 않았나 싶어. 건강하게 잘 오셨으니까…

(다행이지). 다른 사람 이야기 들어보니까 보상 관계도 신청을 했다 카더라고 (하더라고). 이런 보상 관계도, 당시엔 누구나 겪어야 될 상황이 아닌가 싶어서 난 그냥 가만히 있었지. 아버지 가서 고생만 하다가 왔는데, 그것까지 들춰내서 할 수 있겠나 싶어서 그런 건 하기 싫더라고……. 그 깊이를 내가 다 알 수는 없지.

굶주림을 못 견뎌 인육까지 먹어야 했던 아버지

구술 이영수(1951년생, 이재문의 아들)

경남 산청에서 출생
현재 경남 진주에서 생활

강제동원 경험자 이재문(1920년생)

팔라우로 노무동원(동원시기 불명)
1946년 귀환
산청 남양야자수회원

그림 38 남양군도 강제동원 피해자 고 이재문의 아들 이영수(2020년 7월, 8월, 9월)

◈ 이영수와의 만남

팔라우 강제동원 피해자인 고 이재문씨의 아들 이영수씨를 만날 수 있었던 건 행운이었다. 산청에서 철물점을 하시는 남양야자수회 회원 김또점용의 아들 김영주씨께서 "이분의 부친도 남양군도 갔다 오셨다"며 연락처를 알려준 덕분이다.

지난해 7월부터 MBC경남 다큐 팀은 남양군도 강제동원 피해자를 찾아 인터뷰를 진행하고 있었는데 피해자 대부분이 사망하거나 2세들도 기억을 못하는 경우가 많아 증언을 듣기가 어려웠던 시점이었다. 이영수씨는 지난해 8월 한 여름 무더위 속에 경남 진주에서 개업 준비에 한창인 치킨집에서 인사를 드렸다. 그리고 취재 배경을 설명드렸다.

이영수씨는 부친의 강제동원 사실을 어떻게 알았냐며 놀라는 눈치였다. 그러면서 인터뷰를 할 수 없다고 했는데, 계속되는 설득 끝에 한 달이 지나서야 가슴 속 숨겨 둔 부친의 강제동원 이야기를 들려주었다. 인터뷰 책상에 부친의 영정 사진도 세워 놓고 진행했는데, 안경 쓴 두 분의 모습이 너무 닮아 보여 마치 고 이재문씨가 살아서 징용 이야기를 들려주시는 것 같은 착각이 들 정도였다.

1시간 동안의 인터뷰는 생동감이 넘쳤다. 그리고 부친이 생전에 말한 남양군도 이야기에 대해 상당히 많은 걸 기억하고 있었다. 특히, 먹을 게 없어 인육을 먹어야 했다는 이야기는 너무나 충격적이어서 귀를 의심할 정도였다. 전쟁터에서 죽은 시신의 살점을 잘라와 구워 먹었다는 말씀이었다. 아무리 먹을 게 없어도 그렇지 어떻게 사람 고기를 먹을 수 있었을까? 그 정도로 남양군도의 상황이 열악했었나? 나무뿌리부터 뱀, 개구리, 쥐... 안 잡아먹은 게 없다고 했다고 하니 어느 정도 이해는 갔지만 그곳의 삶은 정말 지옥이었겠구나! 싶은 생각이 들었다.

대부분의 유족들이 말하듯 이영수씨 역시 부친이 후유증에 시달리다 위암으로 유명을 달리했다고 했다. 1시간의 증언을 듣는 내내 가슴이 먹먹해 숨조차 제대로 쉴 수 없었다. 강제동원 희생자들은 왜 무엇 때문에 누구 때문에 이런 피해를 입어야 했고 이들의 유족들은 고통 속에 한 맺힌 삶을 소리 없이 감내해야 했는가? 과거의 역사가 현재 역사로 투영되는 시간이었다.

이영수씨를 인터뷰하며 강조하고 싶은 점은 대부분 부친에 대한 2세들의 기억이 가족 구성원 간 구술에서 구술로 이어지는 구조라는 것이고 피해 사실이 상당히 구체적이어서 구술적 가치가 높아 보인다는 점이다. 시간과 여건이 허락하지 않아 이들의 회한을 더 듣지 못한 채 발걸음을 돌려야 했는데 더 늦기 전에 부분적으로나마 2세 분들의 증언을 더 듣는 작업을 이어가야한다는 책임감이 들었다.

그림 39 취재진에게 부친의 사진을 보여주는 이영수

◆ 남양군도만 갔다 오면 잘살 거라 기대했는데

부친께서 남양군도를 가셨지요?

부친께서는 총각 시절에 일본을 거쳐 남양군도를 갔다 오신 것 같아요. 부친께서 갔다 오신 분들하고 앉아서 막걸리 드시면서 말씀하시던 걸 내가 많이 들었던 기억이 납니다. 남양군도 갔다 오면 돈 많이 벌고, 잘 살 것이라는 그런 기대감을 가지고 가셨는데 전쟁터에서 핍박만 받고 고충이 심했다는 이야기를 하셨죠. 아버지께서 그때 남양군도에서 지옥 같은 생활을 하셨다고 했어요. 특히 이웃집에 계신 김또점용씨하고 제일 가까이 사시니까, 남양군도 이야기를 많이 하셨어요. 또 저희 집이 원지 마을(산청군 신안면 하정리)이라고, 덕산으로 가는 길, 거창으로 가는 길로 다 통해서 시골에서도 교통 요지입니다. 그러다 보니까 (접근성이 편리해서) 남양군도 갔다 오신 분들끼리 모여서 그 당시에 군도에서 고생하신 이야기, 이런저런 이야기를 하셨던 그런 기억이 납니다. 저는 그 당시 어렸으니까 관심도 없었고 모르죠.

◆ 후유증에 시달리다 유명을 달리한 아버지

가족관계가 어떻게 되세요?

제가 남동생 하나, 누나 한 분 계신데, 아버지 일찍 돌아가시고 나서 저희가 고생을 정말 많이 했습니다. 어머니도 고생하셨고. 그 당시에 어머니가 행상을 하면서 아버지 병원, 저희 가정을 동시에 꾸리려고 고생을 많이 하셨거든요. 그래서 제가 요즘도 어머니한테 많은 효도는 못 합니다만, 아버지 생각을 하면서 어머니를 모신다는 생각을 많이 가집니다.

요즘 제가 생각을 해보면, 아버지가 몸이 편찮으시고 일찍 돌아가시고 한 것이 남양군도에 가서 고생을 한 후유증이 크지 않았나 싶습니다. 제가 고등학교 2학년 때, 위궤양이라는 진단을 받고, 피를 많이 쏟으시고 돌아가신 걸로 기억이 나는데……. 요즘 같으면 그게 병도 아니죠.

아버지께서 올해 살아계시면 101세입니다. 저희 어머니가 지금 생존해 계신데 93세십니다. 그 당시에는 위안부라는 미명 아래* 일본사람들이 막 잡아가니까, 거기에 안 끌려가려고 어머니가 16세 때 아버지랑 결혼했다고 하는 이야기를 들은 기억이 납니다.

◆ 돈도 못 받고 뱀 잡아먹으며 강제노역

아버님의 남양군도 생활은 어떠셨나요?

저는 기억이 안 나서 어머니한테 여쭤봤어요. 아버지에 대한 이야기를 물어보니까, 처음에는 돈 벌려고 남양군도를 가셨는데, 가보니까 상황은 그게 아닌 거야. 거기서 핍박을 받으면서 강제노역, 강제사역, 이런 것만 하시면서 못 먹고, 굶주리고. 그러다가 심지어 뱀, 개구리까지 다 생식을 하시고. 요즘 일본 관계라든지 그런 걸 생각을 해볼 때, 아버지가 말씀하신 것보다도 더 많은, 폭행과 그러한 일들이 많이 있지 않겠느냐, 그런 생각도 많이 해봅니다.

일을 하면서도 돈 하고는 전혀 혜택을 받지 못한 걸로 알고 있어요. 봉급을 준다고 말만 하지, 받지도 못하고. 근데 배는 고프고, 보상도 없고. 자기들(어른들) 이야기 들어보니까, 도망을 가다가 죽은 친구도 있었던 것 같아요. 누구는 도저히 못 견뎌서 도망을 가다가 몽둥이에 맞아죽었다는 그런 이야기도 자기들끼리 하는 걸 들은 기억이 나요. 죽음이라는 게 우리한테나 죽음이지, 일본사람한테는 전혀 개의치 않는 그런 상황 아니었겠습니까?

---

* 위안부(慰安婦)를 단어 그대로 풀이하면 '위로를 주고, 편안함을 주는 여성'이라는 의미가 된다. 이는 충분히 미명(美名)으로 해석될 여지가 있다. 한국에서는 '일본군위안부피해자'라는 용어를 사용하고 있다.

◆ 굶주림을 못 견뎌 인육까지 먹어야 했다

들은 이야기 중에 특히 기억나는 일이 있으세요?

한번은 아버지가 귀국하기 위해서 거짓말을 한 것 같아. 몸이 아파서 나는 가야되겠다고 하니까, 일본에 있는 군 병원으로 데리고 간다고 했대요. 아버지가 따라갔는데, 정글 속의 진흙구덩이에 손과 발을 묶어서 3일을 그냥 처박아 놓은 거지. 뱀, 독충 이런 게 와서 아버지 주위에서 막 우글거리고… 이대로 죽는다는 생각을 하고 계시다가 어떻게 구사일생으로 탈출을 해서 나왔습니다.

잡혀서 다시 그 생활(강제노역)을 하시는데, 하루는 동료 중에 누가 고기를 가져와서 구워 먹었답니다. 배가 고파서 한참을 먹었는데 맛도 이상하고 냄새도 이상하더래요. 물어보니까 고기 가져온 사람이 '인육을 가져왔다. 우리가 먹는 게 인육이다.' (그렇게 말을 하더랍니다). 그래서 그 인육까지도 먹은 이야기를 (아버지가) 어머니한테 이야기하셨는데, 그걸 듣고 어머니가 저한테 이야기를 해주셨습니다.

아버님을 떠올리면, 어떤 생각이 드세요?

제가 올해 69세입니다만, 지금까지 살았지 않느냐. 참 불효자가 따로 없습니다. 저는 사실 아버지께서 남양군도에 갔다 왔다는 것도 지금 까마득히 잊고 있었습니다. 이번에 아버지에 대한 기억을 다시 떠올리게 되는 계기가 되었지 않나 싶어요. 동네 분들하고 같이 일본을 가서 그런 고생을 하시고 아버지가 가고 싶어서 간 건 아닌 것 같지만, 국가적인 보상을 받는 것보다도, 힘든 시기를 극복하고 살아온 아버지와 같은 이런 분들이 계셨기 때문에 우리나라가 발전도 되고……(그런 사실을 기억해줬으면 좋겠다). 사실 지금 얼마나 살기 좋은 세상입니까, 그죠?

생각 같아서는 남양군도 갔다 오신 분들도 한번 찾아뵙고, 그분들 고생담을 제가 한번 생각도 해볼 수 있는 기회가 있었으면 좋았을 건데……. 하지만 너무 오랜 세월이 지났고, 또 저도 제 개인적인 생활이 있다 보니까…….

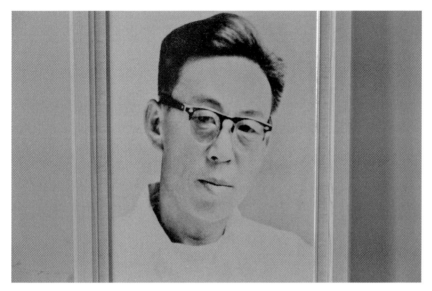

그림 40 남양군도 강제동원 피해자 고 이재문(이영수 제공)

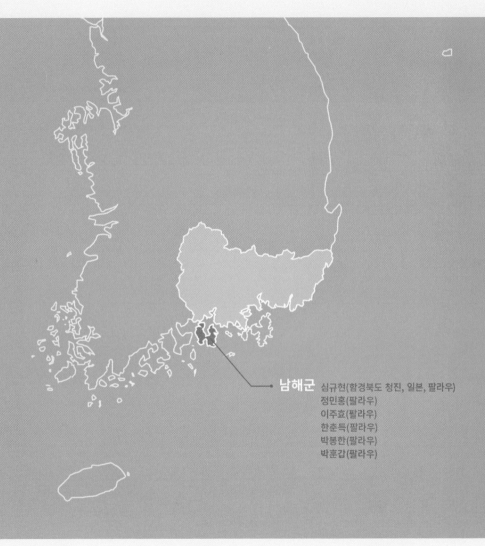

남해군 심규현(함경북도 청진, 일본, 팔라우)
정민홍(팔라우)
이주효(팔라우)
한춘득(팔라우)
박봉한(팔라우)
박훈갑(팔라우)

남해군

북한, 일본, 만주, 남양을 전전하다 5년 만에 돌아오신 아버지

구술 **심재신**(1946년생, 심규현의 장남)

경남 남해에서 출생
현재 경북 포항에서 생활

강제동원 경험자 **심규현**(1922년생)

한반도 북부 지역과 일본 탄광 등에 동원
팔라우로 동원(동원시기 불명). 1946~1947년경 귀환

그림 41 남양군도 강제동원 피해자 고 심규현의 아들 심재신(2020년 8월)

◈ 심재신과의 만남

고 심규현(청송규현)씨의 6남매 중 장남인 올해 75살의 심재신씨를 만난 건 지난해(2020년) 7월이었다. 고향 남해군 서면에 살다 경북 포항의 한 아파트에

서 살고 있었는데 아파트 주차장까지 마중 나와 취재진을 반갑게 맞아주셨다. 거실에 앉자마자 부친의 강제동원 이야기는 1시간 넘게 이어졌다. 내용은 매우 구체적이었다.

1940년대 전후로 경남 남해군에선 동네별로 남양군도 지역으로 모집이 많이 이뤄졌던 모양이다. 당시 남해군에는 조선총독부의 민원 사항을 해결해 주고 사례비를 받던 친일파 단체인 조선인친목회 소속 최갑춘이란 인물이 있었다고 한다. 그는 남양군도 국책기업들이 조선인 노무자를 모집 할 때 남양군도 지역을 홍보하며 노무 동원을 부추긴 일종의 모집책, 중개인이었다고 한다. 같은 고향 출신 최갑춘이 영상과 유인물까지 동원하며 홍보한 남양군도는 그야말로 신세계였다고 한다. 계속되는 가뭄으로 기근이 심해 먹고 살기 힘들었던 시골 사람에게 매력적인 조건이 아닐 수 없었다고 한다. 어차피 끌려갈 거라면 혹독하기로 유명한 북해도나 사할린보다 따뜻한 태평양지역이 낫다고 생각한 모양이다. 일본 제국의 점령지 동원은 선택이 아닌 필수였기 때문이다.

그렇게 심규현씨는 또래 7-8명과 함께 남양군도로 동원됐다고 했다. 결혼한 지 얼마 안 된 시기였지만 당시엔 이런 여건이 받아들여지지 않았던 모양이다. 그런데 인터뷰 도중 가장 놀란 사실은 심규현씨가 남양군도에 동원되기 전부터 북한 청진을 다녀온 뒤 일본 지역 탄광을 거쳐 중국 만주까지 갔다는 사실이다. 강제동원이었는지는 정확히 기억나지 않는다고 했다. 어쨌든 부친이 마지막으로 동원된 지역이 남양군도였다고 했다.

다시 정리하면 북한부터 남양군도까지 결혼 이후 수년 동안 다녀왔던 건지 아니면 지역별로 오고 갔던 건지 알 순 없지만 징용 시기가 5년이라는 사실은 확인이 가능했다. 부친에게 들은 남양군도 기억은 역시 태평양전쟁의 피해였다. 팔라우에 전투기가 지나가면 시체들이 쌓여갔고, 연합군의 공습으로 식량이 끊기자 일본군들이 조선인에게 밥을 많이 먹여 살을 찌우게 한 뒤 잡아먹었다는 소식을 듣고 탈출했다는 이야기는 충격 그 자체였다. 1946년 1월 고향으로 돌아와 5년 만에 아내 류만엽씨와 재회했는데, 큰아들 심재신씨는 남편 없던 시절 독수공방 손바느질을 하며 긴 세월을 버텨낸 어머니가 존경스럽다고 했다.

그림 42   MBC경남 취재진과 인터뷰 중인 고 심규현의 아들 심재신

◆북한, 일본, 만주, 남양을 전전하다 5년 만에 돌아오신 아버지

부친께서 징용을 여러 군데 다녀오셨지요?

나는 그때 당시에 안 태어나서 모르고, 확실히 몇 년도인지는 모르겠는데, 우리 할아버지가 말씀하시기를 5년 만에 나타났다, 그랬거든. 그냥 형편이 없었대. 우리 아들이 5년 만에 나타났는데 머리 하나 없이 장티푸스에 걸려서, 머리가 없이, 사람이 빼빼 말라서 알아보지 못할 정도로 해서 나타났다. 그게 1946년 9월인가… 나타났다고 했거든. 처음에는 내 아들인지를 기억을 못했다는 거예요. 머리가 하나도 없이 새까맣게, 뼈가 바싹 말라서 왔는데, 안 그렇겠어요? 상상을 한번 해보세요. 요즘에는 배를 타면 먹는 기나(거나) 먹으면서 오지만 그때는 다른 나라를 거쳐서, 거쳐서 오면서 제대로 먹기나 했겠냐고?

그렇게 5년 만에 나타났는데, 그 이후에 아버지가 하시는 말씀이, 만주에도 갔다 왔다. 그 이야기는 내가 들었어요. 어떤 식으로 갔는지 그건 상세하게 모르겠고, 만주에서 반장을 했대요. 반장을 했는데 자기 반에서 자꾸 사람이 한 사람, 한 사람 없어지더라는 거예요. 한 사람 불려나가면, 그 사람이 안 오고, 안 오고……. 이렇게 자꾸 사람들이 줄어들기에, 아, 나간 사람은 죽은 모양이다. 이렇게 해서 아버지가 뒤에, 반에 몇 사람을 남겨놓고, 자기가 탈출을 했다고 해요. 내가 죽을 차례가 다 되어 가는 갑다(가보다) 해서, 탈출을 해서 도망을 왔다는 소리를 들었거든요. 그랬는데 또 그 이후에, 어디까지 갔냐면 이북에 있는 청진도 갔다 오고. 그 다음에 일본 가서 탄광에… 잡혀갔는지 자의로 갔는지 그건 내가 상세하게 모르겠어. 또 갔다 왔대요, 그 동안에.

북한 쪽으로도 가셨다고 하던데요?

예. 북한에 청진까지도 올라갔다네요. 왜 그렇게 갔냐고 물어보니까 아버지가 젊었을 때 영특했대요. 똑똑했대요. 그러니까 그때 당시에는 아버지정도 나이 되는 분들을 자꾸 일본 사람들 앞잡이로 넣으려고 했잖아요, 그죠? 그래서 아버지는 거기는 가입하기 싫다, 일본은 싫다, 그런데 거기서 자꾸 나이가 되니까 젊은 애들을 자꾸 넣으니까, 내가 편한 자리로 도망 다니면서 시간을, 세월을 보냈던 것 같아, 지금 보니까.

그러면서 일본 놈들한테 밉보이진 않으려고, 옷도 일본 옷… 그 사진을 내가 찾으니까 없네. 옛날에 내가 어렸을 때 그걸 많이 봤거든. 바지밑단을 조이고… 일본사람들이 입는 당꼬바지 있잖아. 그걸 많이 입고 다니고 했거든. 옛날에 어머니가 삯바느질을 하면서 그런 옷을 만들어주기도 하고. 그걸 내가 어렸을 때 봤거든. 해방되고 나서도 봤거든. 그게 일본시대 때 입던 습관이 있어서, 그 뒤에서도 그걸 좀 입고 다녔어. 그때 당시는 우리나라에 하도 제복들이 없어서, 목화 옷, 삼베 옷, 모시 옷, 이런 걸 우리가 자체로 만들어서 입었거든.

남양군도로도 가셨다지요?

남양군도에 갈 적에, 몇 년도에 갔는지는 확실히 내가 들은 바가 없어요. 하여튼 뭐. 45년에 해방되기 전에 남양군도에 갔으니까… 1년 전에 갔는지, 2년 전에 갔는지, 3년 전에 갔는지 그건 내가 확실하게 들은 이야기는 없고. 할아버지가 하시는 말씀이, 야(얘)는 5년 만에 나타났다. 그래서 그 5년 동안에는 남양군도 간 것도 있고, 만주 간 것도 있고, 일본 탄광에 가서 고생하신 것도 있고, 많이 있는데 어떻게 해서 갔는지, 그것까지는 내가 상세히 모르겠어요.

◆ 같은 소대원을 잡아먹기에 목숨 걸고 탈출했다

기억나는 이야기가 있으신가요?

배가 너무 고프니까 사람을……(먹었대). 같은 소대원 중 한 사람을 잘 먹이더래. 그래서 왜 저 사람을 잘 먹이나 했더니, 어느 정도, 보름인가 20일인가 잘 먹이더만(먹이더니), 그 사람이 사라진 거야. 사람이 없어져 뿟대(버렸대). 그러니까 사람을 잡아먹었다는……. 뒤에 가서 보니까 고기가 사람 고기더래요. 사람을 잡아먹었다는 거예요. 그런데 또 한 사람을 그렇게 하고, 세 번째가 되었는데, 나를 그렇게 잘 먹이더라는 거예요, 아버지가… 자기를 잘 먹이더라는 거예요. 어, 이상하지. 눈치를 채고 아이고, 이제 차례가 나구나, 내가 잡히는구나, 그래서 거기서 탈출을 했다고 하더라고요. 아마 그래서 늦게 왔는지도 모르지. 그렇게 탈출을 했다고 하더라고요. 그러니까 사람까지도 잡아먹었다는 거예요. 하도 먹을 게 없으니까 그렇게까지 하더래요. 그런 이야기까지 하는데 그거는 뭐 아버님한테 약간 들은 이야기인데… 설마 사람까지 잡아먹겠습니까, 했는데 아버지가 사실이라면서 이야기를 하시더라고. 그 때 당시에 얼마나 긴박하고 그랬겠어요. 그런 이야기까지 들으니까 참……. 그래서 나는 기적적으로 살아난 사람이다, 너네는 나 같이 살지 말라고 하고, 자식들한테 늘 이야기를 하셨어.

◈ 너희 참 불쌍한 사람들이라고 미군이 쌀을 주더래요

남양군도에 대해서는 어떤 이야기를 하셨나요?

그때 이야기를 들어보니까, 남양군도에 가서, 너무 먹을 게 없었다. 너무 먹을 게 없어서, 짐승도 그렇게는 안 살았다는 거예요. 일은 일이 아니고, 사는 게 사는 게 아니고. 주로 잡혀가서 비행장 닦는 공사를 했대요. 비행장이 허허벌판인지 풀밭인지 모르겠지만… 처음에 사람이 많이 죽었다고 하더라고. 처음에는 그걸 모르니까, (비행기가) 큰 비행장을 웅- 하고 지나가버린대요. 그래서 비행장을 닦고 있으면 비행장을 확 지나가버린데. 여기에 폭탄을 다다닥 떨가(떨구어)놓고 가뿐대요(가버린대요). 가뿌며는(가버리면), 같이 공사장에서 일을 하는 사람들이, 그냥 다 죽어버렸대요.

그런데 두 번째, 세 번째부터는 비행기 소리가 웅- 하면 이제 폭격하러 오는구나 싶어서 그때는 미리 포복하고. 이렇게 했는데, 그럼 어떻게 살았습니까, 물으니까 바위가 있는데, 바위 사이에 숨은 사람은 많이 살고, 그냥 풀밭이나 맨바닥에서 살기 위해서 포복한 사람들은 그 폭탄에 맞아서 많이 희생이 됐다고 해. 그러면 금세 같이 일을 하다가 일은 놓아두고 땅을 파서 시체를 묻고. 이런 일들이 일상이었다는 거야. 그러니까 식량도 제대로 보급이 안 되고, 형편이 없었다는 거야. 이런 게 사는 게 아이고(아니고) 죽는 거지.

산에서 열매라는 건 다 따먹고, 하물며 움직이는 건 다 잡아먹고. 그 숲속에서 뱀 이런 건 말도 못하고, 벌레, 개미, 거미고 뭐고 움직이는 건 다 잡아묵었대요(잡아먹었대요). 열매도 따먹고. 하다하다 안 돼서 배가 고프니까 안 돼서, 이렇게 죽으나 저렇게 죽으나 죽는 건 마찬가지다 싶어서… 하루 저녁에는 훔치러 갔대. 미군 보급처에 먹을 게 어느 정도 있었던 모양이야, 어차피 죽는 건데 여기서 우리가 살아가면 거짓말이다. 그래서 소대에 갔대요. 가까이 창고 입구까지 갔답니다. 갔는데 잡혔대요.

잡혀서 거기서 바로 미군이 총으로 난사를 할 줄 알았는데, 그렇지 않고 신분을 확인을 하더라는 거예요, 그 사람들이. 그래서 신분을 확인을 하니까 한국 사람들이야. 미군들이 볼 적에는 조센징이야, 그지? 일본사람들이라면 죽여 뿟겠지(버렸겠지). 그런데 한국 사람들이라고 너희 참, 불쌍한 사람이라면서. 쌀을 한 포대기로(보자기로) 주더래요. 몇 포 주더랍니다. 실컷 먹으라고 줘서, 거기서 거리가 먼데도 그걸 올려 매고 와서, 그래서 자리에 와서 밥을 원 없이 먹었다면서. 그렇게 피눈물 나는 이야기를 하더라. 하면서 내가 지금 살아온 게, 내가 지금 어떻게 살아왔는지도 너무너무… 지금 생각해봐도 이해를 못하겠다면서.

그런데 거의 다 죽고, 거기서 두세 사람, 몇 사람이 살아나왔답니다. 남해 서면에서만. 그렇게 와서 그 이후에 그 사람들하고 교우관계를… 그걸 내가 한 번씩 봤거든. 얼마나 생각할수록 이야깃거리가 많고, 안 그렇겠어요?

그런 이야기를 하면서, '아… 진짜 무섭다', '우리 시대는 너무 너무 어렵다', '왜놈들 지긋지긋하다', 이런 이야기를 하더라고예(하더라고요).

여러 지역을 가셨는데, 어디가 가장 힘들었다고 하시던가요?

아버지는 징용 가신 곳 중에 남양군도가 가장 힘드셨다고 했어요. 일본 탄광은 고생한 것만 알지, 임금을 받았는지는 이야기를 못 들어서 모르겠어. 내가 63년에 부산을 나갔습니다. 객지로 나갔어요. 나갈 적에 아버지가 딱 하는 말씀이 그때는 우리나라가 개발이 안 되어서, 엉망진창인 시절이잖아요. 그 시절이니까 부산도 형편이 없고 그런 시절이죠. 그때 가서, 배운 것도 별로 없기 때문에, "객지 나가서 험한 일을 하거든 항상 몸에다 사탕을 지니고 다녀라", 이라는(이러는) 거예요. 무슨 말씀입니까, 물으니까, "나는 일본에서 탄광에 있을 적에, 탄광에 먼지를 씻어 내리는 건, 사탕을 먹어서 때를 씻어 내랐다(내렸다)"… 그렇게 하라고 이야기를 하더라고. 그걸 내가 지금도 안 잊어버렸지. 그 당시 63년도에 처음 부산에 내려왔을 때는, 그때는 부산이 형편이 없었잖아. 공장도 없었고… 아버지 말씀이 삶에 도움이 되더라고, 그런 것들이. 그래서 이제 탄광에서도 고생을 했는데, 최고의 고생이야 당연히 남양군도 간 거지.

후유증은 없었나요?

근데 그건 내가 못 느꼈어. 아버지가 참 건강하셨거든. 우리가 윗대부터 DNA가 좋거든. 다리를 다쳐서, 다리가 아파서 고생을 하신 건 이야기를 들었는데, 다른 건 내가 못 들었어.

꼭 신체적인 부분이 아니어도, 정신적으로 후유증이 있었을 수도 있어요.

아버지가 그런 건 있었긴 있었어요. 조금 전에 PD님(정영민 기자)이 말씀하신 것처럼, 갔다 와서… 그런 트라우마는 약간 있었어. 약주를 좀 잘 드셨어. 약주를 좀 자시면(드시면) 약간 좀… 폭군적인 성격이 한 번씩 나왔어요. 약주만 깨고 나면 멀쩡한데, 나 자신도 모르게… 그런 것들이 한동안 좀 있었어요.

약주만 하면 난폭해지는 부친을 대하기가 많이 힘드셨겠어요?

예. 고통스러움이 있었어요. 처음에는 이해를 못했지. 이해를 못했지만, 이해
되고, 그 다음에 그러고 나서 자식이 크니까 그 행동들이 없어지고. 그렇게 했
어요. 그러니까 이제 약주는 그게 길들여져서 많이 잡쉈고(드셨고)… 그래도 정
신 하나만큼은 본받을 정신이었어요. 절대 남에게 피해안주는, 그런 정신.

◆ 5년만에 돌아온 아버지를 위해 벌어진 일주일간의 마을 잔치

귀국과정에 대해 들으신 이야기가 있으신가요?

(1946년)9월에 한국에 왔는데, 무슨 배를 타고 왔다는 이야기만 들었지, 어
떤 경로로 왔는지 그건 내가 상세히 몰라. 내가 이야기를 들어보니까, 해방이
되었는데도 불구하고, 거기서는 해방이 됐는지 모르고 있었겠지. 한동안에는.
일본 놈들은 싹 빠져나가고 올 길이 없었겠지. 그때 당시는 요즘 컴퓨터도 없고
비행기도 없고 하니까, 어떤 경로로 해서… 그래서 이제 한국에 왔는데, 1년 후
에 도착했겠지. 그래서 와서 만든 게 나야. 내가 1947년생이야. 47년 9월 5일
생이거든. 그래서 지금 PD님 말씀을 들어보니까 9월에 부산에서 배가 나가고,
그 이후에 10월쯤, 남해에 도착했겠지. 그래서 인연을 만나고. 그때 아마 저를
만들었겠지. 그게 시간적으로 맞는 거야.

결혼은 언제 하셨습니까?

이야기를 들어보니까, 일본사람들 밑에서 거기에 말려들지 않으려고 모진 고
생을 하고 다녔던 모양이야. 다니다가 그때 잡혀가서, 고생을 하고 왔는데, 어
머니가 17살에 하고, 아버지가 20살, 3살 차이거든. 3년 차이. 그렇게 결혼을
했는데, 결혼을 하고 얼마 안돼서 징용에 간 모양이야. 그러니까 아기가 안 생

겼겠죠. 자식이 안 생겼지. 아버지가 징용에 간 5년 동안 어머니가 기다렸던 거예요. 바느질을 해서 살면서 기다렸는데, 해방이 되었는데도, 아버지가 돌아오지 않는 거야.

해방된 지 6개월, 7개월 동안 돌아오지 않으니까 어머니가 그때… 남편을 5년 넘게 기다려도 돌아오지 않는다. 죽었구나, 이래서… 외가가 유씨 집 집안인데, 좀 품위가 있는 집안이었거든. 그러지 말고 친정으로 돌아와라, 그래서 친정으로 갔는데, 가서 얼마나 있었다는 건 확실히 모르는데, 한 몇 개월 있으니까… 심규현이 나타났다. 심규현이… 집에서 부르는 이름은 양석이라고 그랬거든, 양석. 여기도 있잖아요, 심양석이라고 그래요. 호적란에는 규현이거든. 양석이가 나타났다고 해서, 우리 주변에 대서 초등학교가 있어요. 대서 국민학교라고 있거든요? 그 주변에 각 마을이 있어요. 무슨 리, 무슨 리, 무슨 리… 우리는 그때 당시에 남정리인데, 남정의 금옥(마을)인데, 서호리, 대정리, 주변에 있는 마을 사람들을 할아버지가 다 불러서 일주일동안 잔치를 했답니다. 아들 왔다고.

그때 당시 아버지가 귀한 자식이었어. 우리 할아버지가, 형제가 두 분인데, 큰할아버지가 자식이 없어. 아들이 없어. 그래서 우리 할아버지 밑에서 낳은 자식인데, 집안의 큰아들이니까, 굉장히 귀한 자식이었지. 그렇게 일주일동안 잔치를 했다는 이야기를 들은 것 같아. 아버지가 고향에 와서 보니까, 어머니가 다른 데 시집을 안 가고 있거든. 있어서 아버지도 깜짝 놀라고. 어머니도… 내가 슬퍼서 우야지(어쩌지)……. 이렇게 해서 서로를 믿어서 새로운 인생을 걸어온 거예요. 평생을 두 분이 인연을 맺어왔지. 정말 참… 이야기를 들어보면 아주 드라마 같은 이야기더라고.

어머님과의 인연이 각별하신데, 조금 더 들려주세요.

어머니하고의 인연을… 아까 이야기하고의 연결인데, 한국에 와서 보니 어머니가 다른데 시집을 안 가고 삯바느질을 하면서 살고 있으니까, 상상을 해보세요. 어떻겠나. 그래서 육남매 자식을 놓고(낳고), 같이 인연을 맞춰서 평생을 살면서… 아버지는 집에서 뭘 했냐면 소구루마(소달구지)를 했어. 그래서 우리 집에서 읍에 있는 장까지 가면 약 5km 정도 되거든. 그 거리를 소구루마(소달구지)를 끌고 다니면서 이웃 사람들 짐을 싣고 왕래를 하고 다니고. 한동안 그렇게 일했죠, 젊은 시절에. 그러면서 평생 고향 땅을 지키면서, 나는 여기서 떠나지 않을 거라고 생각하고 그렇게 살았죠.

그렇게 살아왔는데 어머니가 63살에 위암에 발견이 돼버렸어. 진갑을 지나고 난 다음에. 이래서 자식들 다 객지 나오고 청천벽력 같은… 남해군에 있는 막내 동생이 대학을 다닐 때야. 위암이 발견이 됐어. 참… 너무너무 슬픈 과정을 1년 동안 겪었지. 어머니가 세상에서 최고라고 생각하고 어머니 믿음 속에서… 우리 어머니는 내가 하는 일을 다 믿어주고 그랬는데… 갑자기 어머니 위암이 걸려서 병원에 딱 모시고 가니까, 진주에서 발견이 돼서, 진주복음병원에서 발견이 돼서, 부산복음병원에 모시고 가서 최종 결과를 봤는데, 너무 늦어뿟어요(늦어버렸어요).

그래서 결국 가족회의를 해서, 수술을 해야 되나, 안 해야 되나.. 의사분들은 수술을 한번 시켜 보라고 하더마는(하더니), 그때 담당 주치의를 개인적으로 만나서 이야기를 들었어요. '어떻게 하면 좋습니까. 가능성이 있습니까?' 하니까, 의사들 아침에 회의에서 가능성이 없다고.. 이야기를 하더라고 주치의가. 그래서 그런 분을 과연 수술을 시켜야 되나 말아야 되나, 하고 혼자서 판단할 게 아니고, 어머니의 형제분이 8남매에요. 그 밑에 동생들이 많고, 오빠가 한 분 계신데, 오빠 되는 분이 형제분들도 모아서 의논을 해보니까 전부 하나같이 수술시키지 말라고, 고이 잠들도록 만들지, 사람 난도질 시키지 말라고. 어머니 형제분들이 사정을 하기에, 결국 수술을 안 하고 10개월 20일 만에 운명하셨지. 운명하셔서 고이, 우리 선산에다 모셨죠.

그림 43 남양군도 강제동원 피해자 고 심규현과 아내 고 류만엽

◆ 전 세계에서 제일 안전한 곳이 우리 경상남도 남해다

부친께서는 평소에 어떤 이야기를 자주 하시던가요?

그래서 태어난 이후에, 우리는 어렸을 때니까 이야기를 못 들었는데, 내가 한 6살, 7살쯤 돼서부터, 아버지의 고생담을 가끔 한 번씩 하시더라고. 하시는데 정말 나는… 죽을 고비를 많이 넘겼다… 전 세계에서 제일 안전한 곳이 우리 경상남도 남해다. 이런 이야기를 늘 했거든. 그래서 왜 그렇습니까, 하면 그때는 남해 대교가 없었잖아. 6.25가 나도 남해에는 폭격이 없고. 내려오질 못하고, 섬이니까. 그때 일본사람들이 물러가고 45년 이후에 한국정부가 들어서면서, 각 지역마다 반란사건이 막 일어났어요.

일본사람들이 물러가고 일본 놈 밑에서 앞잡이 하던 그 사람들이 정권을 잡고 있으니까. 일본국민들하고 부딪힌 게, 우리 남해에서는 제일 가까운 거리가 여수라(여수야). 여수도 반란사건이 있었단 말이야, 그때 당시에. 바다 사이여서 가깝잖아, 그죠? 근데 여수에도 반란사건이 나고, 6.25도 나고 할 적에도, 거기에 폭격기가 날고 해도, 남해는 안전했거든. 아버지가 이 세상을 다니면서 험한 걸 많이 봐 놓으니까 남해가 제일 안전하다고 했지. "커서, 객지 나가서 만약에 무슨 전쟁이 일어나거든 고향으로 먼저 뛰어오너라." 이런 이야기를, 부모님에게 늘 귀에 못이 박히도록 들었지.

◆ 아버지 일을 MBC경남에서 어떻게 아셨어요?

월급은 받으셨나요?

월급을 일체 못 받았어. 월급이라 카는(하는) 거 자체가 없었대요. 그래서 안 그래도 중간에 한번 보상 문제 때문에 한 10년 전인가 그런 이야기가 나왔잖아요. 그때 이제 한번 알아보라고, 동생보고 이야기를 했지. 하니까 남들이 받으면 같이 받아야 되고, 남들이 안 받으면 못 받지만, 단돈 10원이라도, 부모님이 고생하신 은혜가 있는데, 돈이 많고 적고를 떠나서, 자식들이 부모님이 고생하신 보상을 받아서 살림에 보태려는 게 아니고. 그걸 한번 알아보라니까, 그래도 그때 당시에 이야기가 나왔잖아요. 우리는 그때 봐서는 남양군도에 간 자료 자체가 없는 거예요. 그런데 PD님 어떻게 그걸 찾으셨어요?

팔라우에서 1946년 1월 6일하고 8일에 그때 팔라우에서 부산에 부관연락선을 타고서 팔라우로 출발한, 팔라우로 배를 탄 승선자 명부가 있어요. 국가기록원에 있는 거예요. 그 명부가 8~90년 정도 됐는데, 18개 시군별로 쫙 나와 있어요. 주소가 마을, 리까지 나오더라고요. 저희가 그걸 명부를 찾아서 확인해 보니까, 부친의 존함이 '청송규현'이라고 되어 있어요. 창씨개명된 청송이 심씨더라고요. 심규현.

　이웃 사람이 이야기하는 것도 똑같은 건데, 그때 당시 상황을 누가 옆에서 직접 증인을 해줄 수 있는 사람이 있었더라면 증명이 됐겠지만, 그걸 해줄 사람이 없어서 안 된 것 같아. 우리가 보상을 받으려는 것 자체에 목적이 있는 게 아니고, 사실은 그거보다 그 억울한 고생을 했는데 정부에서 10원, 100원이라도 보상이 나오면, 우리 6남매들이 다 살아 있거든. 그래서 우리가 형제 모임도 있기 때문에, 보상을 이렇게 해서 이렇게 했다. 이렇게 떳떳하게 나와 줬으면 좋겠는데, 그게 안 되니까 아쉽죠.

　그래서 그 이후부터는 아예 관심도 없고, 포기를 했고. 마침 자료를 보니까 내가 안 그래도 너무 기특해서… 다른 거 생각하는 게 아니고 너무 기특해서… 그래서 내가 형제간이, 내 밑에 여동생이 있기 때문에… 여동생이 부산에 있어서, 혹시나 거기에 아버지에 대한 무슨 사진자료가 있나 싶어서 확인을 해보니까 없어. 그래서 남해에 있는 우리 동생보고, 남해 시골에 집이 있어요. 아버지가 사시던 집이 아직 있어요. 냉장고 한 대도 계속 돌아가고 있어요. 내가 가끔 가서 집 정리를 해놓고, 며칠 있다 오고 그러거든. 거기 서랍에 옛날 사진이 몇 장이 있더라고. 있는데 왜정시대 사진은 아니고, 옛날 나이 들었을 때 사진이 몇 장 있더라고. 그걸 찍어서 보내라고 했어요. 그래서 있는데, 그건 큰 도움이 안 될 거예요.

◈ 역사를 부정하는 일본을 보면 화가 치밀죠

일본에 대해 어떻게 생각하세요?

　억울하죠. 화가 치밀어 오르죠. 우리 같은 경우는 … 몰라, 요즘 젊은 분들은 그걸 못 느낄지 모르겠지만… 저희 같은 경우는 그런 뉴스나 이런 환경들을 보면, 미치죠. 화가 치밀죠. 화가 치밀어서 그냥… 표현을 다 할 수가 없지. 어떻게 표현해요, 그걸… 요즘 분들은 거기에 대해서 별로 잘 모르니까. 하지만 우리는, 아까도 말씀드렸다시피 63년도에 부산을 내려갔는데, 부산이 아주 황폐했거든. 형편이 없었거든, 그 부산 자체가. 그러니까 우리가 45년에 해방이 되고, 또 50년에 6.25가 터졌잖아요. 그죠? 그러니까

6.25가 터져서 피난민들이 부산에 내려오면서 국제시장 주변을 감싸고 하면서 부산이 피난민들 속에서 살다시피 했고, 불과 60년 전이니까 10년 차이 밖에 더 되나, 그죠. 그런데 형편이 없었지.

그때 당시에 일본 그 사람들이 35년 동안 억압을 했던 거, 지금 생각해보면 죽일 사람이지. 그런데 아베 하는 게 옳고 그르다고 어떻게 평가를 하겠어요. 그건 말이 아이지(아니지). 느끼지 못한 분들이 있지만, 우리 같은 경우는 우리나라 발전상황을 봐왔기 때문에, 그놈들은 정말 이해를 못하고. 요즘 생각해보면, 우리나라의 발전상황을 가만히 보면 대한민국 사람들 정말 대단한 사람들이야… 국민이. 항상 내 자신도 느끼고 있죠.

내가 74살인데도, 이걸 아버지한테 어릴 때 들은 이야기지만, 머릿속에 탁 담겨있으니까 그걸 잊어버리지 않고 있는 거지, 요즘 젊은 사람들, 40대, 50대 되는 분이 뭘 알겠어요. 역사책이나 보고 알까… 본인들한테 들은 이야기는 거의 없을 거니까……. 안 그렇습니까. 저도 그랬어요. PD님이 옛날 거하고 퍼즐을 맞추려면, 그걸 하나 만드는 게 상당히 고생스럽겠다 생각했어요.

어머니나 아버지나 늘 하는 이야기는, 세상이 아무리 그렇지만 우리처럼은 살지 마라. 그 이야기지. '우린 시대적으로 어쩔 수 없어서 그렇게 하기는 했지만, 그래도 사회 나가서 욕심 부리지 말고, 항상 선한 자세로 살면 복이 오니까, 사회 나가거든 너무 큰 탐욕 가지지 마라.' 하면서 어른들은 자식들한테 늘

그렇게 이야기했어요. 그렇게 하다 보니까, 남해에 있는 막내 동생 같은 경우도, 정말 참, 공무원이 되어서 처음 딱 발령을 받을 적에, 아버지가 첫마디로 하시는 말씀이, 절대 사회 나가거든 남에게 약점 잡힐 행동하지 마라.

절대 남에게 약점 잡힐 행동 하지 말고, 봉사하는 마음으로 살아라. 욕심 버려라. 그때 당시만 하더라도 옛날 사람들은 공무원들이 조금 비리가 있었잖아. 절대 그런 데에 개입하지 말라고 당부, 당부를 했거든. 하면서 너는 고향을 지켜라. 6남매 다 객지에 있지만 막내 너만은 고향을 지켰으면 좋겠다. 이러고 우리 자식들한테도 다 그렇게 이야기를 했어요. 평범하게 살라고. 너무 탐내지 말고, 평범하게 살아라. 내가 살아온 과정을 겪지 말고, 형제들끼리 평범하게 살아라. 우애 있게 사는 것이 훨씬 좋다. 욕심을 버려라. 그래서 그런지 우리 6남매는 다 지금도, 다 화목하게 살고 있고, 내가 장남이잖아. 내가 무슨 이야기를 하면 다 따르고.

◆ 죽었든 살았든 기다리는 그 정신이 너무 존경스럽죠

부모님을 생각하면 어떤 생각이 드세요?

지금 생각해보면 참 우리 부모님은 그 5년이라는 세월이 너무 악몽 같았지만, 그 이후에는 남들에게 나쁜 소리 한마디 안 듣고, 자식에게도… 일부러 안 시킨 건 아니고, 없어서 공부를 못 시킸지(시켰지). 행동을 보면 우리가 부모님한테 본받을 일이었죠. 그리고 아버지가 돌아가시고 난 다음에도, 사람들이 우리 마을에 기둥이 넘어갔다고 할 정도로… 근 마을에서 존경을 받고 살았거든.

우리가 지금 생각해보면 상상을 못하죠. 상상을 못하는데, 그걸 나도 지금 이해를 못 할 정도인데, 그것도 혼자서 산 게 아니고, 시부모님을 모시고 살았거든. 우리 할머니. 여기에 우리 할아버지 할머니 사진이 있거든. 그 할머니 할

아버지를, 시부모님을 모시고 한 집에 살았단 말이야, 5년을. 그런데 우리 외가가 유씨 집안인데, 참 완고한 집안이에요. 보통 집안이 아니에요. 우리 외할아버지도 옛날에 그 마을에서 이름이 꽤나 있는 분이고, 이런 분이다 보니까 아마 그랬던 것 같아요. 요즘 같으면 상상도 못 하지. 안 그래요?

그리고 옛날에는 인연을 정해주면 평생 살아야 한다는 개념을 가지고 시집을 오잖아, 그죠? 오는데 그래도 전쟁이라는 게 있었기 때문에, 전쟁 속에 파묻혀 있기 때문에 죽었든 살았든 기다리는 그런 정신 자세가… 요즘 같으면 못 하지만, 그때 당시는 그 정신이, 지금 내가 생각해봐도 너무너무 존경스럽죠. 우리 어머니가 너무너무 존경스럽죠. 그렇습니다. 참 지금 생각해보면, 그래서 내가 항상 부모님 은혜 밑에서 자녀들, 6남매가 다 곱게, 선하게 사회생활하고, 다 이렇게 생활하나 싶은, 그런 음복이 아닌가 싶은 생각이 들어요.

그림 44 부모님의 영정사진을 취재진에게 보여주는 심재신

나무하러 와야 할 사람이 사라졌어, 한 맺힌 남양군도

구술 정현일(1953년생, 정민홍의 종질)

경남 남해에서 출생
현재 경남 남해에서 생활

강제동원 경험자 정민홍(1918년생)

1935년에 팔라우로 간 후 전쟁 당시 동원됨
1945년 팔라우 현지 사망

그림 45 남양군도 강제동원 피해자 고 정민홍의 조카 정현일(2020년 8월)

◆ 정현일과의 만남

취재진은 경남 남해군 고현면 관당 마을에서 팔라우로 동원된 하엽제씨와 정정재, 김길몽씨를 찾기 위해 마을 이장인 정현일씨에게 연락을 드렸다 뜻밖의 말씀을 듣게 됐다. 본인의 큰 아버지도 팔라우로 강제동원됐다는 것이다. 우리가 찾던 세분은 모두 돌아가셨고 2세분들의 연락이 닿지 않는 상황에서 정말 의외의 소식이었다. 취재진은 망설임 없이 장맛비가 퍼붓던 지난해 8월 중순, 관당마을 회관에서 노랑색 봉투를 들고 나오신 정현일씨를 만날 수 있었다.

큰아버지 정민홍씨는 18살이 되던 해 결혼을 했는데 보름도 안 돼 일본 순사가 총 칼을 들고 집에 찾아와 강제로 끌고 가는 모습을 지켜본 마을 어르신의 말씀이 생생하게 기억난다고 했다. 억울하게 동원된 형의 행방을 찾기 위해 정현일씨의 작은아버지 정민두씨는 보국대에 자진 입대해 일본 규슈지역의 어느 탄광지역에서 노역을 하다 해방 다섯 달을 남겨 놓고 1945년 3월 현지에서 사망했다고 했다.

그 해 정민홍씨도 사망했다는 소식을 팔라우에 함께 간 마을 지인에게 듣게 됐는데 유품도 유해도 받지 못했다고 했다. 그래서 마을 뒷산에 흙만 묻고 묘를 세웠다고 했다. 그러면서 노랑봉투에 담겨 있던 백부님의 호적등본을 보여 줬다. 등본에는 사망지역이 팔라우군도라고 선명하게 적혀 있었다. 백부는 결혼을 한 상태에서 갔지만 자녀가 없었기에 조카인 정현일씨가 백부의 유해를 찾기 위해 여러 차례에 팔라우에 가려고 시도했다 결국 기상 악화로 번번이 못가게 됐다고 했다. 생전에 언젠가 꼭 가보겠다고 스스로 다짐했다고 했다. 백부의 유해를 찾기 위해 조카가 발 벗고 나서는 피해 사례는 처음이었다. 그러면서 같은 마을에서 정만삼씨와 정석기 등 15명이 팔라우에 동원됐다 돌아왔다고 했다. 그 가운데 우리 백부는 없었는지 지금도 유해라도 받으면 마을 뒷산에 고이 모셔드리고 싶다며 눈시울을 붉혔다. 피해자의 넋을 기리고 원한을 풀어주기 위해서라도 태평양지역의 유해 수습을 하루 빨리 시작해야 할 것이다.

◆ 나무하러 와야 할 사람이 사라졌어

백부께서 징용가신 건 어떻게 알게 되셨나요?

1980년도에 내가 학교 댕길(다닐) 때 가족 관계 좀 알려고 물어봤더니, "너희 큰아버지는 열일곱에 죽었으니 없다." 하더라고. 그래서 내용을 안 보고, 제적부도 안 떼어 봤어요. 이장하기 전에 80년도, 90년도에 난생 처음 제적부를 뒤져 봤을 거예요. 여기 정확하게 나와 있는데, 그 때 알았어요.

1990년도에 일본 징용 모집*에 서류를 해 넣으라고 했어. 일본 보직을 씌우기 위해서 뭐 마을에서 아는 사람 있으면 찾아보라고 했대. 근데 우리 할머니가 세상을 뜨고 나신 뒤라 이걸 어떻게 찾을지 알 길이 없었지.

(나는) 그때 태어나지 않아서 이야기를 모르지만… 마을사람들 일부, 대여섯 사람은 알아요. 당시 우리 마을에 팔십 다섯, 여섯 된 분들이 살아계셔서, 정확하게 처분을 해줘서 그 때 당시 알았어. 그걸 들고선 그 이야기를 잘 기억해놔야 되겠다(싶더라고). 결혼해서 잡혀간 내용, 모든 내용을 그때서야 알았지. 안 가르쳐주면 그 내용을 몰라요.

우리 마을에 세 사람이 살아 있었는데, 정동기 씨가 제일 기억이 좋고, 그 다음에 박안실이 기억이 좋고. 세 번째는 이정목 씨는 알긴 아는데 기억을 잘 못해요. 제일 정확히 가르쳐 준 사람은 정동기 씨인데, 집안 형님이야. 그 분이 1919년생이거든. 지금 살아있으면 올해 102살인데, 그분이 큰아버지 정민홍 씨하고 한 살 차이야. 같은 집안이지만 정민홍 씨가 촌수가 한 대 높아서 아재라고 부르거든. 만날 둘이 산에 같이 나무하러 가고 그랬대.

하루는 나무를 하러 아침에 올라와야 하는데 안 와서 마을을 내다보니까, 총을 앞에 들고 뒤에서 하얀 옷을 입고 잡혀가는 걸 눈으로 직접 확인했다 그

---

*   유족단체의 신청서로 추정됨

러더라. 그 소리를 듣고 나서 (보니까), 1920년생 이웃 박사누 그 양반이 이웃에 살았는데도 몰랐다 이거야. 큰어머니라는 사람은 음력 12월 십 며칟날 결혼식을 해서 집에서 생활을 한지 보름도 안 됐는데, 충격이 컸나 봐. 바깥에도 안 나왔다고 하더라고요. 잡아간 놈은 보기는 봤다고 하는데 바깥에도 안 나왔다고 해. 아무도… 할머니가 대답을 정확하게 해야 하는데, 할머니가 가슴에 한이 있는지 우리한테는 절대 대답을 안 해줘요. 그래서 정동기씨 집안 형님한테 물어서 알게 됐죠.

잡혀간 날짜가 언제입니까? 물었더니, 1935년도래. 역사책에도 대동아전쟁이 41년도라 되가(되어)있는데 왜 35년도에 잡혀갔는지 내가 물었거든. 어떻게 갔는지 내가 물으니까, 그건 확실히 모르고 그때 당시 일본이 한국에 많이 점령을 해 있었다고 해. 점령을 해 있어서 일본 놈들 알고 있는데, 큰아버지가 그 때 당시 키도 크고 인물도 좋고, 이래(이렇게) 하다 보니까 잡혀간 걸로 알고 있던데.

◆ 한 맺힌 남양군도

할머니께서는 아무 말씀도 안 하시던가요?

남양군도는 할머니가 몰라요. 할머니가 살아계실 때에, (큰아버지가) 일본에 가서 죽었다는 소리만 들었지. 나중에 남치? 라고 하는 부대에서 함을 가지고 왔다는 소리를 들었어요. 우리 할머니가 가지러 갔다케(갔다고 해). 가져와서 산에 묻었다고 해. 거기에서 함을 가져와서 여기 이게 (호적등본에 '정민흥' 사망으로)적혔는지 그건 내가 몰라요. 지금 아무도 몰라요. 1919년도 사람 정동기 씨가 물어봐도 몰라요.

1935년도면 열일곱이야. 45년도에 왔응께(왔으니까) 10년 만에 돌아온 거야, 10년 만에… 할머니가 얼마나 쇼크를 받는고(받았는지), 대답을 안 해요. 그래서 내가 다시는 안 물어봤어. 그때 내가 9살 정도 되었는데, 아무리 물어도 대답을 안 해줘. 울기만 울고 할머니가. 그때 당시 아버지가 알았으면 좋았을 텐데, 아버지도 그때 너무 어렸으니까 모르고. 아버지가 알았으면 이리(이렇게) 안 했을 낀데(건데). 고생하고 오신 데 대해서는 보상금으로 천 몇 백만 원 받았지. 어떻게 할 수도 없고. 우리가 농민인데 힘이 있나, 힘도 없고. 어떻게 이걸 가지고 감옥에 여넣을(잡아넣을) 수도 없는 거고. 힘 있는 것 같으면 여을(넣을) 수 있을 텐데 힘도 없고. 생각만 하지.

우리 큰아버님이 이렇게 고생해서 돌아가셨다, 국가에서 보상을 해라, 이런 건 생각 안 합니다. 안 주는 걸 어떻게 줘라, 줘라 해삿습니꺼(해요). 일본 징용 간 거 일본에서 배상을 해준다고 하는데… 왜 배상을 고인에게는… (안 주는지). 근데 이걸 누가 알았는지 몰라도, 태평양전쟁 유족협회에서 만날 편지가 날아와요. 좀 쓰여 주라고. 근데 아직까지 한 번도 안 쓰여 줬어요.

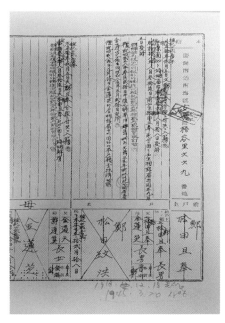

그림 46 고 정민홍의 사망 사실과 징용 지역을 확인할 수 있는 호적등본(정현일 제공)

◆ 형님을 찾아 나선 동생 이야기

형님을 찾으러 일본까지도 가셨다면서요?

작은 아버지가 일본에 우리 형님 찾으러 가서, 몇 번 들어갔다 나왔다 했어. 또 일본말도 잘하고, 이웃사람한테 숨기고 들어가는 것도 있고. 몇 번 이야기를 했는데. 우리 마을 사람들은 그 당시에 장사를 좀 했능가(했는지), 그건 내가 모르겠는데… 하여튼 일본은 밥 먹듯이 드나들었다고 이야기를 들었습니다. 할머니 이야기 들어보면, (작은 아버지가) 좀 별난 사람이었지. 한국 사람 만나서 동경, 오사카, 시모노세키, 삿포로라고 하나? 몇 군데를 가며 찾아다녔다고 이야기를 들었어. 얼마나 형님을 찾으려고 (고생을 했는지)…

남양군도에 있다는 건 생각도 못 했어. 그 뒤에 알았어. 그 남해 간 사람들이 주로 동경하고, 오사카하고, 시모노세키, 거기에 간 것만 알고 있지, 다른 데 간 건 모른다고 해. 나중에, 한번은 내가 일본 남양군도로 가야 되겠다 싶더라고. 최근은 아니고 한 몇 십 년 되었지. 그때는 가려고 해도 안 돼서 못 갔지. 가려고 한 4번을 시도해서 일본을 들어갔는데,* 남양군도 가기가 참 어려워요. 쉽게 가는 게 아니에요. 기회가 주어진다면 우리 아버님을 어느 자리에 폭격했는지 보고 싶어서, 상세히 적어놨어. 들고 가려고 사진도 찍어놨어요. 그땐 가기가 참 힘들었어. 일본은 마음대로 갈 수 있었는데 그때 팔라우는 가기 힘들었어. 그래서 내가 포기를 하고, 우리 집사람한테 '언젠가는 내 핏줄은 내가 자리를 한번 찾아봐야 되겠다.' 라고 자주 말했어요. 살아있을 때 언제든 한번 갈 거라고. 4번째 일본을 들어가서 못 갔어.

앞으로 코로나가 없어지면, 나라가 조용하고 세계가 조용해지면, 그럴 때 나 혼자 조용히 갔다 오려고 생각하고 있지. 갔다 하면 내 생각으로는 거기 가

---

* 인터뷰 당시에, 정현일은 한국-팔라우 직항이 있다는 사실을 모르고 줄곧 일본 요코하마를 경유하는 선박을 통해서만 남양군도를 갈 수 있다고 알고 있었다.

서 죽은 게 정확한가 아닌가 알아보고 싶어요. 할머니가 묻었다고 하는 산에 가서 함을 파보니까, 흔적도 없어. 관 묻는 자리에 나무가 다 상해도, 흔적은 남아있어요. 전문가도 이런 건 100년이 되었든 200년이 되었든 흔적은 남아있다 카대(하더라고). 하루 종일, 굴착기로 찬찬히 팠는데, 파도 똑같다 이거야. 그래서 내가 문제가 있다 싶어서 가려고 하는 거야. 가족에 대해서 알기 위해서.

그림 47 백부의 강제동원 이야기를 하고 있는 정현일

죽은 줄 알았던 아버지가 살아서 돌아오셨다

구술 **이해찬**(1936년생, 이주효의 장남)

경남 남해에서 출생
현재 경남 남해에서 생활

강제동원 경험자 **이주효**(1919년생)

1940년 팔라우로 가서 노무 및 군속으로 동원
1945년 귀환

그림 48 남양군도 강제동원 피해자 고 이주효의 아들 이해찬(2020년 8월)

◈ 이해찬과의 만남

이해찬 씨는 한일균 씨의 소개로 정말 운 좋게 뵐 수 있었다. 두 분의 부친
은 한 동네에서 살다 함께 팔라우로 동원된 뒤 의형제를 맺은 사이라고 했다.

돌아가신 이해찬 씨의 부친 이주효 씨와 한일균 씨의 부친 한춘득 씨가 무척 가까운 사이였던 모양이다. 부친이 살아계실 땐 왕래를 종종했는데, 나이가 들면서 발길이 줄었다고 했다. 이해찬 씨는 처음엔 취재진의 인터뷰를 거절했다. 자세한 이유는 여쭤보지 못했지만 한일균씨의 설득으로 지난해 8월 말 인터뷰에 응해주셨는데, 인터뷰 장소로 나온 이해찬 씨는 올해 85살의 백발의 노인이었다. 여러 자료들도 봉투에 챙겨 오셨다. 부친이 귀향 후 팔라우를 다녀온 마을 청년들과 산청군 남양야자수회처럼 친목회를 결성했던 모양이다. 본인도 삼촌이라 부르며 부친의 동료들을 잘 따랐다고 했다. 그 분들의 성함을 기억하냐는 질문에 정순호, 최찬용을 말씀하셨다. 혹시 몰라 남해군 서면사무소에 확인한 결과 최찬용 씨는 사망했고 아들이 경남 창원에 거주하는데 연락이 닿지 않는다고 했다.

이해찬 씨가 취재진 보여 준 부친의 우체국 통장은 산청 출신 김득호 씨가 보여준 부친의 우체국 통장과 같은 형태였다. 월급 통장 앞장에는 남양 팔라우도 코로르마쯔* 아루미츠 토목사무소, 아버지 이름은 '위아마도우 주효'라고 적혀 있었다. 그러니까 일본의 행정기관인 남양청이 관할하던 토목 회사 도장도 찍혀 있었는데, 8엔씩 받다 10엔씩 저금했다는 걸 입증하는 도장이 찍혀 있었다. 그 통장은 두 개가 있었는데 한 개는 작은 아버지 것이라고 했다. 그러니까 당시 이해찬 씨의 부친과 작은 아버지 이균택 씨가 함께 팔라우로 갔는데 작은 아버지는 현지에서 사망했다고 했다.

통장은 모친께서 보관하고 계시다 돌아가시기 전에 받게 된 건데, 간직하고

* 코로르 섬(koror Island): 서부 태평양에 있는 섬으로, 팔라우 공화국의 코로르 주 소속. 2006년 10월, 응게룰무드로 이전할 때까지 팔라우의 수도였다. 팔라우 공화국의 상업 중심지로 코로르 주의 주도이다. 면적은 8km² 정도이며 인구는 2004년 기준 14,000명으로 팔라우에서 가장 인구가 많은 섬이다. 팔라우 제도에서 가장 큰 섬인 바벨다오브 섬의 7km 정도 남서쪽에 위치한 다리로 연결되어 있다.

있으면 언젠가 나라에서 부친의 월급을 받을 수 있을 거라는 말씀에 80년이 넘도록 보관하고 있다고 했다. 이해찬 씨는 통장을 바라보며 "산 사람은 보상금을 주고 죽은 사람은 안 줄 때 이해가 가지 않았다."고 말했다. 똑같이 강제 동원됐고 입증할 자료까지 있는데 생존 여부를 기준으로 삼아 누군 주고 누군 안주는 건 형평성에 맞지 않는다는 이야기다.

그림 49 부친의 기록물에 대해 취재진에게 설명하는 이해찬

◈ 죽은 줄 알았던 아버지가 살아서 돌아오셨다

아버님께서 남양 갔다가 살아서 돌아오셨다지요?

여기에 보면, 우리가 어릴 때, 우리가 9살 때 아버지가 돌아오셨어요. 아버지가 죽은 줄 알았는데 살아오셨어요. 오실 때 보니 죽을 고비를 넘어오신 것 같던데. 아버지가 머리는 원래 별로 없었어요. 머리가 길고 수염이 길고 그런 모습은 아니었는데, 피골이 상접해서 왔죠. 사람 몰골이 아이라요(아니에요). 그게 옷이 군복도 아니고, 어느 계절에 왔는지도 잘 모르겠는데, 하여튼 어릴 때 봐도 사람이 저렇게 험하게 될 수도 있구나, 그런 정도지. 무슨 옷을 입었다,

어쨌다, 그건 기억이 안 나요. 그때 같이 온 사람들도 다 죽다 살았구나 싶은데 뭐……

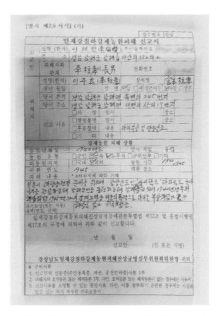

그림 50 이해찬 부친 고 이주효의 강제동원 피해신고서(이해찬 제공)

어떻게 가셨는지는 들으셨나요?

어떻게 갔다는 이야기를 들어본 적은 없어요. 저는 당시에 그런 대화를 할 나이가 아니었거든요. 자네도 그렇지, 아버지가 고생한 이야기를 어디 들어봤나? 들을 수가 없어요. 그런데 간혹 형제간 같으니까 술 자시다가(드시다가) 하는 이야기들 속에 쥐를 잡아묵었다(잡아먹었다), 어쨌다, 그래서 들었지.

강제징용이라고 하잖아요. 억지로 잡아서 끌고 가는 게 강제인데, 그걸 꼬이서 갔능가(꼬여서 갔는지) 월급을 많이 준다든지 편히 살 수 있다든지 그렇게 말해서 갔는지는 몰라요.

남양 생활은 어떠셨다던가요?

가신 곳이 팔라우. 팔라우 아니겠습니까. 팔라우에서 구체적으로 뭘 했다 이 야기는 못 들었고, 내가 알기로는 남해 사람들이 징용을 가서 비행장을 만들었는지, 이런 이야기들을 듣고 그랬는데, 사탕수수 이야기를 들었어요. 무슨 공사를 했는지 사탕수수밭에 있었는지는 모르겠어요.

그 즈음에 간 사람들이 거의 나이가 비슷비슷한 또래였어. 그중에서 아버지가 제일 나이가 많았어요. 아버지는 공부를 하고 글을 좀 알았어요. 나이도 있거니와, 이렇게 갔기 때문에, 아마 같이 간 남해사람이랑 같이 있었던 것 같아요. 그래서 "형님, 형님" 하고, 같이 죽을 고비를 넘다 와서 (돌아오셔서도) 그런 우정을 가지고 지냈어요. (거기서도) 고향 사람들끼리 친목모임뿐만 아니라 건물도 같이 쓰고 숙식을 같이 하지 않았겠나… 그렇게 예상하죠.

먹을 게 없어서 그런 걸 먹었다하는 기억이 나네요. 먹는 건 전쟁나기 전에는 먹는 건 풍부했는데, 전쟁 나고는 쥐를 잡아먹고, 달팽이를 먹었다는 이야기를 들었어요. 달팽이를 우찌(어떻게) 먹느냐, 싶은데 거기 달팽이는 크답니다. 아마 사시사철 겨울은 없는 곳이니까. 또 쥐를 잡아먹었는데 쥐가 그렇게 맛있답니다.

우리나라는 고추가 1년 초 아닙니까? 가을되면 따야 하는데, 거기는 사시사철 고추나무가 있어서 크면 이렇게 나무처럼 커지고. 채소들이 그렇다 쿠대요(해요). 그 다음에 고구마가, 고구마가 최고의 식품인데, 행렬을 지어 가다가도 몰래 고구마 잎을 뜯어서 먹다가 벌을 받기도 하고.

전쟁 나기 전에는 사시사철 나무들이 자라니까 먹을 게 풍부했고, 그렇기 때문에 원주민들은 전부다 옷을 안 입고, 과일을 따먹고, 바나나 따먹고, 여자들은 야자 이파리(잎) 같은 걸 가지고 핸드백을 만들어서. 그 속에 여자들은 칼을 지니고 다녔는데, 이 칼이 길을 내기도 하고, 바나나는 오래되면 쳐줘야 된대요. 쳐서 새순이 올라와야 다시 되고 이러니까 바나나 딸 때도 칼로 치고.

그렇게 하기 위해서 여자들이 (칼이) 있고, 남자들은 자귀라고 찍는 거, 찍는 게 있는데, 야자나무가 있어서, 야자나무로 이렇게.. 우리 한국 사람은 이렇게 타고 올라가야 하는데, 한국 사람은 아무리 나무 잘 타도 못 올라간답니다. 미끄러워서 못 올라간다고 해요. 근데 저 사람들은(원주민들은) 요리(이렇게) 타고 올라간다고 해. 원숭이처럼. 그래서 야자열매를 따면 짜구(자귀)를 가지고 쪼사서(부숴서) 껍질을 베끼고(벗기고) 그렇게 먹는다, 그런 이야기를 들었습니다.

공습도 많았을텐데요.

거기 가서 전쟁이, 2차 대전이 발발했어요. 2차 대전 발발 직전에 간 거거든요. 아마 왜놈들이 전쟁 준비하기 위해서 그렇게 (징용을) 했지 않나, 싶어요. 전쟁 준비를 하다가 전쟁이 나 삐릿으니까(버렸으니까) 소식이라고는 듣지를 못했는데, 그때 돌아오셔서 하는 이야기들 들어보면 엄청 고생을 많이 했어요. 비행기가 B29라고 그래요. 아버지들 말이.

B29가 하늘을 덮어서 하늘이 안 보일 정도로. 그렇게 와서 폭격을 하면, 조정 폭격(조준 폭격)이 아니라, 설사하듯이 폭탄을 '줄줄줄줄' 흘리고 간답니다. 가면 땅이 모두 다 밀림지대 아니겠습니까. 나무고 땅이고 다 디비져삔다 아이가(뒤집어져버리지 않습니까).

그리고 남양은 하루에도 몇 번씩 소나기가 온답니다. 구름 뜬 자리만. 그걸 내가 스코루(스콜)라고 들었어. 폭격한 뒤에 비가 지나가면서 오면, 그냥 갯벌 구덩이가 되어서 사람이 갯벌에 빠져서 댕길(다닐) 수가 없을 정도로 폭격을 하는데, 아버지는 다친 모양이야. 다쳤는데 괜찮은 병원도 없으니까 썩어서……. 비행기가 그렇게 와서 폭격을 하면, 숨을 곳도 없겠지만 우선 안 보여야 하니까. 그렇게 폭탄을 때리는데, 아버지는 같이 갈 수가 없으니까. 나무에 줄을 달아서 줄을 붙들고 이렇게…… 비행기에 안 보이게 하려고. 그렇게 다쳐서 와서 건강도 안 좋았어요. 아파서 고생을 많이 했어요.

◆ 같이 남양갔던 분들을 삼촌이라고 불렀어요

마을에서 같이 가신 분도 계신가요?

읍에서도 내가 알기로는 대여섯 분 되고… 그때 같이 갔던 분들을 전부 저는 삼촌이라고 부릅니다. 근데 아버지가 남해군·읍에 계시고 이렇께(이러니까), 그때 같이 갔던 분들이 각 면마다 있어서 방학이 되면 너무나 친형제같이 지냈지. 지내시는 거 보면 형님 동생 하는데, 지금 여기서 8km? 되는 곳까지도 집에 놀러 오라고 해서 방학 때 놀러가고. 나는 엄청 어렸고, 중고등학교를 다니고 이럴 땐데, 거기 가면 이 사람들은 아주 친조카처럼 잘해주셨어요.

한 사장 아버지도 춘덕이 삼촌이라고 알고 있는데, 그 춘덕이 삼촌 집이 서면이면 읍에서 멉니다. 먼데 거기까지 방학에 여름이고 겨울이고 가면, 고구마도 주고, 밤도 주고. 하물며 읍에 갈 때는, 그때는 연료가 귀했다 아입니까(귀했잖아요). 연탄도 없고, 해방되고 6·25 이럴 때고… 이럴 때 읍에서는 산이 귀하고, 연료가 귀한데, 춘덕이 삼촌께서 그 먼 데서 남의 장작을 져다가 주시기도 하고. 또 읍에 계시는 분은 한 삼촌은 정순호라고. 그분은 이발사를 하셨는데 우리 이발은 공짜로 해줬어요. 이럴 정도로 친형제간 같이 다 지냈습니다.

의형제나 다름없는 사이셨네요.

의형제 같이 지냈다 이거지, 의형제를 실제로 맺은 건 아니고. 한두 사람만 그런 게 아니고, 내가 볼 때 한 20여 명 돼요. 그렇게 아버지를 따르는 사람들이. 그것이 가만 생각해보면, 그 어려운, 비행기에 떨어졌을 때는 고마(그냥) 같이 죽는 줄 알았는데, 죽을 고비를 같이 넘나들다가 온 사람들이니까 그렇게 친형제간 같이 지내지 않았느냐, 싶었어요. 살아계실 때는 다 그렇게 지냈어요.

삼동면 도처에도 그런 삼촌들이 많았어요. 그리(그렇게) 팔라우에 다 같이 있다가 같이 돌아오신 모양이야. 그런 기억이 납니다.

숙부님도 가셨다지요?

우리 아버지만 결혼을 했고, 당시에 삼촌은 총각이었어요. 미혼인데 같이 갔고. 장소도 같아요. 팔라우의 코로르 섬. 삼촌은 아버지보다 3, 4살 어린 걸로 알고 있어. 10대는 아니었고, 20대 초반쯤 되겠네.

삼촌이랑은 같이 살아도 팔라우에 대한 이야기를 물어보거나, 그 고생을 하고 온 이야기를 들어본 적은 없어요. 그리고 나이차이가 너무 나니까, 내가 어떻게 지냈다, 그런 이야기는 안하고. 거기 갔다 온 분들이 다 죽을 고비를 넘겼다 보니까 크게 잘 사는 분들이 없었어요.

가족 분들이 가신 데 대해서 어떻게 생각하세요?

그 당시에는 나라 경제 사정도 어렵고 사회도 어렵고, 다들 어렵게 살 때지만, 그 중에서 못 살아도 그렇게 불만을 가지고 살지는 않았어요. 살아온 것만으로도 다행으로 생각했어요.

◆ 나는 아버지를 안 좋아합니다

가족 구성이 어떻게 되십니까?

4형제입니다. 누님이 한 분, 5남매. 먼 데서 나무를 지어다 주기도 하지만, 땔감이 그때는 제일 중요했습니다. 해방 이후에 우리 한국산이 전부 벌거숭이 산 아닙니까. 그리고 산주들이 있어서, 즈그(자기) 산주 땔감 구하기도 어려운데, 우리가 가서 갈비를 끊는다던지, 나뭇가지를 쳐온다던지, 나무를 베는 거는 도둑질이에요.

그래서 두드려 맞기도 하고. 여기서 나무하러 가려고 하면 저기 재 넘어 큰 산, 그리(그렇게) 멀리 가야 나무가 있었어요. 우리 식구 나무를, 내가 장남이 되다 보니까, 내 몫이라요(몫이에요). 어쨌든지 학교만 갔다 오면 산에 나무하러 가기가 바빠요. 옛날에는 부자도 허가를 맡아서 나무를 이렇게 재놔야… 곳간에, 뒤주에, 양곡 넣어 놓은 것처럼. 그런 생각을 가지고 있었지. 우리는 산이 없고 그러니까 저 멀리까지 가서 학교 마치고 남은 시간은 산에 가서 나무를 해 와야 해요.

기억하시는 아버님 모습은 어땠습니까?

걷기는 걷는데, 자주 아파요. 자주 아파서 고생을 하셨어요. 아버지는 글을 좀 쓰니까, 나와서 바로 귀향해서는 우체국에 직원으로 있다가, 또 남해군청에 있다가. 군청에 계셨는데 구조조정 때문에 후배들한테 자리 물려주고, "나이 많은 나는 나와야겠다." 그러더라고.

우리 집에는 논밭이 없었거든요. 생계는 어머님이 책임지셨는데요, 근데 어머니가 바느질을 해서 사는 게 굉장히 구차했습니다. 식구도 많은데 어머님이 길쌈하고. 그래서 삼촌네들이 그걸 알고 의형제 같으니까 많은 지원을 해줬어요. 쌀이라든지 고구마라든지… 참 어렵게 살았어요.

아마 조금 똑똑하긴 했지만, 그렇게 갔다가 돌아와서 옳은 직장도 엄꼬(없고), 그러니까 술로… 그때는 요즘처럼 좋은 술도 아니었고, 전부 독한 술 아닙니까. 이런 술을 매일… 안주랑 같이 드시는 게 아니고, 알코올 중독이 되니까 소금을 가지고 자시고(드시고)……. 좋은 안주는 오히려 구역질이 난다고 그래. 그렇게 술을 많이 자시다(드시다) 보니까 환갑도 못 지내고 오십 서너 살 때 결국 갑작스럽게 돌아가셨죠. 술을 좋아하시니까.

그런데 참… 우짠(어쩐) 일인지 아버지 뒤에 친구가 많이 따랐어. 팔라우 가기 전에, 아버지가 악기도 다룰 줄 알고, 트럼펫도 불고, 그 다음에 축구를 했답니다. 그때 당시에. 축구를 하려면 그룹이 돼야 하는데, 몸은, 체구는 그렇게 크진 않아도 재빨라서 공도 잘 차고. 그래서 공차는 친구들이 많았던 모양이에요.

아버님을 생각하면 어떤 마음이 드세요?

나는 아버지를 안 좋아합니다. 내가 고등학교를 여기서 나올 때까지 학비라든지 이런 걸 지원을 못 받았습니다. 교과서가 국정교과서고 그랬잖아요. 그것도 돈을 줘야 하거든요. 서점이라는 곳에 가서 국정교과서가 딱 정해지면 돈을 주고 서점에서 사오는데, 저는 그 책을 한 번도 사보질 못했어요. 선배가 보던 헌 책을 사다가 그 책으로 공부를 했고. 내가 영어를 못해요. 그땐 중학교에 입학해서 영어를 처음 배우잖아요. 영어를 하려면 사전이 있어야 할 것 아니에요. 사전이나 옥편 같은 걸 한 번도 사본 적이 없습니다. 노트를 아버지가 군청이나 사무실에서 쓰던데 이면지, 헌 종이에다 좀 썼지, 노트나 책을 가지고는 안 했고, 내 머릿속에 옇고(넣고). 그렇게 공부했어요. 그래서 영어가, ABCD 배울 때는 모르지만, 자꾸 단어가 많아지고 이러면 사전에 예습을 하고 가야 하는데, 그게 안 되니까……

공부를 더 하고 싶으셨을텐데, 아버님에 대한 감정이 복잡하시겠어요.

학교 다닐 때 학비 한번 안 주고. 솔직한 얘기로 아버지가 아버지 역할을 못해. 그렇기 때문에 나는 아버지를 싫어해. 집안이 그렇게 어려운데 어머니는 밤낮으로 바느질을 하고 이러는데, 아버지는 술만 자시고(드시고) 그래서… 아버지를 나쁜 사람으로 알았는데, 밖에 나가서 아버지 이야기를 하면, 아까 얘기한 삼촌이나 이런 분들이 "너희 아버지 같은 사람이 없다.", 이렇게 말해요. 참이상하다. 나는 우리 아버지가 제일 나쁜 사람인데, 다른 사람들은 아버지를 그렇게 따르고… 넘한테는(남한테는) 좀 잘했나 봐요.

◆ 산 사람은 주고 죽은 사람에게 보상을 안 줄 때 이해가 안 갔습니다

국가에 보상 신청은 하셨습니까?

아버지는 해방 후에 아무것도 못 가져왔어요. 빈 몸으로 와뻿어(와버렸어). 가져온 것이고 뭐고 사진 한 장도 없고, 몸만 왔어요. 근데 내가 아버지가 돌아가시고 유품을 다 정리하면서 보니까 이게 있어요. 전시가 되면(서) 월급을 제대로 받지도 못하고, 살기 바쁘고, 그 다음은 아까 말처럼 진짜 강제지. 너 저기 가서 굴 파라. 저기 가서 사탕수수 베라, 저기 가서 비행장 닦으라고 하든지. 그런데 동원됐는데, 처음에 갈 때는 대우를 좀 했겠죠. 그런 생각을 갖고 있어요. 돈은 하나도 없었어요. 무슨 돈을 들고 올 겁니까.

그래도 이때는 받았기에 넣었겠죠. 만 엔인가… 이게 더하면 11,000원인가 이렇게 돼요. 이게 아버지 거고, 이게 동생 겁니다. 통장 내용은 남양 파라우도우. 코로르마쯔. 아루미츠 토목사무소. 아버지이름은 '위아마도우 주효' 이렇게 되어 있네. 이거는 보문? 이건 다르거든, 장소는. 남양 파라우도우. '남양청'이라고 돼가(되어) 있어요. 남양청 토목과. 이 도장까지 있었는데 도장이 없어졌어. 이 두 개 도장이 똑같다 아입니까(똑같지 않습니까).

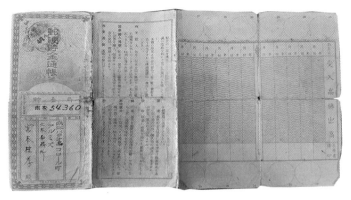

그림 51 남양군도 강제동원 피해자 고 이주효가 받은 월급 통장 앞면(이해찬 제공)

그림 52 남양군도 강제동원 피해자 고 이주효가 받은 월급 통장 뒷면(이해찬 제공)

매달… 1943년 8월 18일 그게 처음. 8원이. 그래서 8원씩 들어오다가, 8월, 이게 9월입니까? 10월, 11월… 10월부터는 10원이 됐네. 11월, 12월… 1월은 밑에 찍혔구나. 이렇게 다달이 8원 하다가 10원씩 들어가다가. 한번 3250원이 들어가고, 1250원이 또 들어간 게 있고.

아버지 돌아가시고 난 뒤에 챙겨보니까, 별로 아버지 유품이라고는 없어요. 없는데, 그 중에 보니까 이게 보여요. 그래서 내가 글을 아니까, 아버지 저금통장이구나. 저금통장이라고 하면 현찰을 맡겨놓은 건데, 일본에라도 청구를 해야 되겠구나. 우리가 우체국이고 농협이고 돈 맡겨놓은 통장(이랑) 안 같습니까. 그럼 이 돈을 찾은 건 여기 한 번 밖에 없는데, 이 돈을 그럼 찾지 못해 놓으니까 아버지가 이걸 늘 간직하고 있었구나. 그런 뒤에 한일청구권 자금을 받았느니, 뭐 청구를 일부 준다느니 해도, 그래 이걸 가지고 신고를 했어요. 정부에서 조사할 때 아버지하고, 작은 아버지 거 두 개를 정부에 신청했습니다. 이런 사실이 있다, 그래서 아버지가 아파서 치료도 많이 받고 (하셨었다). 치료비는 일부 준다고 그런 결정이 있었어요. 그래서 다친 이야기를 넣었지. 그런데 아까 그 조사서도 봤지만, 정부에서는 사람이 죽었기 때문에 '못 준다'.

나라에 바친 걸 받을 수 없는 기구나(거구나). 나라가 줄 의사가 있으면 이러진 않을 거 아니냐고. 지금도 없애삘라 쿠다가(없애버리려고 하다가) 그냥 하던 거니까….

한국 정부가 원망스러우시겠어요. 억울하지는 않으세요?

내 자신이 빼앗긴 건 아니니까 억울할 것까지는 아니지만… 아버지께서 고생을 했든 어쨌든 받아야 할 돈인데, 그 돈을 나라에서 받았다 카고(하고). 일본은 한일회담에, 한국정부가 책임이 있다고, 자기들은 모른다고 하고. 정부에서는 사람이 죽었으니까 죽은 사람은 아직 못 준다 그래. 산 사람은 주고 죽은 사람은 안 줄 때 참 이해가 안 갔습니다. 오히려 거기서 고생을 많이 했거나 그 현장에서 죽었든지. 또 돌아와서 고생을 많이 해서, 나이가 많든지, 먼저 죽었든지 하면… 살아있는 사람은 다음에라도 받을 기회가 있지만, 죽은 사람은 기회가 없잖아요. 그래서 이건 일을 거꾸로 하고 있다. 줄 의사가 없는 기다(거다). 그렇게 생각해요.

그림 53 부친의 이야기를 들려주는 이해찬

이렇게 조사(취재) 올 줄 알았으면 흘려듣지 말 걸

구술 차복아(1928년생, 한춘득의 배우자)

경남 남해에서 출생
현재 경남 남해에서 생활

강제동원 경험자 한춘득(1919년생)

팔라우에 노무 및 군속으로 동원(시기 불명)
1946년에 귀환

그림 54 남편 고 한춘득의 강제동원 이야기를 들려주는 차복아(2020년 8월)

◆ 차복아와의 만남

팔라우 승선자 명부를 보면 유독 경상남도 남해군에서 동원된 사람들이 많다. 그만큼 귀환한 사람들도 많았는데 1920년생인 고 한춘득씨는 그 중 한 사람이다. 1992년도에 이미 세상을 떠나고 그의 아내 차복아씨는 남편과 함께 살던 남해군 서면의 시골집에 홀로 살고 있었다. 거동이 불편하신 관계로 아들 한일균씨가 취재진을 배웅해 주었다. 부친께서 생전에 남양군도 갔던 이야기를 꺼내지 않아 기억나는 게 별로 없다고 했다. 하지만 한춘득의 아내 차복아씨는 남편이 남양군도에서 어떤 일을 했는지 제법 기억하는 부분이 많았고 유품이 있었다는 사실도 알려주었다.

남편은 스물세 살이 되던 1943년 마을 청년들 여러 명이 무리를 지어 동원됐는데, 남양군도에 가선 주로 비행장 공사 현장에 투입돼 일을 했다고 했다. 2년이면 돌아올 줄 알았는데, 현지의 모습은 그런 분위기가 아니었다고 한다. 시도 때도 없이 하늘에서 떨어지는 폭탄을 피해 정글 숲을 도망다녀야 했고 일본군과 함께 숨어 있다 연합군에 발견돼 죽을 뻔한 이야기들이었다. 1946년 1월 부산으로 가는 수송선을 미군이 태워줬는데, 그때 가지고 온 물건이 사진과 편지, 일기장이었다고 한다. 그걸 보자기에 담아 애지중지 여겼는데, 쥐들이 다 파먹어 불에 태워 버렸는데, 이렇게 우리 조사하러 사람들이 올 줄 알았으면 잘 보관할 걸 그랬다며 아쉬워했다. 그리고 남편이 팔라우에 갈 때 부산에서 탔던 배 이름이 사이판마루(사이판호)였다고 했다. 당시 일본은 세계적인 조선 기술을 발판으로 해마다 수만 톤에 달하는 선박을 건조했는데, 대부분 물자를 실어 나르는 수송선이었고 군함이었다.

아내는 결혼 전부터 남편 건강이 좋지 않았다고 했다. 지병이 있어 고생을 하면서도 아버지는 존경스러운 분이셨다며 인터뷰 도중 아들 한일균씨가 끼어들었다. 아내가 아닌 아들이 생각하는 아버지는 어떤 분이셨는지 궁금했다. 부친은 체구는 작아도 근엄하고 학구열이 높았다고 한다. 성실하고 남에게 폐 끼치지 말고 배려하는 사람으로 살라는 게 가훈이었다고 한다. 자식과 조카 장래에 대한 걱정도 많으셨는데 조카 중학교 학비까지 보태 줄 정도로 가족애가 강하셨던 분이라고 강조했다. 돌아가시기 전 부친의 사진도 여러 장 볼 수 있었는데, 너무나도 자상한 그 시대 아버지의 모습이었다.

그림 55 남편이 후유증으로 고생한 이야기를 하는 차복아(2020년 8월)

◈ 이렇게 조사 올 줄 알았으면 흘려듣지 말 걸

그 시절 이야기 좀 해 주세요.

왜정 때, 그때는 얼추(거의) 잡혀가듯이 가고, 전부 공출을 갔습니다. 여자들도 정신대를 다 갔는데, 나는 우리 오빠가 우리 친정동네 이장을 했어. 이장을 하면서 빼돌리 가(빼돌려서) 나는 그런 일 안 갔습니다. 내 나이 또래 전부 갔다 왔습니다. 여자들도. 그때 빽 없는 사람은 여자들도 전부 정신대를 갔습니다. 근데 나는 우리 오빠가 이장을 해서 정신대를 안 갔지.

우리 영감은 남양군도인가 거길 갔다 왔는데, 그때는 우리도 소도뱅이(소댕)* 이고, 그때는 시집 온지도 얼마 안 됐으니까 서방한테 부끄러워서 그런 걸 물어볼 수가 있습니까, 못 물어보거든. 아무것도 모르고 부끄러우니까 못 물어봤

---

* 솥을 덮는 쇠뚜껑. 가운데가 볼록하게 솟고 복판에 손잡이가 붙어 있다.

어. 다만 남양인가 갔다 온 할아버지들, 친구들이 우리 집에 찾아오곤 해서 들었지. 읍이라고 가면 자기 친구 집 정해서, 그 집에도 영감 남양군도 갔다 오고, 그리고 저 남해 서면 유포라고 나이 많은 노인네가 있습니다.

우리 영감, 그 할아버지랑 4명인가 갔다 왔어요. 전쟁시대가 어쨌다 저쨌다 하는 이야기는 나한텐 하지도 않고……. 남양군도가 어디고 가려면 배 타고 한달 정도 걸리고 이런 건 나도 알아야지. 모르는데 나보고는 이야기도 안 해. 거기 갔다 온 친구들끼리 모여서 그런 이야기만 하니까, 옆에서 들어도 난 흘려들었지. 흘려듣고 잊어버리고. 그래서 그런 건 나는 몰라. 지금은 친구들 전부다 세상 떴어요.

거기 생활은 어떠셨는지 들으셨어요?

우리 영감이 어떻게 고생을 했냐고? 굉장히 어려운 시대였지. 저녁마다 불을, 총을 쏘고 하니까... 고현에 '열'이라는 친구가 있는데, 그 할아버지가 아파서 업고 막 댕깄답니다(다녔답니다). 거기서 총 안 맞으려고, 저녁마다 불 피해서 업고 다니고 그랬대. 부상도 많이 당해서 흉터도 온 몸에 있어요. 다리도 아프고, 귀도 좀 먹고, 사람이 시원찮아요. 어디 가서 일도 못 해요. 그걸 나는 모르고 시집을 왔지. 명접이라고 하는 옷을, 바지에 두루마기 해 입고 결혼하러 왔더라고. 시원찮은 양반이 결혼해서 이 집을 지으려고 하니까 얼마나 고생이 많았어.

남편분께서 가지고 온 물건 같은 건 없었는지요?

영감은 결혼 당시에 자기가 가지고 온 소지품을 되게 소중하게 여겼어. 본집에서 가져오고 장가들어서 가져온 건, 못 입고 가만히 모시다가... 한 1년 넘어서 내가 싹 싸서 장롱 안에 넣어 놨어. 일하고 하니까 입을 시간이 있습니까? 없지. 이렇게 (인터뷰하게) 될 줄 알았으면 그 옷을 놔둘걸. 자기 세상 베리고

(돌아가시고) 상여가 나간 뒤에, 내가 임자 옷을 다 밭에서 태워뺐습니다(태워버렸습니다). 그래서 아무것도 없어요. 가만히 모셔놨다가 세상 뜰 때, 상여 나간 뒤에 싹 꺼내서 다 태웠어요. 하나도 없어요.

(그외에) 소지품에 물건이 뭐가 있는지는 정확히 몰라. 사진도 있고, 자기가 편지 쓴 것도 있고, 일기를 날마다 쓰더라고. 자기 생전에는 그렇게 했는데, 보재기(보자기)에 싸서 뒀더니 (소지품을) 쥐가 쪼사삐고(쪼고) 똥을 싸서 못쓰게 됐어요. 그래서 아무것도 쓸 게 없다면서 다 태워버리더라고. 나는 아무 말도 안했지. 알아야 말을 하제(하지). 이렇게 조사하러 오니까 생각이 나지. 이렇게 조사를 할 줄 알았으면 명주 옷 걸어놓은 거나 놔뒀으면 펴 볼 건데. 다 태워버리고 내가.

아이고, 그때 산 이야기, 다 할 수가 있습니까. 결혼하고 몇 년은 농사짓고 살았는데, 한 60살이 되니까 영(도무지) 몸을 못 써. 드러누워서 한 10년 고생을 하고, 한 74살인가? 되어서 세상 떴을 겁니다. 이렇게 될지 모르고 몇 십 년을 넘어갔는데, 불쌍하지. 이렇게 될 줄 알았으면 단단히 들어보고, 또 물건도 놔둘걸. 물건이야 놔둘 것도 없지만, 옷은 놔둬도 되거든. 누가 이럴 줄 알았습니까. 자기 죽으면 뭐 필요하겠나 싶어서 다 정리해버렸지. 이렇게 또 조사(취재) 올 줄 몰랐지, 나는.

우리나라가 백성들을 못 지킨 책임도 있지 않습니까

구술 **박봉한**(1949년생, 박규열의 아들)

경남 남해에서 출생
현재 경남 남해에서 생활

강제동원 경험자 **박규열**(1920년생)

팔라우(추정)로 군인동원(동원시기 불명)
1946년 귀환

그림 56 남양군도 강제동원 피해자 고 박규열의 아들 박봉한(2020년 7월~8월)

◆ 박봉한과의 만남

올해 72살의 박봉한씨는 남해군 고현면 탑동 마을이장이다. 팔라우 귀환자
명부에 나온 부친 고 박규열씨의 주소를 읍사무소에 확인한 뒤 마을 이장님

연락처를 알게 됐는데 연락드린 분이 마침 박규열씨의 아들 박봉한씨였다. 이렇게 2세를 쉽게 찾은 건 처음이었다. 연락을 드린 시점은 지난해 7월초 순쯤으로 기억한다.

박봉한씨는 언론사에서 연락 온 사실에 어리둥절했다. 하지만 명부에 나온 자료를 토대로 부친에 대한 구체적인 정보를 말씀드리자 하나씩 확인해 주시며 자연스럽게 인터뷰에 응해주셨다. 박봉한씨의 경우 부친의 기억이 깊지 않았다. 다만 부친이 팔라우에서 가져온 수통과 USA가 적힌 칼, 그리고 동료들과 칼을 찬 원주민들이 찍은 사장 한 장이 있었다고 했다. 하지만 세월이 흘러 부친은 돌아가시고 유품 역시 별 도움이 되겠나 싶어 불태워 없앴다고 했다. 세상에 피해 인정을 받기 전에 자포자기 한 것일까? 끝까지 버티며 계셨더라면.. 막연히 안타깝고 아쉬움이 컸다. 가뜩이나 남양군도 지역은 징용 갔던 조선인들의 기록물이 극히 드물었기 때문이다. 개인이 간직한 기록물이 없다보니 강제동원 피해 사실을 입증하기도 쉽지 않았다고 한다. 결국 함께 다녀온 부친의 지인이 인우보증을 해 줘 2005년도 정부 주도의 일제강제동원 피해자 조사 결과 피해자임을 입증할 수 있었다고 했다.

박봉한씨 역시 어린 시절 부친이 다리 부상이 심해 주물러 드리곤 했다고 했다. 그는 인터뷰 말미에 일본과의 역사적 대립 문제를 빨리 해결했으면 좋겠고 매듭지었으면 좋겠다고 했다. 그런데 매듭의 방식과 시기는 누구의 몫인가? 정부의 몫 아닌가?

그림 57 부친의 강제동원 이야기를 하는 박봉한과 박윤갑. 박윤갑은 박봉한을 인터뷰한다는 소식을 듣고 찾아온 친인척이다. (2020년 7~8월)

◆ 우리나라가 백성들을 못 지킨 책임도 있지 않습니까

부친께서는 생전에 남양군도 가신 이야기를 하셨습니까?

이야기보따리 풀 듯이는 아니고 남양군도 갔다 왔다. 죽을 고비도 몇 번 넘겼다, 이렇게 단편적으로 말씀하셨어요. 오셔서 결혼을 했으니까 당시로 치면 늦은 편이었어요. 우리 어머니가 18살에 결혼했다고 하더라고요. 9살 정도 차이나고. 아버지는 늘 다리가 쑤시고 아린다고 하셨는데, 장사를 하셔서 그렇게 이상하다고 못 느꼈어요. 남양에서 그렇게 되셨는지는 모르지만, 그런 기억이 있습니다. 어릴 때 다리를 많이 주물러드렸어요.

집에 탄피 통이랑 단도가 있었어요. 어렸을 때는 그게 탄피 통인지 몰랐지. 군대생활 하면서 알았지. 칼은 과일칼 크기였는데 거기에 USA라고 적혀있더라고. 남양군도에서 가져온 거래요. 군복 입은 흑백사진도 있었는데, 두 사람이서 군복 입고 종려도를 차고 찍었어. 지금 생각해보니 일본 군복이었겠지? 니쿠사쿠[*]도 있었고. 오시면서 그걸 가지고 온 모양이야. 월급이나 통장 같은 건 없었어.

피해보상신고는 어떻게 하게 되셨나요?

아버지 돌아가시고 난 뒤에, 면사무소에서 신고를 하라고 했어요. 당시에는 여기 친척들이나 일가들이 징용 갔다 온 걸 증언해 준 사람들이 많았거든요. 그래서 인우보증(隣友保證)^{**}을 하니 면사무소에서 통보가 우편으로 왔더라고. 근데 면에 가서 물어보니까 자료 받는 사람이 퇴직해서, 그 자료가 없어졌대요. 어디 갔는고(갔는지) 모르겠다는 식으로 이야기를 하더라고. 후에 집수리를 대대로 하는 바람에 받았던 우편은 지금 없어요. 그게 뭐 대단한 가치가 있는 것도 아니지 않습니까. 만약에 이걸 가지고 있어야 보상을 해준다고 했으면 가보처럼 가지고 있을 건데, 그런 게 없었거든요. 그때는 단지 조사만 했죠. 이후에는 각 단체에서 '돈을 얼마를 내라, 보상을 해주겠다.' 이런 식으로 찾아오고 했는데, 나는 정부에서 하는 게 아니면 못 믿겠다고 해서 안 했죠.

일본에 대해서는 어떻게 생각하세요?

지금 이런 문제로 첨예하게 대립이 되어있지 않습니까? 이걸 빨리 매듭지었으면 좋겠어요. 우리나라 정부에서는 유족들한테 어느 정도 피해보상을 하고, 일본한테는 사과 정도만 받고 그 길로 정리를 해뻤시면(해버렸으면) 좋겠어요. 그렇게 해서 양쪽 관계가 어디로든 나아가야지, 이렇게 계속 반복돼서는 끝이 없을 것 같아요.

---

* 등산용 배낭을 이르는 rucksack을 일본에서는 료꾸삭꾸(リュックサック)라고 하는데, 이 단어가 와전되어 특히 강제동원 피해가 많았던 경상도 지역에서 사투리처럼 '니쿠사쿠'로 사용되는 경우가 많았다.

** 인우보증 (隣友保證)이란, 다른 사람의 어떤 법률적 행동에 대해 보증을 서준다는 의미이다.

우리나라가 백성들을 못 지킨 책임도 있지 않습니까? 차라리 깨끗하게 거기에 대한 사과만 받고, 정부가 위로금이든 보상이든 해줬으면 좋겠어요. 우리나라가 지리학적으로도 이웃이랑 좋게 지내야 할 입장 아닙니까? 김대중 정권 때는 진짜 자기들이 사과를 하고 이제 다 끝났다는 식으로 됐는데, 자꾸 한국 정부가 바뀔 때마다 사과해라, 사과해라……. 역으로 생각하면 짜증나겠어.

남양군도에서 사망한 작은 아버지 유해는 못 찾아

구술 박윤갑(1956년생, 박훈갑의 종질 · 양자)

경남 남해에서 출생
현재 경남 남해에서 생활

강제동원 경험자 박훈갑(1920년생)

팔라우(추정)로 군인동원(1941~1944 동원 추정)

그림 58 남양군도 강제동원 피해자 고 박훈갑의 아들 박윤갑(2020년 7~8월)

◆ 박윤갑과의 만남

박윤갑씨는 본인의 부친인 박순갑씨의 차남이지만 작은 아버지 박훈갑씨가
아들이 없어 양자로 갔다고 했다. 남해군 고현면 탑동마을 박봉한 이장님을

인터뷰 하고 있는데 박 이장님과 한 집안이라며 찾아온 분이 박윤갑씨였다. 그는 본인의 아버지를 큰 아버지라고 부르고 일본에 강제동원됐다 돌아오셨는데 작은 아버지인 박훈갑씨는 남양군도로 가신 뒤 고향에 돌아오지 못했다고 했다. 사망 소식을 듣지 못하다 세월이 흐른 뒤 사망 신고를 했다고 했다. 원래 부친인 박순갑씨가 1982년도에 돌아가신 뒤 87년도에 사망신고를 했다고 하니 40년이 넘는 세월을 기다렸다는 것인데, 그래서인지 박윤갑씨의 호적은 작은 아버지 아들로 등록돼 있었다. 박윤갑씨 증언은 박봉한씨와 비슷했다. 1940년 전후 남해군에서 남양군도로 많은 젊은 사람들이 부산항 열차를 탔다고 했다. 그 열차는 함안 군북역에서 밀양 삼랑진을 거쳐 부산항에 도착하는 열차였다고 했다.

박윤갑씨의 부친은 현지에서 사망을 했기 때문에 국가기록원에서 확인한 〈왜정시사망자명부〉에서 확인하고자 했지만 찾을 수 없었다. 그의 부친이 노무자로 갔는지 해군이나 육군 군속으로 갔는지에 대한 구체적인 자료가 없기 때문이다. 하지만 2세의 기억을 되짚어 과거 부친의 징용 사실을 추적하고 확인한다는 작업은 의미가 있다. 특히, 박윤갑씨는 남양군도 강제동원 피해자 중 유일한 사망자의 유족이기 때문이다.

◆ **남양군도에서 사망한 작은 아버지 유해는 못 찾아**

가족 중에 두 분이나 징용을 가셨다지요?

부친은 박윤갑씨고, 양아버지가 박훈갑씹니다. 박훈갑 씨가 총각 때 돌아가셨으니까 죽어서 영혼결혼을 시켜주는 거야. 어머니 살아있을 때, 1980~90년도에 사주보는 데 가서 사천 사람이랑 결혼을 시켜줬어요. 작은 아버지니까 작은 아들이 양자로 가거든. 그래서 제가 양자로 간 거지. 호적에는 양자라고 안 해놓고, 말로만 양자라고 해. 형제가 한 분은 일본으로 가고, 한 분은 남양군도로 가고.

징용은 1941~44년 사이, 42년도 쯤에 갔는데, 확실한 날짜는 몰라요. 그렇게 갔다가 해방이 돼서 돌아온 거예요. 아버지는 결혼하고 나서 거기 갔고, 한 3년 정도 살았대. 니쿠사쿠하고 일본 화폐하고 옷 같은 걸 가지고 있더라고. 그걸 놔두다가 결국은 싹 없애버렸어. 아버지는 1987년도에 60대로 일찍 돌아가셨어.

작은 아버지는 그쯤 남양군도 가서 돈을 많이 모았더라고. 그렇게 이야기를 하더라고, 이장님 부친께서. 돈을 많이 벌었는데 그 돈이 어디로 가버렸을까. 돈을 많이 벌었다고 해. 뭘 해서 돈을 벌었는지 모르지. 거기서 돌아가셔서 아무것도 가져온 것도 없지.

어떻게 사망하게 되셨는지는 모르세요?

그건 모르지. 어떻게 해서 돌아가셨는지. 거기서 총을 맞았는지, 왜놈이 쏴 죽였는지. 유해도 못 받았습니다. 이야기는 이장 부친이 해줬어. 그때 다시 아버지가 징용 갔다 온 이야기를 하면서 그때 돌아가신 걸 자기가 봤다, 이런 식으로 이야기 했는데, 그때 자기는 들은 거야. 이 사람은 그때 당시에 처음 들은 거지.

초상이 나면 집안사람들이랑 마을사람들이 다 모이지 않습니까? 그렇게 모인 자리에서 우리 부친이 한 번 더 이야기를 해서, 작은아버지 이야기는 그때 알았어요. 행방불명 됐다고만 들었지, 돌아가신 건 몰랐거든. 이장님 부친께서 말하길, 작은 아버지가 남양에서 돈을 많이 벌었다는데 뭘 해서 돈을 벌었는지는 모르지. 그 돈이 다 어디로 가버렸을까? 거기서 돌아가셔서 아무것도 가져온 것도 없지. 유해도 못 받았습니다. 그때가 우리 아버지 돌아가셨을 땐지,

어머니 돌아가셨을 땐지는 모르겠는데 이장님 부친한테 그 이야기를 듣고 사망신고를 며칠 있다가 내가 했어요. 비석에는 일제 때 징용 가서 전사했다고 새겨놨어요. '사망했다'고. 1년 넘으면 벌금 먹는다고 하길래, 작은아버지 사망신고는 그냥 집에서 사망한 걸로 했어요.

마을에서 같이 가신 분이 또 계신가요?

숫자는 모르지만 이 마을에도 징용간 사람 많아요. 우리 남해에도 유족이 한 2천 명이 된다고 해. 전국적으로는 700만 명 된다고 하더라고. 박순갑씨 그 위에 삼촌도 가셨다고 했는데, 그 분 이름을 모르겠네. 당시에 먹고 살기 어려우니까 취업 비슷하게 거기 가면 얼마 준다, 이런 식으로 그래서 갔는지, 모르겠습니다. 나는 그게 아니던데… 한 동네에 배당을 시켜서, 막 한 동네 몇 명씩 끌려가버렸다고 해. 그렇게 이야기 해. 한 마을에 배당을 시켰겠지. 너희가 거기 가면 돈 얼마 준다는 식으로 현혹되게 이야기를 해서, 이웃이 가면 '나도 가는데 너도 가자.' 해서 갔을 수도 있다고 생각해요. 보통 일본 본토하고 남양군도. 남양군도에 간 사람이 많을 것 같던데.

보상 관련해서 드시는 생각이 있으세요?

우리는 우찌된(어찌된) 게 2017년도에 문재인이 대통령 되기 전에, 대통령 위촉장을 주더라고요. 내가 대통령 되면 이걸 해결해주겠다고 위촉장을 줘요. 위촉장을 받아온 것도 집에 있습니다. 자기가 대통령이 되면, 강제징용 간 사람 보상을 해주도록 대법원 판결이 나도록 해준다 이기라(이거야). 그렇게 판결이 났는데 보상을 안 해줘요. 우리나라 유족이 700만 명이나 되잖아, 내가 보니까 이 금액이 너무 많아. 그러니 그냥 연금 식으로 현금처럼 돈 몇십만 원이나 얼마씩 줘버리면 그게 훨씬 낫지.

하동군 최상룡(일본, 사이판)

하동군

마을 사람의 밀고로 끌려간 남양군도

구술 최동환(1953년생, 최상룡의 아들)

경남 하동에서 출생
현재 경남 하동에서 생활

강제동원 경험자 최상룡(1921년생)

일본 나가사키, 사이판 등에 동원(동원시기 불명)
1946년에 귀환

그림 59 남양군도 강제동원 피해자 고 최상룡의 아들 최동환(2020년 7월)

◈ 최동환과의 만남

취재진이 고 최상룡씨의 아들 최동환씨를 경남 하동에서 만나 건 지난해 8월 소나기가 내린 뒤 햇볕이 쨍쨍 내리쬐던 오후 무렵이었다. 사전 연락을 하고 찾아 갔지만 집 찾기가 힘들어 섬진강이 한 눈에 내려다보이는 가파른 언덕배기를 오르락내리락하던 기억이 새롭다. 최동환씨는 동생과 함께 추석을 앞두고 부친 묘에서 이른 벌초를 하고 있었다. 마침 잘됐다 싶어 부친 묘 앞에 앉아 휴식을 취하던 찰나에 부랴부랴 인터뷰를 요청했다.

최동환씨는 부친이 남양군도로 징용 갔다 왔다는 사실만 기억할 뿐 정확히 어디를 갔는지에 대한 기억은 부족했다. 하지만 그가 또렷이 기억하는 건 있었다. 태평양 전쟁으로 미국 공군 비행기 B-29가 폭격을 해서 수송선에 타고 있던 수많은 한인들이 피를 흘리며 죽어갔고 그 모습을 갑판 밑에서 지켜보며 살아 돌아왔다는 것이다. 부친이 생전에 들려준 전쟁의 기억은 지금도 잊을 수가 없다고 했다. 치료를 제때 받지 못해 정신질환에 걸려 돌아왔는데, 집에서도 정상적인 가정생활이 힘들 정도로 이상 증세를 많이 보였다고 했다. 그 병수발을 하던 어머니가 아버지한테 맞아 돌아가신 뒤 아버지도 세상을 떠났다고 했다. 그게 전쟁 트라우마 때문이었다고 했다. 그때의 기억을 떠올리는 최동환씨의 모습에서 그동안 가족이 겪어야 했던 고통의 무게가 얼마나 컸을 지 짐작할 수 있었다.

잠시 인터뷰를 멈추고 눈물을 훔치는 최동환씨를 기다렸다. 가장의 역할을 못할 정도로 후유증은 무서웠다. 가뜩이나 먹고 살기 힘든 시절 온 가족을 공포에 가두기도 하고 떠나보내기도 했다. 가장 아쉬운 건 대부분의 피해자가 피해 사실을 제대로 규명 받지 못하고 일찍 세상을 떠났다는 것이다. 누구 때문에 이런 피해를 입었고 상처를 치료 받지 못해 한 가정이 무너져야 했는지...지금이라도 뭘 어떻게 하고 싶어도 세월이 너무 많이 흘러버렸다고 했다. 취재진은 최동환씨 동생 댁에 들러 부친의 영정 사진을 마지막으로 촬영한 뒤 마을 언덕을 내려왔다. 섬진강 물결은 햇살을 머금고 고요히 흐르고 있었다. 그때도 그랬을 것이다.

그림 60 부친 고 최상룡을 회상하는 아들 최동환

◆ 마을 사람의 밀고로 끌려간 남양군도

부친께서 평소에 징용 이야기를 하셨는지요?

저녁 즈음 마당에 멍석 펴고, 부엌에 불 피워 놓고 누워 있으면, 옛날에 일본 놈들이 이렇더라, 하는 그런 이야기를 해주셨어. 박씨라는 사람이 있었는데, 평소에 자기 눈에 아버지가 좀 안 좋게 했는지 밀고를 했대. 우리 전답 근처에서 일을 하시던 아버지는 그길로 잡혀가버린 거지.

이 이야기를 제일 먼저 들었어. 나이를 돌아봐도 잘 모르겠는데, 결혼을 먼저 했는지 어땠는지는 모르지만, 가실 때는 아마 아들만 있었을 거야. 그때 들은 이야기가, 일본 놈들은 성질나면 망치 가지고 두드리고, 없으면 심지어는 자기 혁띠(허리띠)를 풀어서 때린다는 이런 이야기였어. 그런 이야기까지는 지금 상세하게 기억이 남지. 그래도 애들한테 굳이 자기한테 있었던 일, 누가 일본 놈한테 이렇게 맞아죽었다, 어쨌다, 그런 소리를 다 하고 그러지는……(않았어요).

당시 끌려갈 때 태극기 들고 흔들고 했다고 하는 사람은 저 밑에 사는 사촌 형님이신데, 살아계셔. 올해 86인가? 그렇게 될 겁니다. 그때 막 퇴역군인들 그렇게 해 주고 그랬다는데.

그곳 생활은 어땠다고 하시던가요?

우리 아버지 이야기가, B-29호가 위에서 막 폭격을 해 대. 기관단총으로 지랄하면 불이 막……. 갑판에서 그런 걸 모르고 있던 사람들이 맞아서 절단이 나버리고, 피가 막 냇물처럼 흘러내려왔대. 그런 데도 살았으니, 이때 나온 이야기일거야. 선산을 잘 쓰면 해몽을 해 준다. 그 묘를 잘 썼으니까 할머니가 돌아가셔도 꿈에 나타나서 그런 식으로 했다. 나는 묏자리를 안 믿지만 그때 사람들은 그런 걸로 인해서 덕을 보니깐, (좋은) 묏자리가 있는 것 아니냐 싶었겠죠.

결혼하고 얼마 안 되어 징용을 가셨으니 모친께서 걱정이 많으셨겠어요.

한번은 어머니가 미숫가루로라도 연명하게 해준다는 소리를 들었어. 우편제도가 되어있었는지 없었는지는 모르겠는데, 남편이 거기 가서 살아있다 소리는 들으니까 혹시나 해서 여기서 미숫가루하고, 콩가루하고 해서 부쳤대. 결혼한 지 얼마 안 된 상태였어도 부인이니까, 받아먹을지 안 받아먹을지 모르면서도 부친거지. 아버지는 그걸 못 받아먹은 채로 탈출 길에 올라버린 거지. 한국 사람은 전부 다 그렇게 (괴롭게) 하니깐, 도저히 못 견디겠어서 탈출을 시도한 거지. 어차피 그런 고문을 당해서 이런 식으로 죽으나, 탈출하다가 저런 식으로 죽으나 마찬가지지. 나가다 잘하면, 운이 좋아서 살아남으면 고향 가는 기고(거고). 그런 목적으로 이제 배를 타고, 밀선으로 탈출을 시도한 거지.

월급은 받으셨습니까?

월급날이 어쩌고 하는, 돈 받았다 소리는 한 번도 듣지를 못했어요. 강제로 끌려갔으니까. 돈은 커녕 먹는 것도 제대로 못 먹었다 할 정도니까. 돈이라도 나온다. 그런 이야기를 들었으면 (미숫가루) 그걸 부쳤겠어요?

◈ 정신병을 얻어 귀향한 아버지

편찮은 곳은 없으셨나요?

거기서 (신체적으로) 부상을 당했다는 소리는 못 들었어요. 나오셔서는 이성을 잃을 정도로 피를 토하고 그랬는데, 동생들 중에 본 사람도 있고, 안 본 사람도 있고. 어떨 때는 정신을 잃어서 이상한 행동도 하고 그랬지. 예를 들면 담배에요.

이전 사람들은 담배 쌈지를 이렇게, 비올 때도 젖지 말라고, 엽초 같은 그런 걸 했어요. 그 당시만 해도 애들 노트 쪼가리나 책장 같은 거, 신문지 조각 같은 걸 오려서 담배를 말아서 피던 그런 시대에요. 촌에서 담배 밭에 쳐 내버리는 엽초, 그런 걸 우리 어렸을 때만 해도 못 먹고 못 사니까, 아줌마들이 그걸 주워서 말려서 쌈지에 이고 마을마다 다니면서 팔러 다니는 거예요.

아버지가 얼마나 정신고초를 겪었는지는 모르지만, 당시에 오백 환이 큰돈이거든. 정신이 없으니까 그 돈을 째서(찢어서) 담배를 말아 피고, 피다가도 가슴을 치고 드러눕고. 아주 상상도 못하는 그런 건 우리가 많이 봤죠. 맞아서 정신이 그래(그렇게) 되었는지, 그런 이야기는 안 했지만……. 생전에 있을 때 하는 거 보면, 지게를 짊어지고 집에서 나와서, 산 있는 집 쪽으로 들어와서 다시 들어가서 지게를 벗어놓고, 모친한테 와서 "나 오늘 뭐 하러 갈려고 했더라?" 묻고. 또 드러눕고……. 그런 세월을 몇 년 보냈지. 60을 못 살고 돌아가셨어요.

어머니가 그걸 어떻게 마음을 돌려 볼 거라고 저기 하동 평사리 뒤 높은 산에 있는 암자까지 찾아갔어. 여자가 새벽 4시에 일어나서 그 암자에서 기를 받아서 오면 자기 영감이 나을 거라고……. 요즘에는 길에 아스팔트가 다 되어 있지만, 호랑이 담배피던 시절은 그런 거 없었죠. 전부 다 산길이고, 버스가 다니지도 않는 그런 길을 다니면서 낮게 할 거라고……. 그때는 머쓱 것도 없고 그러니깐, 미신밖에 믿을 게 없는 거지.

그림 61 남양군도 강제동원 피해자 고 최상룡(최동환 제공)

◈ 내 밑으로는 전부 머슴 살았어요

아버님을 생각하면 마음이 복잡하시겠어요.

아버지가 거길 가서 우리가 이렇게 못 살게 됐지. 그 당시만 해도 집안에 자식들은 많이 태어나 있지, 십 남매를 낳았으니까. 나만 야간 중학교, 고등학교 나와서 조금 공부했을까.

내 밑으로는 전부 머슴 살았어요. 그래서 내가 요즘 여기와도, 솔직한 이야기로 동생들한테 큰소리를 못 합니다. 근데 그것도 아버지가 그렇게 하고 싶어서 한 것도 아닌데, 아버지한테 원망을 하고 그러면 되나…….

일본에 대해서는 어떻게 생각하세요?

일본도 마찬가지예요. 저는 많이 배우지도 못했습니다만, 원망스럽다고 해도 지금 뭐 어떻게 하고 그런 게(대책이) 나와집니까? 계란 가지고 바위치기야. 세계에서 우리 대한민국이라는 땅이, 남한이라는 데가 지하자원이 뭐가 있어요. 나도 그 사람들을 싫어하거나 좋아하거나 그렇지는 않아요. 그런데 그 사람들을 미워한다고 해서 이게 해결이 날 문제도 아니고.

그래도 그 사람들, 강국하고 대하면서도, 그 어려움 속에서도 어떻게든지 내 잇속 챙겨서 뽑아 와서 이만큼 먹고 살게끔 해. 살아 나왔잖아요. 수치로 계산한다고 치면 1원 주고, 100원, 10,000원, 그렇게 빼올 수 있으면 그렇게 해서, 나중에 도저히 저 사람들도 한국 민족들한테 감정적으로 해서는 도저히 자기들한테 이길 수 없을 것 같다, 이제 그럴 때 가서…… (대처를 해야지). 그렇다고 해서 지금 가서 이리(이렇게) 하라는 게 아니고, 이렇게 감정적으로 하는 건…… 모르겠어요.

그림 62 부친의 산소에서 벌초를 하고 있는 아들 최동환

사천시 김수명(팔라우)

사천시

일본군이 먹다 버린 짬밥까지 훔쳐 먹어야 했지

구술 김창권(1954년생, 김수명의 장남)

경남 사천에서 출생
현재 경남 사천에서 생활

강제동원 경험자 김수명(1922년생)

팔라우로 노무동원(1930년대 후반으로 추정)
1946년 귀환

그림 63 남양군도 강제동원 피해자 고 김수명의 아들 김창권 (2020년 9월)

◆ 김창권과의 만남

김창권씨를 만날 수 있었던 건 MBC 영상실에서 우연히 찾은 〈잊혀진 전쟁〉이
라는 다큐멘터리 덕분이다. 다큐에는 태평양전쟁 당시 팔라우에 동원된 경남

사천에 거주하는 김수명씨의 피해 증언이 나온다. 나무 짐을 지고 다리를 절뚝 거리며 걸어오는 70대 노인의 모습이었다. 그는 인터뷰를 하는 과정에 총탄을 맞아 부상을 당한 다리도 보여줬다. 이 다큐에는 팔라우 펠렐리우로 이민 가서 살고 있는 김정곤씨의 인터뷰도 나오는데. 원양어선 선원이던 김정곤씨는 팔라우에 배가 정박했을 당시 선원증을 반납하고 팔라우에서 정착해 살게 됐다고 했다. 그는 또 자신의 큰 아버지도 일제시기 팔라우 징용 피해자라는 말을 남겼다. 그러면서 자신이 한국인임을 확인 시켜주기 위해 주민등록증을 보여줬는데 본적이 '하동군 북천면 직전리 645번지'였고 주소지는 '사천시 서포무 4085'였다. 취재진은 바로 김정곤씨의 백부인 김수명씨 행방을 찾아 나섰다.

사천시 서포면사무소에 확인해 '무'가 무고리를 의미하는 것 같은데 행정구역이 변경 돼 무고리가 곤양면으로 귀속된 사실을 확인하고 곤양면사무소 협조로 무고리 원동마을 이장님과 연락이 닿았다. 이장님은 고 김수명씨도 그의 아들 김창권씨도 잘 알고 계셨다. 그리고 한 가지 더.. 팔라우에서 40년 동안 살던 김정곤씨가 5년 전 고향 사천으로 돌아왔다는 사실도 전해주셨다. 취재진은 김창권씨를 만나러 가기 전 다큐멘터리에 나온 부친의 모습을 노트북에 담아갔는데, 부친의 생전 모습을 보면 기억나는 부분이 더 있을까 싶어서였다.

다음날 만난 김창권씨는 조금씩 기억을 더듬어가며 부친한테 들은 징용 살이 이야기를 들려줬다. 먹을 게 없어 일본 군인들이 먹다 남긴 짬밥까지 몰래 먹었는데 먹다 들켜 몽둥이로 매 맞았다고 했다. 전쟁의 기억은 다른 피해자들과 유사한 것으로 보아 가장 전쟁 피해가 극렬했던 시점에 팔라우에 동원됐던 것으로 보인다. 김창권씨는 부친이 "고향에 먹고 살게 없어 돈 벌러 간 것 밖에 없는데, 몸 고생 마음 고생하며 죽다 살아왔는데 일본은 아직까지 반성도 사과도 없냐?"는 말을 자주 하셨다고 했다.

그림 64 취재진에게 부친의 징용 이야기를 전해주고 있는 김창권(2020년 9월)

◆그렇게 수모를 당하고도 꿋꿋이 생활한 모친

부친께서 남양군도를 가셨다지요?

그때 갔을 때만 해도, 거기가 뭐하는 곳인지도 모르고. 무조건 가는구나, 하고 가신거지. 엄마도 이야기하지만, 아버지가 남양군도 갔었을 때는 삼촌들도 계시고 했는데. 지금은 그 사람들이 다 돌아가셨지만. 아버지 밑에 남동생이 유난히 (어머니한테) 눈치를 많이 주고. 몇 년이 지나도 안 옹께(오니까) 그냥 시집가지, 딸래미 덥고(딸 데리고) 시집이나 가지, 그렇게 수모를 당하고도 우리 엄마는 묵묵히 아(애)를 키우고, 그때만 해도 할아버지가 계셨으니까 같이 생활하고 있었던 거야. 우리는 이리(이렇게) 못 살아도, 외갓집은 우리보다 살기가 훨씬 나았던 모양이더라고. 엄마가 가끔씩 애 업고 마중을 나가고. 옛날에는 다 걸어 다니고 했으니까 도보로 가도, 애들이 잘 댕기는(다니는) 거야. 그 시기만 지나고 나면, 요새는 애들 키우는 게, 온실에서 키우고 그러지만, 그때는 내

놓으면, 마당은 포장도 안 되어 있고 흙인데, 닭하고 같이 마당에서 노는 거지. 닭똥도 주워 먹고. 옛날에 보통 그렇게 했을 거야. 어렸을 때는 잡히면 이불에 들어가거든.

징용과정에 대해 들으신 이야기가 있습니까?

아버님은 자진해서 돈 벌려고 가신 건데. 그때만 해도 사회적으로 보면 농촌생활은 참 어려웠거든. 누가 추천해서 간 건 아니고, 밑에 동생들도 많으니까 어디 가서 쪼깬(조금) 벌어야……. 아버지 밑으로 고모 분이 3분 정도……. 4남 3녀인가? 돈 벌러 가셔서 고생만 하다 왔지. 마음고생, 몸 고생, 죽을 고비를 넘겨서 오셨지.

어느 지역을 거쳤는지는 혹시 기억나십니까?

부산으로 갔는지… 어디로 갔는지… 그 이야기는 못 물어본기라(물어봤어). 여기 북촌에 계시다가, 외가도 하동 쪽이거든. 그 당시에는… 외가에 아버지가 와서 연락해서 외삼촌도 오고 그랬던 모양이야.

가서는 어떤 일을 하셨는지요?

남양군도가 열대지방이고, 일본군들이 세계를 재패하려고 그랬으니까. 좌우지간 가니까 전신에(전부) 굴을 파고 해서 전쟁 준비, 이쪽에 배가 들어오는 게 보이는 곳에 포 같은 걸 설치해서 (배가) 오면, 들어오기 전에 격추시켜 버리는 거지. 마침 일본 사람들이 남양군도에 전쟁 준비를 많이 해놓은 거야. 자기들이 세계를 뺏들라 켔응께(뺏으려고 했으니까), 오죽했으면 미군들이 일본에 원자폭탄을 널짜뺏실까(떨어트렸을까).

그때만 해도 장비는 없었고, 인력으로, 손으로서 그냥… 곡괭이 같은 걸로 선착장 같은 걸 만들고. 주로 선착장, 비행장, 그런 일을 하고. 아버지가 하시는 말씀이, 그때는 젊었으니까… 배만 부르면 일을 많이 할 수 있겠는데, 배가 고프니까…. 사람이 뱃심이 있어야 일을 하는데, 뱃심이 없으니까 일도 못하는 거고. 그렇게 세월을 보내고.

그 시절엔 공습도 많았을텐데요.

그건 항상… 정해진 시간에 오는 게 아니고, 비행기가 하나 떠서 폭격하고 가면 연에(머지않아) 뒤에 또 따라오는 거야. 따라와서 그 주변에 공격을 하고. 그러니까 한 대는 절대 안 다니고, 비행기가 연달아서 같이 오는 거야. 그래서 그 주변을 초토화 시키삐는(시켜버리는) 거지.

미군들도 전쟁을 참…….. 우리가 생각할 때는 미군사람들 신사적이라고 하니까. 낮이나 밤이나 항상 꼿꼿이 서서… 그래서 총알받이가 많이 되고 그러는데, 비행기도 한두 대가 오는 게 아니고, 연달아서 와서 공습을 하는 거야. 폭격을 하고. 하루는 선착장 했으면 다음은 비행장에 가고. 이런 식으로 돌아가면서 일을 하는 거야.

◆ 일본군이 먹다 버린 짬밥을 훔쳐 먹어야 했지

구타나 가혹행위는 없었나요?

섬이라도 항시(항상) 감시는 하는 기라(거야). 멀리는 못가고 섬 안에 있을 건데, 감시는 심했고. 때로는 노래도 부르라고 하고. 일본 군인들이 노래를 부르라 카면(하면) 불러야 되는 거고. 그러니까 자기들이 생각했을 때 잘못된 건, 매일 조례시간이 있는 거야. 아침에 항상. 저녁시간에 마치고 나서는 모르겠고 잘못되면 죄를 받을 때는 일본 군인들이 한국 노무자를 밖에 불러내서, 본보기처럼 몽둥이를 들고…… (때렸다). 일본 애들도 총으로 바로 쏴버리는 게 아니고, 곤봉 같은 방망이로, 뺑 둘러서, 옛날에 빨래 방망이로 빨래를 탕탕 두

드릴 때처럼 두드려 패서… 물 몇 번 뿌리고, 또 패고…. 그래서 놔두고 즈그는 (자기들은) 가버리는 거고. 가서 일만 시켜주고, 그렇게 못하는 거야. 다 일터로 가야 되고, 맡은 일을 봐야 하거든. 그만큼 생존해 가려고 하면…… (고된 곳이었다).

같은 동료가, 우째가(어떻게 해서) 깨어나는 사람도 있고, 못 깨어나는 사람도 있고. 그 후에 가보면 그 주변에 파리가 득실득실하는 기라(거야). 그런 세월도 있었고.

제일 힘든 건, 저녁에 등짐 지고 갈 때 우유라든지, 그런 (먹을)게 다양하게 많은 거야. 그럼 사전에 일본 애들이 언제쯤은 뭐 지러 갈 거다. 이렇게 하면 사람들이 나무상자에 뭐가 들었는지 아는 기라(거야). 그래서 나무상자 틈새로 안을 보면 얇은 함석, 쇠 같은 게 있다고 하더라고. 이중으로 되어 있는 거야.

이중으로 되어 있으니까, 손이 들어가려고 하면 크게 뚫어야 되는 거야. 그러니까 손이 이리로 들어갈 때는 손이 쉽게 들어가는데, 뭘 쥐고 나오려면 손이 안 빠지는 거야. 그러니까 손에 상처가 많이 나고. 피가 나고 그런 거야. 뭘 지고 갈 때 사전에 이야기를 안 했으면 내 묵을(꺼내먹을) 생각을 안 할 텐데, 뭐 지러 간다는 걸 알면, 뭐라도 좀 내 무야 되긋다(꺼내 먹어야겠다), 하는 생각을 가지고 있는 거야.

그 지독한 굶주림을 어떻게 버티셨을까요?

한번씩 시간 나면 짬밥을 훔쳐먹는 거지. 훔쳐서 먹는 거니까… 합법적인 건 아니고. 그쪽에서 보면 배가 고프니까 일반 애들 먹는 건 음식을 깨끗이 먹고, 국물 있는 건 국물 있는 대로, 많으면 많은 대로 짬밥을 내놓는데, 어쨌든 군인들 없으면 한 번씩 집어먹고, 군인들이 있으면 못 먹는 거지. 그렇게 세월을 보내고. 지금 같으면 잘 아는 군인한테 가서 우리 한국 사람들 먹게 좀 해주라, 하면 먹을 수 있었을 건데, 그렇게 가서 이야기 하는 사람은 전혀 없었고. 항상 훔쳐 먹는 거고.

멀리 가서 한 번씩 배가 고파서 풀을 아무거나 뜯어먹는 사람도 있었어. 그래서 아버지가 하시는 말씀이, 다음날 그 사람이 일을 오면, '그 풀을 뜯어먹어도 괜찮다', 그렇게 생각을 하셨고. 보면, 사람이 올라가서 땡초를 딴다고 해. 그만큼 열대지방의 나무가 큰 거야. 하늘만 쳐다보고 있는데, 매바서(매워서) 먹지는 못하고, 구경만 하는 거지. 거기서도 고구마는 많이 심겨있다고 하더라고. 고구마 같은 건 아는 거니까, 죽는 건 아니니까, 고구마 잎도 뜯어먹고. 우리가 생각할 때 일본사람들이 여기 와서 고구마를 퍼트리지 않았나… 싶어. 아까 이야기했지만 달팽이 같은 거, 그걸 주로 주워서 삶아서 까먹고. 그것도 우려서… 몇 번을 깨끗이 씻어야 되는 거야. 독성이 있고 하니까. 그래서 그걸 한 번씩 먹고 (그랬어). 나쁜 짓을 해서 맞아 죽었으면 맞아 죽었지, 굶어 죽은 사람은 없고.

◆ 돌아오셔서도 후유증으로 참 고생 많이 하셨지

부친께서 편찮은 곳은 없으셨나요?

그건 말도 못하지. 많이 못 먹으니까 변비가 와버린 거야. 그래서 집에 와서도 변비로 고생을 많이 했어. 화장실에 가서 볼일을 보려고 하면 안 나와서 힘을 쓰고 하니까, 미자바리(미주알)가 빠졌다고 하는 거야. 그래서 항상 아빠 팬티를 보면 피가 묻어있는 거야. 빨거나 삶아야 피가 빠지지, 그냥 씻어서는 안 빠지는 거야. 그러니까 돌아오셔서도 참 고생 많이 했어. 고생 많이 하고……

그 외에도 정갱이(정강이)에 종기가 오래돼서 안 낫는 거야. 쉽게 말해서 피부암처럼. 그래서 여기 와서 병원은 다 다니고, 그 당시 올 때는 다리를 절었고,

여기 와서도 많이 못 돌아다녔어. 낫고 나서 친척집이나 주변에 다니고. 처음에는 꼼짝도 못했다고 해. 해방되고 나서 여기 와 놓으니까, 좋다고 오긴 왔는데……. 오셔서도 고생을 많이 했어. 후유증이 심했지.

여기 정강이. 앞정강이야. 군화발로 차버리고 하니까. 항상 그 사람들이 아프다고 해도 차잖아. 군화발로 정갱이를(정강이를)……. 치료를 제대로 못 받으셨지. 지금은 시설이 많이 좋아졌지만, 그때만 해도 여기 아버님 오시고 나서도, 촌에는 의료시설이 별로였어. 아버님이 해방되고 나서 오셨을 때는 주로 한의원 같은 곳에 가서… (치료했지). 신약, 약방 같은 건 거의 없었어.

부친께서 월급은 수령하셨습니까? 월급에 대해서 아버님께서는 어떻게 생각하셨는지요?

항상 아버님은 그 돈을 받으면 유연하게, 뭘 해도 표가 나게 쓰실 마음으로 항상 가지고 있었지. 통장 같은 게 있어서… 해방되고 나서 오실 때는 아버지 저금통에 돈이 있었어. 있었는데 지금 와서 그걸 찾으려는 생각은 안 했고. 아버님이 알기로는 통장이라도 있었으면 어디에 가서 내밀어서 내놓으라고 하면 되는데, 지금은 그마저 없어져 버렸으니까……. 보상이라고는 전혀 없었지.

요새 같으면 인터넷으로 찾으면 대번에(금방) 찾지만, 지금은 그런 시대이니까. 옛날에는 오셔서도 통장 이것만 갖고 있으면 언젠가 찾지 않겠나, 그게 아버님 마음이었지. 자기들이 올 때는 몇 년 동안, 지금은 통장을 가지고 나오셔서 세월이 가면 찾으면 된다, 그런 생각을 가지고 통장을 갖고 계셨는데, 자식이 보관을 잘 했으면 그걸 가지고 좀 찾았을 텐데, 분실되어 버려서…….

세월도 오래되다 보니까 유실돼버린 기라(거야). 일본사람 중 잘 아는 사람이 있으면, 일본 무슨 은행에 가서 아버지의 창씨개명 이름을 대면, 남양군도에 가서 일했으니까 가서 찾으면 나오겠지. 한 6년 동안 일을 했으니까 금액은 어마어마하지. 지금도 우리가 잘 아는 사람이 있어. 그런데 그 사람이 계좌에 얼마 있다 찾아가라고 할 리는 만무하거든. 지금은 주라 케도(해도) 안 주는 거지. 입 딱 닫고.

◆ 잘못했다고 시인을 해야 할 건데

국가에 대해서도 마음이 복잡하시겠어요.

그 당시는 그렇지만 지금은 이야기를 들어보면 옛날 정권, 박정희 시절에 일본가서 가서 좀 받아온 거야. 받아와서 그것 가지고 경제발전 시켰겠지. 박근혜 때 쪼깬(조금) 더 받아왔는지 몰라도… 그러니까 저놈들은 그런 걸 상상도 안하고. 줄 생각도 안 하고.

그러니까 위안부도 보면 일본 군인들이 여자를 찾아가서 몸을 풀러 갈 때는 앞에 들어가는 통장이 있다 카더라고(하더라고). 거기다 돈을 넣고 가는 거야. 관계를 한번 하러 가도. 일본군이, 하루 저녁이면 가고 그러는데. 저기서는 줄 생각을 안 하지.

그러니까 일본 애들이… 지금은 '스가'로 총리가 바뀌었잖아. 육지 상에서는 그거지만 바다 상에서는 하찮거든. 우리가 생각하는 거랑 달라. 잘 지내면 좋은데. 일본이 독도도 자꾸 자기네 땅이라고 하니까, 세뇌교육이 참 겁나는 기라(무서운 거야). 일본 애들한테는 독도가 자기네 땅이라고 하잖아.

일본에 대해서는 어떻게 생각하세요?

일본사람들이 주로 많이 하는 건, 그 당시에는 우리가 그거다 보니까 그렇게 됐지만……. 갔다 온 사람들에 대한 보상을 얼마라도, 자진해서 자기네들이 자발적으로 주는 것도 모르지만, 절대… 있어도 근거가 없으면 제대로 안 줄 거거든. 지금 우리가 보면, 월남 갔다 온 사람들도 후유증이 왔다고 하면 어느 정도 보상이 되는 거고. 그러니까 일본 저쪽에 갔다 온 사람들이, 여자들도, 위안부도 마찬가지지만, 절대, 보상 같은 건 상상도 안할 기라(거야). 우리는 주면 좋지. 만 7년 동안이나 있었다고 하니까…… 해방되고 나서는 일을 안했으니까, 그 안에는 일을 했으니까 6년 정도는 일을 했겠지. 그 당시만 해도 얼마 안 되지만. 6년 동안 모아 놓으면 금액이 큰데, 하나도 찾질 못했거든. 거기서 시골로 부쳐준 것도 전혀 없고.

그림 65 남양군도 강제동원 피해자 고 김수명*

상당히 잘못됐지. 정신상태가 우째(어떻게) 됐는지 몰라도 우리하고는 좀 달라. 그 이후로라도 그때는 잘못했다고 시인을 해야 될 건데, 죄송합니다, 이렇게 해야 될 건데, 그런 건 전혀 찾아볼 수가 없거든.

---

* 　취재진이 조사할 당시 강제동원 피해자 대부분은 사망해 유족들은 부친의 영정 사진만 간직하고 있었다. 이마저도 없는 분도 많았다.

대부분 보면, 우리가 생각할 때는, 한 때는 일본이 경제적으로 잘 나가고 참 좋았는데, 지금은 우리나 즈그나(자기나) 확실히 머리 두뇌에서는 좀, 낫긴 낫고. 전자제품도 보면 일본제품이 확실히 좋긴 좋아. 써보면. 지금도 계속 쓰는 사람들은 알 거야. 코끼리코나 전자제품 사오는 사람 있을 거야. 단지 전기만, 거기는 110V고 우리는 220V다 뿐이지. 당연하지. 정부에서도 노력하지만, 안 돼. 즈그가(자기들이) 사과도 절대 안하고, 외교부 장관끼리 뭘 어떻게 해서 일본하고 손을 잘 잡아가꼬(잡아서), 잘못한 건 잘못했다고 사과해라, 이렇게 해야 될 건데.

함안군 김성봉(팔라우)

함안군

그놈들은 손(孫)도 없애야 해!

구술 **이분남**(1921년생, 김성봉의 배우자)

경남 함안에서 출생
현재 경남 창원(마산)에서 생활

구술 **김정이**(1947년생, 김성봉의 딸)

경남 함안에서 출생
현재 경남 창원(마산)에서 생활

강제동원 경험자 **김성봉**(1921년생)

팔라우에 군속으로 동원(동원시기 불명)
1946 귀환

그림 66 모친 이분남과 부친의 이야기를 전해주는 딸 김정이(2020년 7월)

◆ 이분남, 김정이, 김정안과의 만남

올해 100살이 되는 이분남씨는 남양군도 강제동원 피해자 고 김성봉씨의 아내이다. 그리고 73살의 김정이씨는 딸, 세 살 터울인 70살 김영안씨는 아들이다. 경남 함안군 칠원면 출신인 김성봉씨 역시 1940년 팔라우로 강제동원된 피해자다. 취재진은 팔라우 귀환자 명부에 나온 '함안군 칠원면 유원리' 주소로 김성봉씨를 찾았다. 유원리에는 오척마을과 하계마을이 있는데 하계마을 이장님께서 김성봉씨의 남양군도 강제동원 사실을 기억하고 있었다. 김성봉씨는 벌써 세상을 떠났다면서 아들 김영안씨의 연락처를 알려주셨다. 이 정도의 사실이 확인된 거면 절반은 성공한 셈이다. 피해자 발굴조사를 하면서 터득한 경험치로 이장님들이 기억하는 유족들은 부친의 동원 사실을 어느 정도 기억하고 있을 확률이 높기 때문이다.

취재진은 먼저 경남 창원에 살고 있는 아들 김영안씨를 만날 수 있었다. 부친에 대한 강제동원 사실 관계를 물어보자 총탄에 맞아 다리에 부상을 입은 상처가 있었다는 게 기억의 첫 순서였다. 그리고 전쟁으로 죽어나가는 동료들의 시체들 보며 죽지 않기 위해 포탄을 피해 뛰어다니다 땅굴 속에 숨어 간신히 목숨만 건져 고향에 돌아왔다는 게 그 다음 이야기다.

부친 김성봉씨는 '왜정시피징용자명부'에도 이름이 나오는데, 팔라우에 가기 전 일본 나가사키 조선소에서 수송선을 만드는 데 투입됐다. 팔라우 해군 군속으로 동원된 다중 징용 피해자다. 딸 김정이씨는 모친 이분남씨를 모시고 마산에서 살고 계셨다.

이분남씨는 올해로 100살이 되셨다. 85년 전 남편 김성봉씨는 결혼하고 일주일도 안 돼 일본으로 끌려갔다고 했다. 그리고 5년이 지나 죽은 줄만 알았던 남편이 피골이 상접해 털북숭이가 돼서 나타났는데, 처음에 짐승인지 사람의 모습이 아니었다고 했다. 팔라우에서 온갖 짐승을 잡아먹어가며 살아 돌아왔다는 소리를 듣고 함께 잠을 자는데, 혹시 나도 잡아먹지 않을까? 하는 생각에 뜬눈으로 밤을 지세 우곤 했다고 했다. 그렇게 가까스로 돌아온 남편 김성봉씨는 간경화로 52살의 젊은 나이에 세상을 먼저 떠났다. 그래도 김성봉씨는 총탄을 맞아 다리를 절뚝거리는 후유증에 시달리면서도 시장에서 장사를 해나가며 가족의 생계를 책임질 정도로 가장 역할에 충실했다.

김정이씨는 예쁜 옷이 보이면 자식들 먼저 사 입힐 정도로 자식 사랑은 누구 못지않았다며 눈물을 연신 훔쳤다. 아버지에 대한 딸의 기억은 세월이 지나도 변함이 없었다. 마지막으로 아내 이분남씨의 말씀이 기억에 남는다. "지독하고 무섭다. 일본 놈 자손도 없애야 한다. 내 앞에 데려다 주면 절단내버리고 싶다." 이 끔찍한 표현은 그냥 나온 말이 아니다.

◆그놈들은 손(孫)도 없애야 해!

어머니: 어휴, 나 고생한 건 하느님이나 알까 모르요(몰라요).
딸: 끌려간 건 우리 엄마가 자세히 모를 건데.

아버님께서 가셔서 고생을 얼마나 많이 하셨어요?
어머니: 그건 본인이 봐야 알지. 말로서는 다 못해요. 워낙 총을 맞아서… 그래도 명(命)이 있어서 안 죽는가 봐. 집에 와서 한 10년을 고생하다가 돌아가셨어요. 그 명이라고 하는 게 있어요. 지금은 병원도 있고 의사도 있고 그런데, 그때는 병원도 없고, 약국도 없으니까. 저 산에 나무뿌리가 좋다고 하면 그걸 캐러 가고. 산에 가서 파가와서(파와서) 삶아서 잘라서, 손바닥에 물이 들어서 빠지지도 않고. 나 고생한 건 아무도 모를 끼다(거다). 하느님이나 알까.

딸: 그걸 일일이 다 기억은 다 못하지.

어머니: 그러다 어떻게 해서 공주를 하나 낳아 놓으니까, 좋다고 그러다가 끝도 못 보고 가버리고. 아유, 나 고생한 건 이렇게 해도 다 말 못 해요.

딸: 엄마 고생이… 그거야 뭐 이쪽에서 살았으니까…

어머니: 그런데 뭐 할라고 조사합니까?

저희가 일본 놈들이 나쁜 짓 한 거, 그걸 방송으로 만들고 있어요. 다 돌아가셔서 기억을 못하면 안 되니까, 기록으로 남기려고 인터뷰를 하고 있는 거예요.

어머니: 나쁘고말고요. 그 놈들 손(자손)도 없애야 돼요. 그 놈들 내 앞에 한 놈 자빠트려(넘어트려) 주면 내가 뜯어서 절단해야지 싶어요.

딸: 일본사람들이 반성을 하나(해)? 지금 반성도 안하는데… 우리 아버지가 살아 나온 걸 이야기를 들으려고 하면 본인이 있어야지.

어머니: 우짜다가(어쩌다가) 그 더러운 놈들하고 접촉이 됐능가(됐었는지) 모르지.

일본에서 고생하셨던 이야기는 많이 하셨어요?

어머니: 많이 했죠.

딸 : 전쟁 통에 가서 우찌(어떻게) 고생했는지 그걸 엄마가..

어머니: 전쟁터 나가서 있었던 해가 한 10년 돼요. 못 묵고(먹고) 살아서 일본에 돈 벌러 간다고 열 몇 살 되어서, 13살인가 14살인가 먹었어. 일본에 간 거야. 그래도 똑똑한 편이야. 그렇게 해서 21살에 나와서, 결혼시켜 달라고 그래서.. 우리 언니가 한 동네 살았는데. 언니 하고. 거기 가서 '아줌마 나 중매 해주소.' 총각이 착하게 크고 이러니까, 인물도 괘안코(괜찮고) 이러니까, 아주머니, 동서, 몇 사람 없는 거야. 그래서 뭐.. 18살 먹었나… 이랬을 때, 중매해줄까, 그게 정혼 되어서. 그게 그렇게 배필이 됐어. 혼사가 된 거야.

딸: 전쟁 통에 갔다 와서 근 10년이..

어머니: 이틀 밤 자고, 두 밤 자고 일본 00증을 끊어왔는데, 기한이 다 돼삣는 기라(돼버린 거야). 그럭저럭 뭐, 결혼하고 뭐… 그러다가, 그리고 두 밤 자고 개항이 돼버려서, 즈그(자기) 집에 가보지도 못하고, 우리 집에서 바로 일본으로 가버린 거야. 그렇게 가가꼬(가서) 한 10년 만에 오고.

딸 : 거기서 전쟁 통으로 바로 끌려간 거야.

어머니: 또 어디가매, 또 8년 만에 우째(어떻게) 와서, 아니다, 저… 거기 남양인가 어딘고(어딘가), 거기 가면 돈을 벌어서 내거 사고 돈을 터지도록 넣어준다고, 돈 벌러 간 거야. 돈 벌러 갔는데, 돈은 번 것도 없고, 고생만 뼈 빠지게 하고. 그 고생한 이야기는 다 하던데…

그림 67 남양군도 강제동원 피해자 고 김성봉의 아내 이분남

◆ 결혼한지 이틀 만에 일본으로 간 남편 총탄 맞고 후유증에 시달리다

몸도 안 좋으셨겠어요.

딸: 아버지가 다리하고 이런데 하고 총이 흉터가 이만큼 있었잖아. 다리에 여기에도 두 개, 이쪽에도 두 개.

어머니: 총을 맞아가꼬(맞아서)..

딸: 또 배 있는데, 여기 어디야, 그 여기도 있었고.

어머니: 총을 맞아가꼬(맞아서) 다리에, 몇 군데... 팔에도... 육신을 못 쓰고 죽었어.

아버님이 보고 싶진 않으세요?

딸: 보고 싶단 소리야 말로도 못하지, 나 죽으면 다시 만나서 사는 게 한이다, 우리 어머니는.

어머니: 겨우 이틀 밤 자고 일본으로 가뿟으니(가버렸으니).. 얼굴도 자세히 모르는 거야, 알 수 가 있습니까. 부끄르바 가꼬(부끄러워서).. 지금도.. 쪼매(조금)한 번씩 보이면...

딸: 그래 우리 아버지도 못 잊어서, 우리 엄마 있는데 꿈에 자주 보이는 모양이야.

어머니: 또, 남양 어디를 가서, 아이고..... 나를 애태우고... 갔네.

딸: 1차에 안 나오고, 2차에 안 나오고, 3차에 마지막에 나왔다고 하더라. 그 한이야 어떻게 이야기를 다 하겠어.

어머니: 내가 목이 막혀서 말이 안 나와요.

딸: 할머니도 생각이... 기억력이, 옛날에는 나한테 오만가지 이야기를 다 하더니, 인자는(이제는) 기억력도 없어. 그래도 오늘은 목욕하고 정신을 바짝 차리고 있으니까, 괜찮지. 이제.. 금방 한 이야기도 모른다. 일본 놈들 갈아 마신

다 해도 ...

일본 놈들 생각하면 어떠세요?

어머니: 내가 일본 놈이라 카면(하면)... 이를 뿌득뿌득 갈지. 내가 뭐 어떻게 해보지도 못하고.. 그렇게 고생, 고생 살아도 딸자식이라도 있응께(있으니까)... 내 몸이 아프니까, 내 구경을 시켜주고 하는데, 자식새끼들 없었으면 이제..

◈ 짐승이지, 사람이 아니라

언제 아버님 생각이 나세요?

딸: 세계테마기행을 보면, 우리 아버지가 옛날에 한 이야기가 생각이 나면 그때 울고 그랬어. 차, 비행기, 헬리콥터 그런 게 바닷물에 깔려있고 그렇더라. 그래서 내가 저 깊은 숲 속에 가서 우째(어떻게) 살아 나왔는지, 싶어서. 그러니까 우리 외할머니가 그 산에 맑은 물에 가서 유황을 먹이고 그랬다고 하더라고. 그러니까 우쨌든가(어찌되었든) 살아서 돌아오게 해달라고, 유황을 먹이고 그랬어.

그런데 우리 아버지는, 처음에 못 나오고 마지막에 나오면서, 시체고 뭐고 일본 놈들이 지니까, 아무 먹을 것도 안 줘서... 그래서 우리 아버지가... 아무튼 남태평양이라는 소리만 들어서 그때는 어려서 그걸 잘 몰랐어, 나도. 그래서 남태평양 여기서 걸어 나오는데, 시체가 쌓여서, 시체를 밟고 넘어오는데 안 죽으려고 뱀도 잡아먹고, 풀도 뜯어 먹고, 독이 있는지 그런 것도 모르고, 오만가지를 다... 나무뿌리도 캐 먹고. 그래서 겨우 살아서 나왔는데, 마지막에 그때는 죽었다고 우리 엄마도 안가고, 우리 엄마는 아예 안가고, 우리 외할매가(외할머니가) 부산 뱃머리에 많이 갔나봐, 오는가 싶어서.. 갔는데 이제 두 번째..

어머니: 3년을 밥을 못 얻어먹었으니까..

딸: 그래 3년을, 내가 몇 년인지는 모르는데, 좌우튼(하여튼) 밥을 안줘서, 지니까 고마(그냥) 안줬다고 하더라.

밥을 안 줬는데, 뭘 먹고 지내셨는지는 들으셨어요?

어머니: 밥은 내려와서 남의 고메밭(고구마밭).. 그거 파먹고.. 아이고 온몸에 개터래기매이로(개털처럼) 짐승이지 사람은 아니야, 처음 왔는데.. 못 얻어먹어서 전신에 털이, 걸뱅이매이로(거지처럼) 그렇더라. 아이고, 지독하고 무섭다. 지독하고 무서운 일본이야. 일본놈 사는 데는 절대 안 해요.

딸: 그래도 그렇게라도 살아 나와서 우리 외할머니가 약 좋다고 하는 거, 산에 가서 약풀이고 뭐고 해서 먹이고, 그렇게 해서 조금씩 괜찮았는갑대(괜찮았나봐). 그래도 우리 아버지가, 우리가 클 때, 비가 오려고 하든가 궂은 날이거나 하면, 여기 배에 어디 총 2군덴가 맞았다고 하던데, 소리만 들었지, 옷 때문에 내가 잘 못 봤는데. 다리에 3군데는, 우리 아버지가 여름 되면 바지를 거지고(걷고) 있으니까, 내가 봤어.

어디 어디 있었는데요?

딸: 여기 하고, 여기 하고... 또 이쪽 하고. 그러니까 온 몸에 흉터고, 지금 같으면 고엽제 비슷하니 그렇지.

어머니: 처음에는 장터를 무서버서(무서워서) 못가겠대요.

딸: 이제 신랑 왔다고, 옆에 따라 가니까 무서워서..

어머니: 오만가지 짐승 다 잡아먹고.. 내가 들어가면 나도 잡아먹는 게 아닌가... 무서워서. 밤새도록 잠이라고는 안와요. 그 나온 전신에 터래기가(털오라기가)...

딸: 그래도 10년 만에 살아왔다고 칠서에서 잔치도 하고 그랬다 카든데(하던데). 우리 엄마도 미련하지, 근 8년, 9년을.. 결혼하고 이틀 밤 자고 기다리고

있었는고(있었는지) 모르지.

◆ 아버지 만나서 다시 살아보는 게 소원이다

많이 그리우시겠어요.

딸 : 그리움은 지금도.. 그러니까 하는 말이 그 말이에요. 내가 죽으면 너네 아버지 만나서 다시 세상에 나와서 한번 살아보는 게 소원이라고 해도, 그러니까 이제는 뭐, 나야 귀 밖으로 듣고 말지만, 그 우리 아버지가 그래, 조금 더 살고 오라고 자꾸 명줄을 이사 주는가(이어 주 는지), 오래 살아.

부친께서 몸이 불편하신 상태에서 오셨는데, 생활하시기는 좀 어떠셨어요?

딸 : 생활은 힘들고, 이제 말을 해서, 우리 아버지가 소 그거... 팔고 사고. 그런 건 이제 입으로 하니까 하는데, 노동은 전혀 못했어. 그러니까 자기 몸이 아프고 이러니까, 6·25가 터져서 피난을 가는데 우리 외할매(외할머니)는 나를 업고 우리 동생은 일주일 밖에 안 된 걸.. 우리 엄마가 데리고 가고. 우리 아버지는 빈손으로 아무것도 못 가져갔다고 하는데 뭐.

후유증 때문에 그러셨어요?

딸 : 예. 후유증 때문에 그래서 좀 그랬지. 그래서 나중에는 결국에는 이제, 암으로 부산 침례병원에서 오래 있었어. 거기서 치료 하고, 그렇게 하다가 돌아가셨지. 그때는, 나는 잘 몰라. 우리 그때 내가 서울에 있어서 모르고 우리 동생도 서울 육군보안사령부에 있었거든. 그래서 우리 동생도 옆에 없어서, 많이 아파할 때는 우리 동생도 그렇고, 나도 그렇고 옆에 못 있어서..

안 끌려갔으면 부부간에 정상적으로 다 살았겠지. 농사짓고, 그러고 살았겠지.

일본에 대한 기억이 정말 안 좋으시겠어요.

딸 : 일본이라고 하면 우리 엄마는 치가 떨린다 케(해). 나도 마찬가지고. 나도 참 우리 한국이 지금 먹고살려고 그건(교류는) 하지만, 그 우리 같은 경우는 우리 아버지가 피해자가 됭께네(되니까), 그게 용납이 안 되지.

나는 무조건 일본사람이라고 다 나쁘지는 않는데, 그렇게 악질적인 나쁜 놈들이 오대(어디) 있습니까? 임진왜란, 명성황후, 좌우튼(아무튼) 우리나라를 몇 번 침입하느냐 말이다. 4번.. 지금도 봐라, 지금까지도 독도 그게 즈그(자기) 땅이라고.. 그게 사기꾼이지, 도둑놈이지, 사람이야? 그러니까 나는 일본 놈 방송에 나오면 보기 싫다. 그렇게 잔인하고...

◆ 월급 한 푼 받지 못하고… 총탄 맞아 살아 있어도 힘을 못 썼다

월급은 받으셨다던가요?

딸 : 우리 엄마한테 물어보지. 돈 10원도 구경 못했다고 해. 돈 10원도 못 받았어, 우리 엄마는. 그러니까 내가 하는 말이 그 말이야. 우리같이 억울한 사람은 어디 가서 두드려 봐야 두드릴 곳도 없고, 우리는 어려서, 지금 같으면 우리 동생하고 그거(항의) 하지만.. 그때는 전부 열몇 살, 열여덟, 스물.. 뭐 이렇게 밖에 안 되었으니까.

우리 동생 그때 스무 살 먹어서 보안대에 있고, 그래서 우리 아버지 돌아가실 무렵에도 연락 받고 내려오고.. 클 때는 학교 다니고 (어릴때고) 그러니까 분별력이 있나 뭐 있어. 아무것도 모른다, 우리는. 우리 어머니는 내가 딸이다 보니까 만나면 무슨 이야기가 하고 싶은데, 나는 그런 것도, 그 때만 해도 잘 안 들으려고 하고. 그러니까 귀 밖으로 들으니까 내가 그 정도는 안다, 이말 이지.

그러니까 이제 자기가 한이 맺힌 소리인데, 우리는 경험을 안 해 봤으니까 모

르잖아. 그게 이해가 안 되고. 우리 아부지(아버지)가 어떻게 살아 나왔는지는
잘 모르지만, 다리에 총탄을 맞아서 흉터가 이만하더라고. 그리고 배에도 두
군데 맞고. 그러니까 우리 아버지가 힘을 못쓰는 기라(거야), 살아 있어도. 그
러니까 자기가 입으로 말하는 장사, 그 쪽으로 했지. 그렇게 해서, 그래도 우리
공부 시키고, 크게 공부는 못 시켜도, 우리 아버지가 한이 돼서 자식들 공부
시켜서 좋은 데 시집 보낼 끼라고(거라고)..

그림 68 남양군도 강제동원 피해자 고 김성봉의 딸 김정이

아버님께서 평소에 자주 하시던 말씀이 있습니까?

딸 : 우리 아버지가 우리에게는.. 자기가 죽을 고생을, 몇 번이나 죽을 뻔 했
는데, 그래도 살아서 와서 우리가 생깄응께네(생겼으니까). 그러니까 우리에게는
정말로 잘했습니다. 우리 동생이고, 다 형제간들에게는, '이노무 자슥아(이놈,
자식아.)' 소리도 안 했어, 우리가 클 때는. 어떤 사람들은 막 욕을 하고, 얄궂
은 욕을 하고 그러지만 우리 아버지는 절대, '야, 이놈아.' (그런 말을 안했어.)

우리 엄마는 우리가 속을 썩이고 이러면 불을 때다가 작대기를 가지고 때리

러 쫓아 나오면, 우리는 후드끼가고(도망가고) 그랬는데. 밖에 가서 실컷 놀다가 담 고랑에 올라가서 보고 우리 아버지가 집에 오셨으면 들어가고, 우리 아버지가 없으면 우리는 집에 안 들어가. 우리 아버지는 항상, 자기 자식이지. 그런 곳에 가서 고생하고.... 죽을 사람이 살아와서 우리가 생깄응께네(생겼으니까). 우리를 항상 조선에 없는 자식인 줄 알고 그렇게 살았지.

우리 엄마는 그런 세월을, 우리 아버지가 살아 나온 걸 모릉께네(모르니까), 욕도 하고. 두드려 패고. 그래서 엄마하고는 별로 정이 없어. 우리 아버지라고 하면, 지금도 아버지 말만 하면 눈물이 날 정도로 그렇게 자식들한테 자상하고. 만약에 우리가 크면서 옛날에 마산에 있던 백화점.. 고등학교 다닐 때 부림에 미화사에 가서 옷을, 우리 형제가 다섯이었거든. 그럼 옷을 다섯 벌 다 사오가꼬(사와서), 우리 엄마가 밥상을 차려놓으면, 이제 나부터 시작해서 쭉 세워놓고 옷을 다 입혀보고, 자기 마음에 들어야 밥을 잡쉈고(드셨고). 조금이라도 마음에 안 들면 가지고 가서 옷을 바꿔 왔지. 그만큼 자식이라고 하면 끔찍이 생각했어.

그렇게 하니까 다른 사람들 자식 키우는 거 하고, 우리가 아버지한테 사랑받고 큰 건 말로 다 못하지.

◆ 자식을 끔찍하게 사랑하신 아버지에 대한 그리움이 가슴에 사무쳤다

아버님이 살아계셨다면 달랐을까요?

딸 : 우리 아버지만 살았으면, 우리도 고생 안하고.. 우쨌든가(어쨌든) 머리 쓰는 건 우리 아버지가 잘하더라고. 장사를 해서 시골에 땅을 사서, 남에게 빌려 줘서 농사를 짓고. 우리 아버지는 댄(힘든) 일은 못하니까 그렇게 했거든. 그렇게 해서 우리 애들 공부시키고, 그렇게 했지.

마지막에 갈 때 우리 둘째 동생이, 나하고 큰 동생은 서울에 있응께네(있으니까) 모르는데, 우리 둘째 동생이 부산 침례병원에 (아버지가) 입원을 했는데 내묵고(나 먹고) 죽을 수 있는 약 좀 사다 달라고.. 그렇게 말했다고 하더라. 얼마나 괴로웠으면 그런 소리를 했을까 싶어서...

내가 들은 소리뿐인데 뭐... 이제 클 때는 우리 아버지 아침 잡수고 (드시고) 나면 자기 볼일 보러, 장날에 장에 가삐고(가버리고), 늦게 오시고. 또 이제 우리는 학교 갔다 오면 저녁에 우리 아버지가 늦게 오실 때도 있고 하니까.. 주로 엄마하고만 있고.. 그럼 우리 좋다고 끔찍하게 챙기고, 그래서 우리 아버지한테는 좋은 기억만 있지 나쁜 기억은 없어.

평상시에 아프다, 아프다 하면 약 대충 사먹고 그랬는데, 나중에는 이제 안 돼서 부산 침례병원에, 거기가 큰 병원이라고 갔나봐. 거기 가서 한 한 달 넘게 고생하고. 아무튼 우리 아버지가 한 몇 년 고생하다가 갔나 보더라고. 그러니까 얼마나 아팠으면 우리 동생보고 그런 이야기를 했겠어.

그림 69 부친에 대한 기억에 잠긴 딸 김정이

52살 암으로 돌아가신 아버지.."너는 커서 장군이 되거라"

구술 김영안(1950년생, 김성봉의 아들)

경남 함안에서 출생
현재 경남 창원(마산)에서 생활

강제동원 경험자 김성봉(1921년생)

팔라우에 군속으로 동원(동원시기 불명)
1946년 귀환

그림 70 남양군도 강제동원 피해자 고 김성봉의 아들 김영안(2020년 7월)

◆ 52살에 암으로 돌아가신 아버지…"너는 커서 장군이 되거라"

아버님 하면 어떤 기억이 떠오르시나요?

어릴 때 "너는 커서 장군이 되라"고, 그렇게 이야기를 할 정도로 상당히 군에서 고생을 많이 했다는 걸 느꼈습니다. 세월이 지나고 나서 생각을 해보니까, 그 당시에 아버지가 얼마만큼 고생을 했길래, 저한테 그런 이야기를 했을까⋯⋯싶었습니다.

해방되고 나서 46년도에 돌아오셨어요. 누님이 47년생이니까 오셔서 낳았지. 현지에서 엄청 고생을 많이 하셨대요. 사람을 알아볼 수 없을 정도로 피골이 상접해서, 그렇게 오셨더라는 이야기를 들었어요. 젊은 사람들 중에서 눈에 띄었나요. 그렇게 차출이 돼서 간 걸로 알고 있습니다. 외딴 섬에서 현장노동을 하는데 상황이 열악해서 식사도 제대로 못했다고 하대(하더라고요). 풀 같은 걸 뜯어서 죽을 쒀서 먹고, 그냥도 먹고. 한참 좋을 때 고생을 하고, 돌아오시고도 매년 그 후유증에 시달렸거든요. 징용을 안 가셨으면 달라졌겠죠.

어떤 후유증이 있었습니까?

아버지 다리에 총탄이 지나간 데도 있고. 살 속에 쇠가 박혀서, 파편이 그냥 그대로 있었어요. 그 전쟁 속에서 죽어가는 사람들을 보는 그런 환경에서 지내왔으니까 그 트라우마가 있을 것 아닙니까.

국가에 서운함이 있으시다구요.

국가에 대해서 전 좀 아쉬움이 있어요. 국가에서 병원 치료도 안 해주고. 제가 군 생활 하던 72년도에 52세셨는데, 암으로 일찍 돌아가셨거든요. 파편이 배에서⋯⋯ 다리에도 박혀 있었는데, 그냥 그대로 있었어요. 정부에서 한일협정으로 보상을 받아서, 국가에서 그걸 기간산업에 이용을 하고 했으면⋯⋯ 그 당시에 고생한 사람들한테 조금이라도 지원 혜택이 있다거나 해야될 건데, 전혀 그런 게 없다는 게 아쉬워요.

진상조사위원회에서 조사를 해서 현지에서 돌아가신 분은 2,000만 원씩인가 보상을 해 주고, 그 당시에 살아 있는 분은 매월 얼마씩 준 걸로 알고 있어요. 내가 혹시나 싶어서 집에 있던 자료도 챙겨 놓았는데. 그 당시에는 제법 나갔는데, 증서가 2개 있어요. 150원 예금 증서인가……. 그런데, 아버지처럼 중간에 돌아가신 분은 아무 혜택이 없었습니다.

그림 71 김영안이 보관하던 부친 고 김성봉의 월급명세서

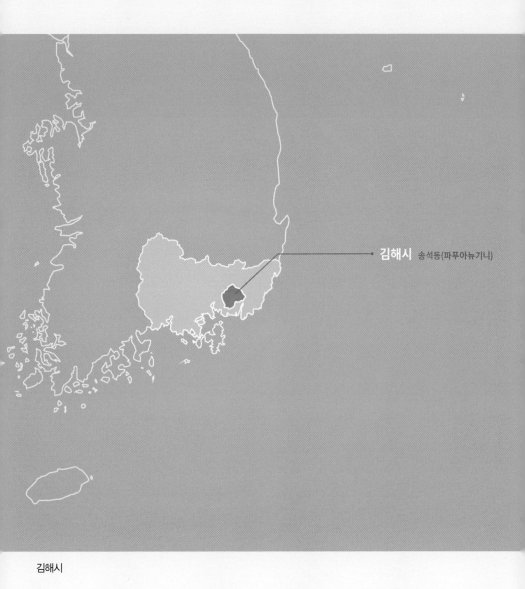

김해시 송석동(파푸아뉴기니)

김해시

죽은 동료는 손목만 잘라 화장하고, 나는 전기고문 받고 귀향했다

구술 송유창(1951년생, 송석동의 아들)

경남 김해에서 출생
현재 경남 김해에서 생활

강제동원 경험자 송석동(1923년생)

파푸아뉴기니에 군속으로 동원(1940년 동원)
1946년 귀환

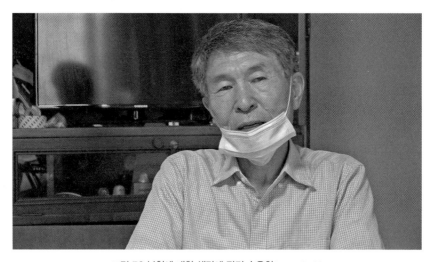

그림 72 부친에 대한 생각에 잠긴 송유창(2020년 8월)

◈ 송유창과의 만남

송유창씨의 부친 고 송석동씨는 남태평양지역인 파푸아뉴기니로 동원됐다. 파푸아뉴기니는 남양군도라 불리는 지금의 미크로네시아 지역보다 남쪽, 호주 바로 위에 있는 섬으로 서쪽으론 인도네시아 동쪽으론 솔로몬제도가 있다. 태평양전쟁 당시 일본군 기지가 있던 라바울 등 파푸아뉴기니 곳곳에는 전쟁의 흔적이 남아 있을 정도로 연합군과의 전쟁이 치열했던 곳 중 하나다. 이름도 생소한 이 곳으로 동원된 송석동씨는 부산항과 인접한 김해에 살고 있었다. 당시 김해는 송출이 용이하고 교통편이 비교적 발달해 팔라우 지역으로도 많은 이들이 떠났던 곳이다.

부산항은 조선인 노무자들의 집결지였다. 부산항을 거쳐 시모노세키에서 규슈지역 탄광으로 가거나 다시 배를 타고 북해도 지역으로 이동하기도 했다. 북해도를 통해 러시아 남사할린으로 동원되기도 했다. 참고로 홋카이도 오타루 항구에 위치한 오타루박물관에 가면 당시 일본제국이 남사할린에서 벌목한 나무와 각종 물자를 오타루 항구로 이동하던 시기의 영상 자료가 있는데, 이때 많은 조선인들이 동원됐다고 한다. 태평양지역은 일본 요코하마 항구에서 출발했는데, 남양군도 지역까지는 한 달에서 한 달 보름 정도 걸렸다고 한다. 연합군의 공급이 심해 항로를 자주 변경해야 했던 당시 상황을 감안하면 목숨 건 수송이었다. 수송선 내부 상황도 열악했다. 3등 칸 그러니까 제일 밑바닥에서 햇빛 한 번 제대로 보지 못한 채 끼니도 제대로 먹지 못하고 가야했다. 도착도 하기 전 이미 질병에 걸리거나 함께 가는 일본인이 고통을 견디지 못해 선박 안에서 스스로 목을 매 자살하는 사례도 있었다고 한다.

김해시 진례면 송전마을은 일명 송씨 마을로 통한다. 아들 송유창씨가 부친에게 강제동원 이야기를 전해들은 건 육군사관학교를 합격한 뒤였다고 한다. 부친 송석동씨는 임진왜란 최초의 의병장 송빈의 8대손으로 그동안 남태평양으로 끌려간 사실을 말하지 못했던 건 의병장의 자손이 일제에 의해 노역을 했다는 사실이 수치스러웠을 것이고 또 다른 이유는 본인의 징용 사실로 아들의 육사 진학에 문제가 생길까 염려됐기 때문일 것이라고 아들 송유창씨는 짐작하고 있었다.

송유창씨는 다른 2세들과 달리 독특한 이력을 가진 분이다. 육군사관학교 31기로 2007년 육군 준장으로 예편해 지금은 선친의 고향 김해 진례면에 내려와 농사를 지으며 귀농생활을 하고 있다. 그러면서 책 한 권을 출간했는데 제목이 『내 고향 진례 그리고 삶』이다. 고향에 대한 향수와 가족애를 엿볼 수 있는 내용이다. 360페이지 분량의 자서전에는 부모님에 대한 존경과 고향에 대한 그리움으로 가득했다. 부친께선 후유증에 시달리시다 56세에 췌장암으로 일찍 세상을 떠나셨다. 부친이 마지막 유품으로 파푸아뉴기니 라바울 일본기지에서 김해 출신 고향 사람들끼리 일본 해군 군복을 입고 찍은 사진 한 장을 남겼다. 얼핏 보면 옷을 잘 차려 입어 대접을 잘 받았다는 착각이 들 정도지만 사진 속 앳된 동료 8명의 얼굴 표정은 그렇지 못해 보였다.

그림 73 부친 송석동의 이야기를 하는 송유창의 어깨너머로 가훈으로 삼은 논어의 구절이 보인다

◆ 20살, 동생 대신 동원된 아버지

아버님 징용에 대해서 들은 이야기가 있으십니까?

사실 제가 어렸을 때는 선친께서 징용 이야기를 전혀 하시지 않았어요. 제가 육군사관학교에 입학하고 나니까 그때 '일본 장교들이 어떻게 처신하는가.' 같은 이야기를 꺼내시면서, 처음으로 20살 때 징용 가셨다는 이야기를 하셨어요.

저의 선친은 송석동. 클 석(碩)에 동녘 동(東)입니다. 1923년생, 돼지띠입니다. 만 20살, 1943년도에 '서원' 서쪽 서(西)에 으뜸 원(元)으로 창씨개명을 당하셨어요. 선친의 형제가 5남 2녀입니다. 제가 언뜻 듣기로는 일본 형사가 형제들이 많으니까 한 명 정도는 가야되지 않겠느냐는 식의 압력을 많이 준 것 같아요. 그래서 장남인 아버님이 '동생들보다 내가 가는 게 낫겠다'고 생각을 하셔서 가시게 되었어요. 결혼은 갔다 오셔서 27살 때 하셨고, 슬하에 5남매를 두셨습니다. 아들 셋, 딸 둘. 제가 장남입니다.

논어에 '기소불욕 물시어인(己所不欲勿施於人)'이라는 말이 있습니다. 항상 자식들한테 교육시킨 건데, 자기가 하기 싫은 일은 남에게도 시키지 말라는 뜻입니다. 이걸 왜 이야기하셨을까……. 제가 가만히 생각해 보니까 징용을 가셔서 그런 게 아닌가 싶어요.

징용을 가면 여러 사람들이 있지 않습니까. 일을 하다 보면, 꾀병 부리거나 일 안 하고 빠지는 사람이 있잖아요. 그 일을 선친이 다 하신 거예요. 저희 선친이 굉장히 성실하시고 부지런한 분이에요. 어떤 조직에서 자기가 자기 몫을 다 안 했을 때는 다른 사람이 피해를 받는다. 그러니 항상 저희들에게 '네가 하기 싫은 일을 남에게 시키지 마라.' 이런 말을 여러 번 들었고, 많이 강조하셨어요. 군속 때 집단생활 하면서 그중에 자기 일 안 하는 사람 몫을 선친이 다 하셨던 거죠. 그래서 논어의 이 구절을 제가 가훈으로 삼고 있습니다.

◆ 죽은 동료는 손목만 잘라 화장하고, 나는 전기고문 받고 귀향했다

거기 생활은 어땠는지 들으셨습니까?

선친께서 징용 갈 때 배 탄 시간은 대략 한 달 정도인데, 전체적으로는 한 석 달 정도 걸렸다고 하셨어요. '세계테마기행 파푸아뉴기니 편'을 보니까, 그 동네 는 화산이 일어나서 화산재가 묻혀있다고 하더라고요. 내려서는 비행장 공사 장에서 땅 고르는 작업을 하셨습니다. 거기에 아들하고, 제가 힘이 있을 때 꼭 한번 갔다 오는 것이 소원입니다. 제가 여쭤보지는 못했는데, 땅은 공병삽으로 팠지 않았나 싶어요. 당시에 미군들은 포클레인을 사용했었거든요. 그런데 얘 들(일본군)은 그런 능력이 안 되니까 삽으로 평탄작업하고, 톱으로 나무 같은 걸 자르고, 곡괭이로 파내고, 이 정도의 작업을 하셨던 걸로 보입니다.

일본군 장교들은 긴 군도를 차고 다녔대요. 그 당시에 나월 공사장의 총감 독이 소다였답니다. 소형. 아마 일본의 해군 공병이었나 봐요. 일본은 해양 국 가이기 때문에, 해군이 더 커요. 제가 전사(戰史)를 배운 바에 의하면, 호주라 든지 남양군도는 자원이나 이런 걸 확보하기 위해서라도, 일본 해군전쟁기지 를 만들기에 아주 중요하고 좋은 위치입니다. 그래서 거기에 비행장 공사를 했 다고 합니다. 당시에 주로 부사관들에 의해서 공사가 다 이루어졌다, 그 이야기 를 하시더라고요.

그때는 공습으로 공사하기가 힘드셨을 텐데요.

낮에는 공사를 못했습니다. 미군들이 정찰기 혹은 폭격기로 기총소사를 해 요. 그래서 낮에는 막사에 있는 것이 아니라, 정글지역에 개인적으로 들어가 서 숨어있어요. 그러면 그날 야간에 공사할 지점을 나무와 나무 사이에 로프 로 표시를 한답니다. 그러면 어떤 목표지역까지 공사를 해야 되니까 밤에 내려 가서 로프를 잡고, 그렇게 (공사를) 하셨답니다. 담뱃불을 만약에 피우다가 들키면 바로 총살시켜 버려요. 기도비닉(企圖秘匿)*을 노출하는 것으로 여기고 그렇게 했답니다. 기총소사를 막 하니까 같이 간, 여기에 계시는 사진 찍으신 분들 다 돌아가셨을 거예요. 살아 계시다면 한 분 정도는 살아 계셔서, 부산에서 조금 전에 말씀드린 대로 풍로, 흙풍로 사업을 크게 하시는, 같이 하자고 찾아오셨는데 아버님이 '나는 안하겠다. 농사짓겠다.' 하고 계셨다고 합니다. 그런데 그 분들이 기총소사에 맞아서 많이 돌아가셨어요.

기총소사를 피하는 방법은 큰 아름드리나무를 잡고, 비행기가 저쪽에서 오면 뒤쪽으로, 뱅글뱅글 돈답니다. 돌았는데도 맞아서 '고향에 가서 내 소식 좀 전해주오.'하고 나 좀 살려달라고 아버지한테 애원하는 사람이 엄청 많았대요. 근데 지금도 이해가 안 가는 게, 몸 전체를 화장해주지 못하고 손목만 잘라서 화장을 해주셨다고 하더라고요. 그걸 지금 제가 자세히는 몰라요. 그땐 어렸으니까 구체적인 이야기는 안 해주셨어요. 사람이 죽어가는 모습을 자식들한테 이야기하기 힘드니까……. 그래도 기적적으로 그 가운데서 살아남으셨어요. 그렇게 살아남아 죽음의 막다른 골목에서 뭔가 남기고 싶은 마음이 있으셨는지, 굉장히 사진을 많이 찍으셨더라고요. 혼자도 찍으시고 전우 두 분하고도 찍으시고. 사진이 많았는데 지금 그걸 다 잃어버려서…….

사진 외에 남양에서 가지고 오신 물건은 없었나요?

유일하게 가지고 오신 빨간 가죽가방, 배낭이 어릴 때 있었는데 그걸 찾지는 못했어요. 그곳 생활은 PX 같은 곳에서 조금씩 쓸 수 있도록 개인당 쿠폰을 주고, 그리고 봉급을 준다고 이야기를 했답니다. 어떤 의미에서는 군속이니까, 그래도 보급 상태는 오히려 좀 나았지 않겠나, 하는 느낌도 있어요. 아마 군인

---

* 상황에 따라 정보보안, 기밀유지 등으로 순화할 수 있다. 일찍이 군 내에서 상용되지 않는 한자어로 선정되었다. 국립국어원, 『새국어생활』 제28권 제1호(2018년 봄), 2018, 51쪽

들 다음(가는) 정도의 어떤 대우를 받았지 않나 싶어요. 왜냐하면 봉급을 준다고 해야 자기들이 강제적으로 끌고 갔다는 걸 면할 수도 있고, 사기도 좀 올려서 (노무자들이) 일을 더 열심히 할 수 있었을 테니까요.

그림 74 고 송석동씨가 파푸아뉴기니에서 동료들과 찍은 사진(둘째 줄 맨 왼쪽)(송유창 제공)

봉급은 어떻게 받았다 하시던가요?

봉급 받는 날에는 일본군이 아버님한테 와서 도장을 받아갔답니다. "이 돈은 조선에 있는 너희 어머니에게 보냈다."하면서요. 사실은 불가능한 일이에요. 지금도 전쟁 상황에서 그렇게 하기가 어려울 텐데. 그 당시에 일본군들도 군속 데리고 가서 거기 가서 살아온다는 생각을 했겠습니까? 그야말로 정말 나쁜 사람들이었어요. 그렇게 도장을 받았는데도, 해방 후에 돌아오셔서 한 푼도 못 받았어요. 보낼 수가 없잖아요. 그걸 지금 생각해보면 정말 나쁜 사람들이었어요.

귀국 과정은 어땠습니까?

선친이 라바울에 계시던 1944, 45년도에는 일본군들이 정상적으로 병력을 투입할 수 없었어요. 그래서 주로 병력을 수송했는데 배가 전부 배척당하니까, 병원선까지 이용했어요. 나중에는 미군들이 그걸 알아서 병원선도 배척시켜 버렸지만요. 선친이 한 1년 정도 계시면서 보니까, 환자로 가끔 한두 명이 귀국하는 경우가 있더래요. 아버님도 신청을 했는데 신청한 사람이 점점 많아지니까 일본군에서 전기고문을 했답니다. 가능하면 안 보내야 되고, 남아있어야 되니까 사람을 가리려고요. 코드를 어떻게 했다든가 하는 이런 구체적인 이야기는 제가 어리니까 안하셨는데, 몰려드는 귀국신청자를 대상으로 1차로 전기고문을 했다는 얘기는 들었어요. 그걸 견디면 아프다는 걸 인정받지만, 그걸 못 견딘 사람들은 '나 안 아픕니다.'하고 다시 공사장에서 일을 했다고 하더라고. 워낙 숫자가 많으니까 그걸 가리기 위해서 그랬겠죠. 심리적으로 아픈 사람도 전기고문을 받고 나면 '나 안 아프다' 하고 공사를 할 정도로 엄청나게 심한 고문을 했답니다. "진짜 아프냐, 안 아프냐. 진짜 일을 할 수 없느냐."하면서요. 지금 생각해보면 '함부로 거짓말하지 마라' 그런 의미도 있었지 않겠나 싶지만, 환자에게 그러는 게 정상이 아니죠. 그때는 한국 사람 목숨을 사람으로 취급했겠어요? 그런 것을 볼 수 있는 하나의 예입니다.

근데 저희 선친은 (전기고문을) 세번을 받았습니다. 그걸 이겨내서 환자로 인정받은 거죠. 그런 가운데 라바울에서 수송선, 의무선을 타고, 병원선을 타고 한국에 돌아오셔서 대한민국에서 다시 삶을 사셨다는 것이 참 대단하셨죠. 제가 태어난 건 행운이라고 생각합니다. 라바울에서 출발해서 일본의 어느 지점으로 가셨는가는 제가 못 들었어요. 먼저 일본에 머무시다가 해방되고 대한민국에 들어온 거죠.

◈ 귀향 후 췌장암으로 유명을 달리한 아버지

전기고문을 받으시면서까지 겨우 귀국하셨는데, 편찮은 데는 없으셨나요?

아버님 머리 오른쪽에 이런 혹이 막 있었는데, 그게 일본에 계시는 동안 간접적으로 원폭피해를 받은 게 아닌가 싶어요. 조그마한 계란 크기에요. 원래는 없었대요. 그걸 제가 여쭤봤어야 했는데…… . 사회적으로 활동하시는 분 같으면 물리적인 조치를 했었겠지만 시골에서 농사짓는데 큰 불편함은 없죠. 머리를 좀 기르면 어느 정도 가려지잖아요. 의심스럽기도 하니 요즘 같으면 절개를 해보겠는데, 당시에는 의술이 크게 발달되지 않았기 때문에, 수술 같은 치료는 못 해봤어요.

아버님은 돌아오셔서 농사지으면서 사시는데 아무런 불평불만을 안 하셨어요. 여기 있는 같이 간 수많은 분들은 다 돌아가셨는데, 자기는 살아오셨잖아요. 자기 인생은 덤으로 산다는 달관한 심정으로 사시지 않았나 싶습니다. 그렇게 조용히 농사지으며 사셨는데, 54살 되시던 때에 갑자기 소화가 안 된다고 해서 부산대학병원에 입원을 하셨어요. 저희 집안에 부산대학 병원 의과대 교수가 있어서 한 이틀 동안 진찰을 했어요. 저는 그때 중위여서 청와대 작전부대에서 근무를 하느라 내려오지는 못하고, 전화상으로 확인을 해보니까 담석증이라고 그래요. 그런데 내려와서 수술을 해보니까 췌장암이 모두 다 전이가 돼버렸어. 췌장암은 원래 발견하기 힘들지 않습니까? 요즘도 굉장히 어렵죠. 집에 돌아오셔서 한 2년 동안 살다가 가셨어요. 제가 생각했을 땐 원폭도 그 원인이지 않겠느냐 생각합니다.

이런 내용들은 강제동원에서 빙산의 일각이죠. 일찍 관심을 가졌으면 저희 선친한테 더 물어봤을 텐데. 어렸기 때문에 물어보질 못했죠. 아버님 이야기 물어보기 힘들잖아요. 그런 내용을 못 물어봤던 것이 굉장히……(후회됩니다).

그림 75 육군사관학교 졸업식 당시의 송유창과 양친

◆ 보상을 받으면, 선친께 비석을 세워드리고 싶어요

피해보상신청은 어떻게 하게 되셨나요?

제가 대령이었던 2005년도에 일제강점기 강제징용보상위원회(일제강점하 강제동원피해진상규명위원회, 2010년에 대일항쟁기 강제동원피해조사 및 국외강제동원희생자 등 지원위원회로 개칭)가 생겼어요. 뉴스 자막을 보니까 '신고하라'고 되어 있더라고요. 그래서 제가 선친이 돌아가시기 전 기억을 더듬어서 사실을 확인하기 위해 이 동네에 아버님 연세와 비슷한 분들 세 분께 인우보증을 받아서 강제징용 사실을 신고했습니다.

그런데 2017년 3월 10일 날 박근혜 대통령이 탄핵당하자, 이 보상 위원회에서 몇 사람들에게만, 특히 공장이나 근로노무자들 같은 분들에게만 2,000만 원씩을 줬다고 하더라고요.* 물론 제가 그 분들을 폄하하는 것은 아닙니다. 노

---

* 구술자는 이렇게 생각하고 있는데, 실제로는 2008년부터 2015년까지 군인, 군속, 노무자 모두에게 지원금 제도를 운영했다.

무자로 가신 분들도 정말 고생 많이 하셨죠. 하지만 어떻게 생각하면 전쟁의
생사가 달려있는 군속으로 가셨던 분들이 위험 속에서, 더 많이 돌아가셨어요.
그런 사항을 간과하는 것이 굉장히……(서운합니다). 아무리 어렵더라도 반드시
한일관계 문제를 정상화시키면서 이 문제에 대한 보상을 국가에서라도 반드시
해줘야 됩니다.

그림 76 송유창의 저서 '내 고향 진례 그리고 삶

그림 77 송유창의 저서 '내 고향 진례 그리고 삶' 중

아버님을 떠올리면 어떤 마음이 드세요?

제가 이 책에도 그렇게 썼지만, 아버님은 죽음의 현장에서 살아오신 분이기 때문에 항상 여유가 있으셨어요. 모든 것을 자기 스스로 여유롭게 해결해 나가는 모습을 제가 어릴 때부터 봐 왔지만, 지금에서야 그걸 이해하죠. 저희 선친은 키가 160cm가 안 됐어요. 158cm 정도로 조그마했어요. 그런데 그 작은 체구로도 자식들을 위해서 농사를 짓고, 저도 우상을 함께 보내서 장가를 보낼 수 있도록 하고, 동생들도 다 교육시키고. 너무 고맙게 생각합니다.

사실 저희 선친이 가신 걸 동네 사람도 몰라요. 왜? 부끄러워서. 여기 책에도 있습니다만, 저희 8대조 송빈 할아버지가 임진왜란 때 김해 전투에서 의병장을 하셨습니다. 그 후손이 강제징용 갔다고 하면 얼마나……(부끄럽겠습니까), 정말 아무도 몰라요. 송우진 씨가 저희 집안인데도 모르지 않습니까. 저도 어릴 때는 몰랐고, 제가 사관학교 들어갔을 때 비로소 그 이야기를 아버지가 해주셔서 그때 들었던 이야기를 여기에 기록해 놓은 겁니다. 나라가 없는 상태에서 이뤄졌던 그 사실들에 대해, 돈이 얼마가 되든 간에 국가가 개인의 명예에 대해 보상을 해줌으로써 떳떳하게 사실들을 인정해주는, 그런 날이 왔으면 하는 게 솔직한 제 바람입니다. 그래서 제가 선친 묘소에 아직 비석을 세우지 않고 있습니다. 돈이 없거나 능력이 없어서 안 세운 게 아닙니다. 현장에 대한 준비는 되어 있습니다만, 가능하면 국가에서 주는 보상을 받아서 세우는 것이 훨씬 더 의미가 있다고 생각해서 기다리고 있습니다. 그래서 국가기록원에 기록되어 있는 사실들 한 부를 받아서 아들에게 줬습니다. 제가 죽더라도 이 사실들이 확인되면 손자라도 할아버지의 사실들을 꼭 인증하고, 또 새겨볼 수 있는 기회가 되었으면 하는 바람입니다. 국가에서 저희 선친뿐만 아니라 수없이 많은 돌아가신 분들의 원혼을 달래준다는 의미에서 꼭 어떤 특별한 조치가 있기를 진심으로 바랍니다. 이렇게 방문해주셔서 고맙습니다.

구술기록집은 다큐멘터리 '남양군도의 기억'을 기획하는 단계부터 제작을 마치는 6개월 과정 중에 찾아낸 경남 출신 남양군도 강제동원 피해자와 2세들의 생생한 증언이 담겨져 있다. 부친의 기억이 부족해 증언의 길이가 상대적으로 짧은 분도 계셨지만 대부분 1시간 넘는 긴 시간 동안 피해 증언을 이어나갈 정도로 생동감이 넘쳤다. 반면 생존 피해자임에도 노환과 코로나-19로 인터뷰가 불가능한 경우도 있었다. 생존자분들은 모두 100세를 앞둔 분들이어서 지금이라도 증언을 기록하지 않으면 앞으로 영영 들을 수 없을 것 같아 안타까운 마음이 정말 컸다. 고령의 나이에도 불구하고 부친의 이름 석자와 '남양군도'라는 말만 듣고 인터뷰를 허락해 주시고 마음의 문을 열고 기꺼이 기자 질문에 답변해 주신 어르신들께 다시 한번 감사 인사드린다.

너무 고된 작업이었지만 그래도 이렇게 스무 분을 찾아내 더 늦기 전에 증언을 들을 수 있었던 건 기적에 가까운 일이었다. 지난해 7월부터 3개월에 걸친 집중 조사 기간은 정말 기적의 3개월이었다. 그러나 아쉬움이 없을 수 없다.

첫 번째 아쉬움은 팔라우로 동원된 경남인을 모두 찾아내지 못했다는 점이다. 조사팀이 확보한 명단은 약 900여 명인 데, 발굴한 구술자는 20명에 그쳤다. 이 분들을 조사하면서 혹시 주소를 잘못 알거나 이름을 잘못 파악해서 누락한 분들이 있진 않았는가? 혹시 생존자와 2세를 찾았는데 취재진의 연락처를 분실해 연락을 못하고 계신 이장님들이 계시진 않을까? 부산의 경우 행정구역이 나눠지면서 주소가 사라진 경우도 있었지만 더 추적했다면 피해자를 찾을 수 있진 않았을까? 지금도 당시 발굴조사를 함께한 팀원들에게 남양군도 관련해 연락온 데 없었는지 물어보곤 한다. 만약 우리의 실수로 찾지 못한 거라면 그야말로 직무유기이다. 시청자의 알 권리를 충족시켜야 할 언론의 책임을 다하지 못한 것이기 때문이다. 혹시 발굴 가능성이 있지 않을까 해서 부록으로 900여 명의 명단을 수록했다.

또 다른 아쉬움이 남는 건 강제 동원 현장인 태평양지역 섬들을 코로나-19 사태 장기화로 가지 못했다는 것이다. 전 세계가 감염병 대 유행인 상황 속에 현지 발굴 조사가 더 이뤄져야 하는데 유해 수습도 해야 하는데 불투명한 상황 속에 강제동원의 역사가 행여나 묻히는 건 아닐까? 그래서 이 지면을 빌려 취재진이 찾지 못한 팔라우 명단을 공개하고자 한다.

스무 명의 구술자 가운데 마지막에 수록한 구술(송유창)은 부친이 남양군도가 아닌 동남아시아(파푸아뉴기니)로 동원된 경우이다. 비록 남양군도는 아니지만 남양군도의 인접 지역이고, 아시아태평양전쟁의 격전지였으므로 전시기 남양군도의 실태를 이해할 수 있을 것으로 판단해 수록했다.

그리고 구술기록집이 나올 수 있도록 곁에서 도와주신 고마운 분들이 많다. 먼저, 수십 개의 질문지와 2시간이 넘는 인터뷰, 수차례에 걸친 기록물 자문을 통해 남양군도 강제동원 실태에 대한 전반적인 흐름과 맥락을 잡아주시고 구술기록집을 낼 수 있도록 아낌없는 조언과 자료 제공, 총괄 자문까지 맡아주신 일제강제동원 평화연구회 정혜경 위원과 남양군도에 대한 연구논문과 귀한 자료를 제공해주며 당시 상황을 속속들이 알려주신 독립기념관 한국독립운동사연구소 김명환 연구원, 전문가도 번역하기 힘들다는 일본 옛 문서들을 거리낌 없이 그때그때 번역해 도움을 주신 일제강제동원 평화연구회 허광무 위원, 일본 방위성에서 어렵게 구한 해군군속 자료와 선박 침몰로 사망한 경남 출신자들에 대한 기록물을 제공해주며 속 시원한 인터뷰로 단독 아이템을 만들어 주신 제주대학교 제일재주인센터 심재욱 연구교수, 마지막으로 국내 유해 수습의 문제점을 지적할 수 있도록 일본과 미국의 자료를 분석해 주고 정부의 유해 수습의 필요성과 다양한 대안까지 제시해 주며 일제 강제동원의 스펙트럼을 넓혀주신 ARGO 인문사회연구소 오일환 대표연구위원께서 많은 도움을 주셨다.

그림 78 국내 유해 수습 문제에 대해 인터뷰 하고 있는 오일환 박사(2020년 9월)

이분들을 통해 시간과 장소 구애 없이 받은 많은 가르침을 잊을 수 없다. 이분들은 국내 최고의 전문가로서 저자의 질문에 충실한 답변을 주었을 뿐 아니라 필요한 자료를 아낌없이 제공해주곤 했다. 끊임없이 이어지던 독려와 비판, 그리고 강제동원 다큐멘터리 제작 3년 동안 40도가 넘는 폭염을 뚫고 일본 탄광 지대 곳곳을 촬영하고, 수 십만 건의 강제 동원 기록물들도 함께 발굴해가며 분석하는 정말 쉽지 않은 여정을 성공적으로 마무리할 수 있게 큰 버팀목이 되어 준 강건구 촬영기자에게 큰 박수를 보냅니다.

마지막으로 나의 아내와 두 딸의 지지와 응원도 이 책을 여기까지 오게 한 큰 힘이었다.

정혜경 위원께서 강제동원 관련 책을 출판할때마다 보내주셔 익히 알게 된 도서출판 선인 대표님을 비롯해 식구 여러분께 진심으로 깊은 감사의 마음을 전한다. 무엇보다 남양군도 피해 증언을 해주신 피해자와 유족분들에게도 다시 한번 감사의 인사를 전한다.

일제강점기, 일본인들은 태평양 중서부 '천국의 섬'에서 설탕보다 달콤한 꿈을 꾸었다. 그러나 그곳은 식민지 조선인들에겐 '지옥의 섬' 이었다. 잊혀진 섬, 남양군도. 그곳으로 끌려가 노무자로, 전쟁의 총알받이로 희생된 수많은 조선인들의 역사가 통곡처럼, 바다에 잠겼다. 어쩔 수 없었다고 치부하기엔 너무도 뼈아픈 기억. 희생자들에 대한 진심 어린 사과와 해결책 없이 광복 70년, 3.1 운동 100년이란 시간이 흘렀다. 남양군도의 역사가 더이상 심연으로 가라앉지 않길, 한일역사갈등의 긴 터널을 벗어나 두 나라가 평화로 나아가길, 그것이 바로 우리가 남양군도의 아픈 기억을 함께, 기억해야 하는 이유다!!!

혹독한 환경에서 억울하게 희생되어야만 했던 선조들이 영혼이나마 고국에서 자유롭게 영면하시길 기원한다.

성명	주소	생년월일	징용년월일	귀환연월일	미귀환 사유	비고
일정시피징용징병자명부² : 일정시피징용자 급 귀향 및 미귀향자명부(경상남도). 총 24명 수록						
김만업	경상남도 진양군 사봉면 사곡리	1906.11.06	1941.09.04	1943.09.10		남양 빠라오
김상술	경상남도 진양군 일반성면 개암리	1922.02.10	1942.05.20	0000.00.00	사망	남양군도에서 전사
김성봉	경상남도 함안군 칠원면 유원리	1921.11.20	1944.02.27	1946.02.27		남양(라바우루)
김성효	경상남도 진양군 일반성면 개암리	1920.04.10	1942.03.10	0000.00.00	사망	남양군도에서 전사
김은수	경상남도 울산군 하상면 동리 134	1907.04.08	1942.07.01	0000.00.00	사망	남양해상
김점암	부산시 수정동 477 7.3	1919.04.15	1940.09.15	1942.11.30		남양 도락구도
김한기	경상남도 진양군 일반성면 개암리	1916.10.02	1943.09.01	1945.09.00		남양군도에서 징용 3년
박성출	부산시 부산진구 부전3동 328 7조6반	1920.08.02	1944.05.00	1945.08.00		남양까지 갔다 왔음
박수태	부산시 중앙동 1가 21	1910.06.10	1943.04.00	0000.00.00	국외 재주	남양재주
박영인	경남 함양군 안의면 귀곡리	1921.03.08	1942.04.05	0000.00.00	사망	남양도
손국득	김해군 진영읍 여래리	1921.00.00	1943.05.10	0000.00.00	사망	남양방면에서 사망
안유호	김해군 진영읍 하계리	1921.02.24	1943.05.10	0000.00.00	사망	남양방면에서 사망
오기환	부산시 충무로 2가 98	1922.07.25	1940.00.00	0000.00.00	행방 불명	남양에서 행방불명
이동일	경상남도 함안군 산인면 입곡리	1928.08.20	1942.07.18	0000.00.00	행방 불명	남양군도
이맹석	경상남도 진양군 일반성면 개암리	1922.05.12	1943.09.01	1949.07.00		남양군도에서 징용 7년
정봉학	경상남도 거창군 위천면 강천리	1921.02.22	1943.00.00	0000.00.00	사망	남양
정상규	경상남도 진양군 사봉면 사곡리	1919.08.29	1941.09.04	0000.00.00	사망	남양 뉴기니아

* 기재 내용은 명부 수록 내용 그대로임. 이름에는 창씨명을 수록한 경우가 있고, 본적지도 명부 작성 당시 행정구역 기준을 기재한 명부가 있음. 모든 명부는 본적지별로 수록

** 1953년에 한국정부가 수합한 명부. 한국정부가 생산한 강제동원 명부 가운데 현존하는 최고 오래된 명부

성명	주소	생년월일	징용년월일	귀환연월일	미귀환사유	비고
정상진	경상남도 양산군 하북면 지산리	1918.04.07	1940.02.18	0000.00.00	행방불명	남양방면에서 행방불명
정서주	경상남도 진양군 사봉면 사곡리	1913.02.18	1941.09.04	1943.09.10		남양 빠라오
정성식	경상남도 진양군 사봉면 사곡리	1913.01.12	1941.09.04	1943.09.10		남양 바라오
정용규	경상남도 진양군 사봉면 사곡리	1916.03.23	1941.09.04	1943.09.10		남양 빠라오
정차준	울산군 기장면 대라리	1916.07.23	1941.08.05	1945.12.08		남양(사이판)
정환수	경상남도 진양군 사봉면 사곡리	1917.08.30	1941.09.04	1943.09.10		남양 뉴기니아
최정철	경상남도 진양군 사봉면 사곡리	1919.02.05	1941.09.04	0000.00.00	사망	남양 뉴기니아

성별	이름	동원지역 2	동원지역 3	기업(자본 계열)별	동원장소	직종
남	강관후	장소불명			선원	기타
여	홍봉임	팔라우		난요(南洋)척식	난요(南洋)척식㈜ 농장	농장
남	박덕봉	팔라우			도로공사장	철도도로
남	추삼조**	트럭(추욱)			비행장건설	군사시설
남	김영환	팔라우	코로르	남양청 토목과	남양청 교통부 토목과	토건
남	배기현	팔라우	코로르		마쓰모토데루 부대	군사시설
남	배기현	팔라우			항만선거공사장	토건
남	김순조	트럭(추욱)	토노아스 (夏島)		토건(도로공사)	철도도로
남	김봉욱	팔라우	코로르	난요(南洋)무역	수축항사무소 난요(南洋) 무역㈜	토건
남	안치문	팔라우	코로르	남양청 토목과	남양청 교통부 토목과	토건
남	안민호	팔라우	코로르	남양청 토목과	남양청 교통부 토목과	토건
남	최용호	팔라우	코로르	남양청 토목과	남양청 교통부 토목과	토건
남	이종수	팔라우	코로르	남양청 토목과	남양청 토목과	토건
남	유석문	팔라우	코로르	난요(南洋)무역	수축항사무소 난요(南洋) 무역㈜	토건
남	박인석	팔라우	코로르	난요(南洋)무역	도로공사장 난요(南洋)무 역㈜	철도도로
남	하동용	팔라우	코로르	남양청 토목과	남양청 교통부 토목과	토건
남	박주성	팔라우			비행장건설	군사시설
남	유쌍동	팔라우	코로르	난요(南洋)무역	수축항사무소 난요(南洋) 무역㈜	토건
남	유희두	팔라우			광산	탄광산
남	하옥모	팔라우			비행장건설	군사시설
남	이막준	팔라우			토건(도로공사)	철도도로
남	윤재윤	팔라우	코로르		토건	토건
남	김계수	팔라우	코로르	남양청 토목과	남양청 교통부 토목과	토건
남	박명석	팔라우	코로르	기무라구미 (木村組)	기무라구미(木村組)	토건
남	조해선	장소불명			㈜하야시가네상점(林兼商 店) 소속 선원	기타
남	하한우	팔라우	코로르	난요(南洋)무역	난요(南洋)무역㈜	기타
남	강상년	장소불명			토건(도로공사)	철도도로
남	김희천	팔라우	코로르	난요(南洋)무역	난요(南洋)무역㈜	기타
남	전민수	팔라우	코로르	난요(南洋)무역	도로공사장 난요(南洋)무 역㈜	철도도로

한국정부(위원회)가 피해자로 판정한 경남인 명부 *, 총 90명 수록

* 위원회 피해판정결과를 대상으로 작업장 현황을 추가하고 경남도 출신자를 추출한 명부. 정 혜경 작성

**색구분 표시 : 동일지역 또는 다른 지역으로 다중 동원된 경우

성별	이름	동원지역 2	동원지역 3	기업(자본계열)별	동원장소	직종
남	김철주	팔라우			비행장건설	군사시설
남	이주효	장소불명			군사시설물구축공사장	군사시설
남	심규현	팔라우	코로르	남양청 토목과	남양청 교통부 토목과	토건
남	고덕표	팔라우	코로르	남양청 토목과	남양청 교통부 토목과	토건
남	하유범	팔라우			토건(방공호 구축)	군사시설
남	한춘득	팔라우	코로르		토건	토건
남	최부안	팔라우	코로르	남양청 토목과	남양청 교통부 토목과	토건
남	정응규	팔라우	코로르	南寅組	南寅組 난요(南洋)지점	토건
남	류우수	팔라우	코로르	남양청 토목과	남양청 교통부 토목과	토건
남	류예수	팔라우	코로르	남양청 토목과	남양청 교통부 토목과	토건
남	정재수	팔라우	코로르	남양청 토목과	남양청 교통부 토목과	토건
남	이종래	팔라우	코로르	남양청 토목과	남양청 교통부 토목과	토건
남	박인춘	팔라우	코로르	남양청 토목과	남양청 교통부 토목과	토건
남	정상문	장소불명			토건(도로공사)	철도도로
남	전실구	트럭(추욱)			군사시설물구축공사장	군사시설
남	최종선	팔라우	코로르	남양청 토목과	남양청 교통부 토목과	토건
남	이명실	팔라우	코로르	난요(南洋)무역	수축항사무소 난요(南洋)무역㈜	토건
남	이종덕	팔라우			토건(도로공사)	철도도로
남	박정완	팔라우	코로르	난요(南洋)흥발	난요(南洋)흥발㈜팔라우(Palau)영업소	기타
남	강문홍	팔라우	코로르	난요(南洋)흥발	난요(南洋)흥발㈜팔라우(Palau)영업소	기타
남	이동일	팔라우	코로르	난요(南洋)무역	도로공사장 난요(南洋)무역㈜	철도도로
남	이동율	팔라우	코로르	난요(南洋)무역	수축항사무소 난요(南洋)무역㈜	토건
남	하봉윤	팔라우	코로르	난요(南洋)무역	수축항사무소 난요(南洋)무역㈜	토건
남	박지규	팔라우	코로르	기무라구미(木村組)	기무라구미(木村組)	토건
남	박삼봉	팔라우	코로르	남양청 토목과	남양청 토목과	토건
남	전극주	팔라우	코로르		비행장건설	군사시설
남	박훈갑	팔라우			비행장건설	군사시설
남	김기표	팔라우	코로르	난요(南洋)흥발	난요(南洋)흥발㈜팔라우(Palau)영업소	기타
남	박효영	팔라우	코로르	난요(南洋)무역	수축항사무소 난요(南洋)무역㈜	토건
남	박효영	팔라우	코로르	난요(南洋)흥발	난요(南洋)흥발㈜팔라우(Palau)영업소	기타
남	정주상	팔라우	코로르	기무라구미(木村組)	기무라구미(木村組)	토건
남	류영만	팔라우	코로르	남양청 토목과	남양청 토목과	토건
남	정홍식	솔로몬제도	부겐빌		부겐빌 비행장	군사시설

성별	이름	동원지역2	동원지역3	기업(자본계열)별	동원장소	직종
남	진성수	솔로몬제도	부겐빌		부겐빌 비행장	군사시설
남	손양석	팔라우	코로르	남양청 토목과	남양청 교통부 토목과	토건
남	정순모	트럭(추욱)	토노아스(夏島)		해군부대 기지공사장	군사시설
남	김조한	사이판			토목건축	토건
남	이한정	트럭(추욱)	토노아스(夏島)		토목건축	토건
남	권재순	팔라우			하역작업장	하역수송
남	장상근	팔라우	앙가우르		군속부대	군사시설
남	장상근	팔라우	앙가우르	난요(南洋)척식	난요(南洋)척식㈜ 앙가우르(Angaur)광업소	탄광산
남	이옥준	팔라우	말라칼(Malakal)	난요(南洋)무역	수축항사무소 난요(南洋)무역㈜	토건
남	허궁굴	장소불명		난요(南洋)흥발	난요(南洋)흥발㈜ 농장	농장
남	조경구	팔라우	바벨다옵	호난(豐南)산업	호난(豐南)산업㈜농장 시미즈무라(清水村)	농장
여	하금악	팔라우	바벨다옵	호난(豐南)산업	호난(豐南)산업㈜농장 시미즈무라(清水村)	농장
남	조석구	팔라우	바벨다옵	호난(豐南)산업	호난(豐南)산업㈜농장 시미즈무라(清水村)	농장
남	조기환	팔라우	바벨다옵	호난(豐南)산업	호난(豐南)산업㈜농장 시미즈무라(清水村)	농장
남	조학구	팔라우	바벨다옵	호난(豐南)산업	호난(豐南)산업㈜농장 시미즈무라(清水村)	농장
남	김판옥	팔라우	코로르	남양청 토목과	남양청 교통부 토목과	토건
남	박규삼	팔라우	코로르	기무라구미(木村組)	기무라구미(木村組)	토건
남	이용범	팔라우	코로르	남양청 토목과	남양청 교통부 토목과	토건
남	임종술	팔라우	코로르	남양청 토목과	남양청 교통부 토목과	토건
남	박삼조	장소불명			남양군도 ○○基地	군사시설
남	김수명	팔라우	코로르	남양청 토목과	남양청 교통부 토목과	토건
남	최승	팔라우	코로르	남양청 토목과	남양청 교통부 토목과	토건
남	서판준	사이판		난요(南洋)흥발	난요(南洋)흥발㈜ 직영농장	농장
남	정종석	팔라우	코로르	기무라구미(木村組)	기무라구미(木村組)	토건
남	정종석	팔라우	코로르	남양청 토목과	남양청 교통부 토목과	토건
남	백점석	팔라우	시미즈무라	호난(豐南)산업	호난(豐南)산업㈜농장 시미즈무라(清水村)	농장
남	정정만	팔라우	시미즈무라	호난(豐南)산업	호난(豐南)산업㈜농장 시미즈무라(清水村)	농장
남	주삼용	팔라우	시미즈무라	호난(豐南)산업	호난(豐南)산업㈜농장 시미즈무라(清水村)	농장

남양 명부 3종 : 남양행노동자명부 · 남양농업이민관계철 · 남양행농업이민관계철 *, 총 184명 수록								
문서철명	문서명	작성일	이름	생년(나이)	본적	실제송출자 **	인계인	인수인
남양행노동자명부	남양군도팔라오섬토목공업행노동자인도서	390207	최갑춘	1900	경남남해군	최갑춘	내무국사회과	木村組
남양행노동자명부	남양군도팔라오섬토목공업행노동자인도서	390207	김한진	1917	경남남해군	김한진	내무국사회과	木村組
남양행노동자명부	남양군도팔라오섬토목공업행노동자인도서	390207	박명석	1914	경남남해군	박명석	내무국사회과	木村組
남양행노동자명부	남양군도팔라오섬토목공업행노동자인도서	390207	김치옥	1908	경남남해군	김치옥	내무국사회과	木村組
남양행노동자명부	남양군도팔라오섬토목공업행노동자인도서	390207	정복순	1908	경남하동군	정복순	내무국사회과	木村組
남양행노동자명부	남양군도팔라오섬토목공업행노동자인도서	390207	정성렬	1903	경남남해군	정성렬	내무국사회과	木村組
남양행노동자명부	남양군도팔라오섬토목공업행노동자인도서	390207	이문옥	1909	경남남해군	이문옥	내무국사회과	木村組
남양행노동자명부	남양군도팔라오섬토목공업행노동자인도서	390207	정종석	1919	경남남해군	정종석	내무국사회과	木村組
남양행노동자명부	남양군도팔라오섬토목공업행노동자인도서	390207	박철보	1910	경남남해군	박철보	내무국사회과	木村組
남양행노동자명부	남양군도팔라오섬토목공업행노동자인도서	390207	이종만	1916	경남남해군	이종만	내무국사회과	木村組
남양행노동자명부	남양군도팔라오섬토목공업행노동자인도서	390207	이원옥	1920	경남남해군	이원옥	내무국사회과	木村組
남양행노동자명부	남양군도팔라오섬토목공업행노동자인도서	390207	강일준	1917	경남남해군	강일준	내무국사회과	木村組
남양행노동자명부	남양군도팔라오섬토목공업행노동자인도서	390207	박근배	1915	경남남해군	박근배	내무국사회과	木村組

* 1939~1940년간 조선총독부가 생산한 명부

** 중도 탈출자가 있음. 실제 송출자 확인 : 정혜경

문서철명	문서명	작성일	이름	생년 (나이)	본적	실제 송출자	인계인	인수인
남양행노 동자명부	남양군도팔라오섬 토목공업행노동자 인도서	390207	박재선	1914	경남남해군	박재선	내무국 사회과	木村組
남양행노 동자명부	남양군도팔라오섬 토목공업행노동자 인도서	390207	최문일	1919	경남남해군	최문일	내무국 사회과	木村組
남양행노 동자명부	남양군도팔라오섬 토목공업행노동자 인도서	390207	이근견	1920	경남남해군	이근견	내무국 사회과	木村組
남양행노 동자명부	남양군도팔라오섬 토목공업행노동자 인도서	390207	김철규	1916	경남남해군	김철규	내무국 사회과	木村組
남양행노 동자명부	남양군도팔라오섬 토목공업행노동자 인도서	390207	최경현	1918	경남남해군	최경현	내무국 사회과	木村組
남양행노 동자명부	남양군도팔라오섬 토목공업행노동자 인도서	390207	김봉선	1914	경남남해군	김봉선	내무국 사회과	木村組
남양행노 동자명부	남양군도팔라오섬 토목공업행노동자 인도서	390207	최만수	1914	경남남해군	최만수	내무국 사회과	木村組
남양행노 동자명부	남양군도팔라오섬 토목공업행노동자 인도서	390207	김용귀	1911	경남남해군	김용귀	내무국 사회과	木村組
남양행노 동자명부	남양군도팔라오섬 토목공업행노동자 인도서	390207	이소송 안	1908	경남남해군	이소송안	내무국 사회과	木村組
남양행노 동자명부	남양군도팔라오섬 토목공업행노동자 인도서	390207	최종인	1901	경남남해군	최종인	내무국 사회과	木村組
남양행노 동자명부	남양군도팔라오섬 토목공업행노동자 인도서	390207	김종기	1908	경남남해군	김종기	내무국 사회과	木村組
남양행노 동자명부	남양군도팔라오섬 토목공업행노동자 인도서	390207	이재수	1908	경남남해군	이재수	내무국 사회과	木村組
남양행노 동자명부	남양군도팔라오섬 토목공업행노동자 인도서	390207	김평기	1904	경남남해군	김평기	내무국 사회과	木村組
남양행노 동자명부	남양군도팔라오섬 토목공업행노동자 인도서	390207	윤재윤	1911	경남남해군	윤재윤	내무국 사회과	木村組
남양행노 동자명부	남양군도팔라오섬 토목공업행노동자 인도서	390207	김재순	1909	경남남해군	김재순	내무국 사회과	木村組

문서철명	문서명	작성일	이름	생년 (나이)	본적	실제 송출자	인계인	인수인
남양행노 동자명부	남양군도팔라오섬 토목공업행노동자 인도서	390207	박상규	1906	경남남해군	박상규	내무국 사회과	木村組
남양행노 동자명부	남양군도팔라오섬 토목공업행노동자 인도서	390207	정태길	1918	경남남해군	정태길	내무국 사회과	木村組
남양행노 동자명부	남양군도팔라오섬 토목공업행노동자 인도서	390207	곽주현	1904	경남남해군	곽주현	내무국 사회과	木村組
남양행노 동자명부	남양군도팔라오섬 토목공업행노동자 인도서	390207	곽계신	1899	경남남해군	곽계신	내무국 사회과	木村組
남양행노 동자명부	남양군도팔라오섬 토목공업행노동자 인도서	390207	유영규	1908	경남남해군	유영규	내무국 사회과	木村組
남양행노 동자명부	남양군도팔라오섬 토목공업행노동자 인도서	390207	박종삼	1910	경남남해군	박종삼	내무국 사회과	木村組
남양행노 동자명부	남양군도팔라오섬 토목공업행노동자 인도서	390207	정주상	1906	경남남해군	정주상	내무국 사회과	木村組
남양행노 동자명부	남양군도팔라오섬 토목공업행노동자 인도서	390207	정태정	1904	경남남해군	정태정	내무국 사회과	木村組
남양행노 동자명부	남양군도팔라오섬 토목공업행노동자 인도서	390207	김채운	1919	경남남해군	김채운	내무국 사회과	木村組
남양행노 동자명부	남양군도팔라오섬 토목공업행노동자 인도서	390207	정채석	1916	경남남해군	정채석	내무국 사회과	木村組
남양행노 동자명부	남양군도팔라오섬 토목공업행노동자 인도서	390207	신계현	1912	경남남해군	신계현	내무국 사회과	木村組
남양행노 동자명부	남양군도팔라오섬 토목공업행노동자 인도서	390207	김대권	1908	경남남해군	김대권	내무국 사회과	木村組
남양행노 동자명부	남양군도팔라오섬 토목공업행노동자 인도서	390207	김춘수	1912	경남남해군	김춘수	내무국 사회과	木村組
남양행노 동자명부	남양군도팔라오섬 토목공업행노동자 인도서	390207	이상범	1907	경남남해군	이상범	내무국 사회과	木村組
남양행노 동자명부	남양군도팔라오섬 토목공업행노동자 인도서	390207	정한조	1909	경남남해군	정한조	내무국 사회과	木村組

문서철명	문서명	작성일	이름	생년(나이)	본적	실제 송출자	인계인	인수인
남양행노동자명부	남양군도팔라오섬토목공업행노동자인도서	390207	박노덕	1917	경남남해군	박노덕	내무국사회과	木村組
남양행노동자명부	남양군도팔라오섬토목공업행노동자인도서	390207	하대순	1915	경남남해군	하대순	내무국사회과	木村組
남양행노동자명부	남양군도팔라오섬토목공업행노동자인도서	390207	박규삼	1911	경남남해군	박규삼	내무국사회과	木村組
남양행노동자명부	남양군도팔라오섬토목공업행노동자인도서	390207	임계성	1919	경남하동군	임계성	내무국사회과	木村組
남양행노동자명부	남양군도팔라오섬토목공업행노동자인도서	390207	채규상	1917	경남사천군	채규상	내무국사회과	木村組
남양행노동자명부	남양군도팔라오섬토목공업행노동자인도서	390207	장숙정	1917	경남남해군	장숙정	내무국사회과	木村組
남양행노동자명부	이주여행증명서	390822	윤병희	1913	경남김해군	윤병희		
남양행노동자명부	남양행농업이민인도서(풍남산업)	391010	문동견	43세	경남창녕군	문동견	내무국사회과	풍남산업㈜
남양행노동자명부	남양행농업이민인도서(풍남산업)	391010	송운호	65세	경남창녕군	송운호	내무국사회과	풍남산업㈜
남양행노동자명부	남양행농업이민인도서(풍남산업)	391010	최판준	46세	경남창녕군	최판준	내무국사회과	풍남산업㈜
남양행노동자명부	남양행농업이민인도서(풍남산업)	391010	최판윤	50세	경남창녕군	최판윤	내무국사회과	풍남산업㈜
남양행노동자명부	남양행농업이민인도서(풍남산업)	391010	조기환	61세	경남창녕군	조기환	내무국사회과	풍남산업㈜
남양행노동자명부	남양행농업이민인도서(풍남산업)	391010	김갑이	30세	경남창녕군	김갑이	내무국사회과	풍남산업㈜
남양행노동자명부	남양행농업이민인도서(풍남산업)	391010	최기대	39세	경남창녕군	최기대	내무국사회과	풍남산업㈜
남양행노동자명부	남양행농업이민인도서(풍남산업)	391010	노영수	22세	경남창녕군	노영수	내무국사회과	풍남산업㈜
남양행노동자명부	남양행농업이민인도서(풍남산업)	391010	최석이	41세	경남창녕군	최석이	내무국사회과	풍남산업㈜
남양행노동자명부	남양행농업이민인도서(풍남산업)	391010	손성운	50세	경남창녕군	손성운	내무국사회과	풍남산업㈜
남양행노동자명부	남양행농업이민인도서(풍남산업)	391010	정정만	30세	경남합천군	정정만	내무국사회과	풍남산업㈜
남양행노동자명부	남양행농업이민인도서(풍남산업)	391010	강계문	35세	경남합천군	강계문	내무국사회과	풍남산업㈜
남양행노동자명부	남양행농업이민인도서(풍남산업)	391010	김천석	29세	경남합천군	김천석	내무국사회과	풍남산업㈜

문서철명	문서명	작성일	이름	생년(나이)	본적	실제 송출자	인계인	인수인
남양행노동자명부	남양행농업이민인도서(풍남산업)	391010	심영출	26세	경남합천군	심영출	내무국사회과	풍남산업㈜
남양행노동자명부	남양행농업이민인도서(풍남산업)	391010	김명석	37세	경남합천군	김명석	내무국사회과	풍남산업㈜
남양행노동자명부	남양행농업이민인도서(풍남산업)	391010	정맹생	42세	경남함양군	정맹생	내무국사회과	풍남산업㈜
남양행노동자명부	남양행농업이민인도서(풍남산업)	391010	정맹덕	40세	경남함양군	정맹덕	내무국사회과	풍남산업㈜
남양행노동자명부	남양행농업이민인도서(풍남산업)	391010	김성이	38세	경남합천군	김성이	내무국사회과	풍남산업㈜
남양행노동자명부	남양행농업이민인도서(풍남산업)	391010	김경용	39세	경남합천군	김경용	내무국사회과	풍남산업㈜
남양행노동자명부	남양행농업이민인도서(풍남산업)	391010	문점수	33세	경남합천군	문점수	내무국사회과	풍남산업㈜
남양행노동자명부	남양행이주자인계서	3910	손쾌출	38세	경남밀양군	손쾌출	경북	남양흥발㈜
남양행노동자명부	남양흥발주식회사행농업이민인도서	391014	손쾌출	38세	경남밀양군		내무국사회과	남양흥발㈜
남양농업이민관계철			우차홍	30세	경남밀양군	우차홍		
남양농업이민관계철			정한룡	40세	경남밀양군	정한룡		
남양행농업이민관계철			손쾌출	30세	경남밀양군			
남양행노동자명부	남양행농업이민인도서(풍남산업)	391010	송을룡	35세	경남창녕군	송을룡	내무국사회과	풍남산업㈜
남양행노동자명부	남양행농업이민인도서(풍남산업)	391010	최상옥	15세	경남창녕군	최상옥	내무국사회과	풍남산업㈜
남양행노동자명부	남양행농업이민인도서(풍남산업)	391010	조경구	28세	경남창녕군	조경구	내무국사회과	풍남산업㈜
남양행노동자명부	남양행농업이민인도서(풍남산업)	391010	조석구	21세	경남창녕군	조석구	내무국사회과	풍남산업㈜
남양행노동자명부	남양행농업이민인도서(풍남산업)	391010	최용쾌	15세	경남창녕군	최용쾌	내무국사회과	풍남산업㈜
남양행노동자명부	남양행농업이민인도서(풍남산업)	391010	강삼룡	26세	경남합천군	강삼룡	내무국사회과	풍남산업㈜
남양행노동자명부	남양행농업이민인도서(풍남산업)	391010	김점석	30세	경남합천군	김점석	내무국사회과	풍남산업㈜
남양행노동자명부	남양행농업이민인도서(풍남산업)	391010	심명성	43세	경남합천군	심명성	내무국사회과	풍남산업㈜
남양행노동자명부	남양행농업이민인도서(풍남산업)	391010	심영기	15세	경남합천군	심영기	내무국사회과	풍남산업㈜
남양행노동자명부	남양행농업이민인도서(풍남산업)	391010	김시갑	41세	경남합천군	김시갑	내무국사회과	풍남산업㈜
남양행노동자명부	남양행농업이민인도서(풍남산업)	391010	김점업	41세	경남합천군	김점업	내무국사회과	풍남산업㈜
남양행노동자명부	남양행농업이민인도서(풍남산업)	391010	김달순	31세	경남합천군	김달순	내무국사회과	풍남산업㈜

문서철명	문서명	작성일	이름	생년 (나이)	본적	실제 송출자	인계인	인수인
남양행노 동자명부	남양행농업이민 인도서(풍남산업)	391010	문향순	29세	경남합천군	문향순	내무국 사회과	풍남 산업㈜
남양행노 동자명부	남양행농업이민 인도서(풍남산업)	391010	정상이	21세	경남합천군	정상이	내무국 사회과	풍남 산업㈜
남양행노 동자명부	남양행농업이민 인도서(풍남산업)	391010	하수	22세	경남합천군	하수	내무국 사회과	풍남 산업㈜
남양행노 동자명부	남양행농업이민 인도서(풍남산업)	391010	강두리	19세	경남합천군	강두리	내무국 사회과	풍남 산업㈜
남양행노 동자명부	남양행농업이민 인도서(풍남산업)	391010	박순분	43세	경남합천군	박순분	내무국 사회과	풍남 산업㈜
남양행노 동자명부	남양행농업이민 인도서(풍남산업)	391010	차순단	19세	경남합천군	차순단	내무국 사회과	풍남 산업㈜
남양행노 동자명부	남양행농업이민 인도서(풍남산업)	391010	주순득	34세	경남합천군	주순득	내무국 사회과	풍남 산업㈜
남양행노 동자명부	남양행농업이민 인도서(풍남산업)	391010	정묘순	35세	경남합천군	정묘순	내무국 사회과	풍남 산업㈜
남양행노 동자명부	남양행농업이민 인도서(풍남산업)	391010	김을남	15세	경남합천군	김을남	내무국 사회과	풍남 산업㈜
남양행노 동자명부	남양행농업이민 인도서(풍남산업)	391010	권계매	27세	경남함양군	권계매	내무국 사회과	풍남 산업㈜
남양행노 동자명부	남양행농업이민 인도서(풍남산업)	391010	박묘련	27세	경남함양군	박묘련	내무국 사회과	풍남 산업㈜
남양행노 동자명부	남양행농업이민 인도서(풍남산업)	391010	김시점	25세	경남합천군	김시점	내무국 사회과	풍남 산업㈜
남양행노 동자명부	남양행농업이민 인도서(풍남산업)	391010	주문지	32세	경남합천군	주문지	내무국 사회과	풍남 산업㈜
남양행노 동자명부	남양행농업이민 인도서(풍남산업)	391010	표임순	29세	경남합천군	강임순	내무국 사회과	풍남 산업㈜
남양행노 동자명부	남양행농업이민 인도서(풍남산업)	391010	김연천	28세	경남창녕군	김연천	내무국 사회과	풍남 산업㈜
남양행노 동자명부	남양행농업이민 인도서(풍남산업)	391010	윤평주	59세	경남창녕군	윤평주	내무국 사회과	풍남 산업㈜
남양행노 동자명부	남양행농업이민 인도서(풍남산업)	391010	배성남	21세	경남창녕군	배성남	내무국 사회과	풍남 산업㈜
남양행노 동자명부	남양행농업이민 인도서(풍남산업)	391010	이임이	48세	경남창녕군	이임이	내무국 사회과	풍남 산업㈜
남양행노 동자명부	남양행농업이민 인도서(풍남산업)	391010	박순이	37세	경남창녕군	박순이	내무국 사회과	풍남 산업㈜
남양행노 동자명부	남양행농업이민 인도서(풍남산업)	391010	조학구	18세	경남창녕군	조학구	내무국 사회과	풍남 산업㈜
남양행노 동자명부	남양행농업이민 인도서(풍남산업)	391010	하금악	20세	경남창녕군	하금악	내무국 사회과	풍남 산업㈜
남양행노 동자명부	남양행농업이민 인도서(풍남산업)	391010	최점영	23세	경남창녕군	최점영	내무국 사회과	풍남 산업㈜

문서철명	문서명	작성일	이름	생년 (나이)	본적	실제 송출자	인계인	인수인
남양행노 동자명부	남양행농업이민 인도서(풍남산업)	391010	김삼조	17세	경남창녕군	김삼조	내무국 사회과	풍남 산업㈜
남양행노 동자명부	남양행농업이민 인도서(풍남산업)	391010	이금순	22세	경남창녕군	이금순	내무국 사회과	풍남 산업㈜
남양행노 동자명부	남양행농업이민 인도서(풍남산업)	391010	노신월	42세	경남창녕군	노신월	내무국 사회과	풍남 산업㈜
남양행노 동자명부	남양행농업이민 인도서(풍남산업)	391010	허두리	36세	경남창녕군	허두리	내무국 사회과	풍남 산업㈜
남양행노 동자명부	남양행농업이민 인도서(풍남산업)	391010	최점분	35세	경남창녕군	최점분	내무국 사회과	풍남 산업㈜
남양행노 동자명부	남양행농업이민 인도서(풍남산업)	391010	손영란	14세	경남창녕군	손영란	내무국 사회과	풍남 산업㈜
남양행노 동자명부	남양군도팔라오섬 토목공업행노동자 인도서	390207	이봉례	1897	경남남해군	이봉례	내무국 사회과	木村組
남양행노 동자명부	이주여행증명서	390822	최금조	1917	경남김해군	최금조		
남양행노 동자명부	남양행농업이민 인도서(풍남산업)	391010	이준근	13세	경남창녕군	이준근	내무국 사회과	풍남 산업㈜
남양농업이민관계철			정선이	23세	경남밀양군	정선이		
남양농업이민관계철			박필이	29세	경남밀양군	박필이		
남양농업이민관계철			김경용	39세	경남합천군			
남양농업이민관계철			김성이	38세	경남합천군			
남양농업이민관계철			문점수	33세	경남합천군			
남양농업이민관계철			정맹생	42세	경남함양군			
남양농업이민관계철			정맹덕	40세	경남함양군			
남양농업이민관계철			노영수	22세	경남창녕군			
남양농업이민관계철			최석이	41세	경남창녕군			
남양농업이민관계철			최판윤	50세	경남창녕군			
남양농업이민관계철			손성운	50세	경남창녕군			
남양농업이민관계철			문동견	43세	경남창녕군			
남양농업이민관계철			송운호	65세	경남창녕군			
남양농업이민관계철			최판준	46세	경남창녕군			
남양농업이민관계철			최판윤	50세	경남창녕군			
남양농업이민관계철			조기환	61세	경남창녕군			
남양농업이민관계철			김갑이	30세	경남창녕군			
남양농업이민관계철			최기대	39세	경남창녕군			
남양농업이민관계철			노영수	22세	경남창녕군			
남양농업이민관계철			최석이	41세	경남창녕군			
남양농업이민관계철			손성운	50세	경남창녕군			
남양농업이민관계철			정정만	30세	경남합천군			
남양농업이민관계철			강계문	35세	경남합천군			
남양농업이민관계철			김천석	29세	경남합천군			

문서철명	문서명	작성일	이름	생년(나이)	본적	실제 송출자	인계인	인수인
남양농업이민관계철			심영출	26세	경남합천군			
남양농업이민관계철			김명석	37세	경남합천군			
남양농업이민관계철			정맹생	42세	경남함양군			
남양농업이민관계철			정맹덕	40세	경남함양군			
남양농업이민관계철			김성이	38세	경남합천군			
남양농업이민관계철			김경용	39세	경남합천군			
남양농업이민관계철			문점수	33세	경남합천군			
남양농업이민관계철			윤병희	13세	경남김해군			
남양농업이민관계철			정달수(영)	32세	경남합천군			
남양농업이민관계철			송호칠	34세	경남합천군			
남양농업이민관계철			강계문	35세	경남합천군			
남양농업이민관계철			김천석	29세	경남합천군			
남양농업이민관계철			이재술	25세	경남합천군			
남양농업이민관계철			심차갑	37세	경남합천군			
남양농업이민관계철			심영출	26세	경남합천군			
남양농업이민관계철			김명석	37세	경남합천군			
남양농업이민관계철			정정만	30세	경남합천군			
남양농업이민관계철			정맹덕	40세	경남함양군			
남양농업이민관계철			남봉수	48세	경남창녕군			
남양농업이민관계철			김갑이	30세	경남창녕군			
남양농업이민관계철			변창만	28세	경남창녕군			
남양농업이민관계철			최기대	39세	경남창녕군			
남양농업이민관계철			문동견	43세	경남창녕군			
남양농업이민관계철			최판준	46세	경남창녕군			
남양농업이민관계철			송운호	65세	경남창녕군			
남양농업이민관계철			조기환	61세	경남창녕군			
남양농업이민관계철			이봉화	66세	경남창녕군			
남양농업이민관계철			백개이	59세	경남창녕군			
남양농업이민관계철		391011	윤갑이		경남창녕군	윤갑이		
남양농업이민관계철		390805	심근갑		경남합천군	심근갑		
남양농업이민관계철		390805	김영진		경남합천군	김영진		
남양농업이민관계철		390805	김경수		경남합천군	김경수		
남양농업이민관계철		390930	김영준	62세	경남합천군	김영준		
남양행농업이민관계철			우차홍	30세	경남밀양군			
남양행농업이민관계철			정한룡	40세	경남밀양군			
남양행농업이민관계철			손쾌출	30세	경남밀양군			
남양농업이민관계철		390930	김재술	25세	경남합천군	김재술		
남양농업이민관계철		390930	강숙개	43세	경남합천군	강숙개		
남양행노동자명부	남양행농업이민인도서(풍남산업)	391010	최용출	12세	경남창녕군	최용출	내무국 사회과	풍남산업㈜

문서철명	문서명	작성일	이름	생년 (나이)	본적	실제 송출자	인계인	인수인
남양행노 동자명부	남양행농업이민 인도서(풍남산업)	391010	최돌이		경남창녕군	최돌이	내무국 사회과	풍남 산업㈜
남양행노 동자명부	남양행농업이민 인도서(풍남산업)	391010	김공수		경남합천군	김공수	내무국 사회과	풍남 산업㈜
남양행노 동자명부	남양행농업이민 인도서(풍남산업)	391010	김용기		경남합천군	김용기	내무국 사회과	풍남 산업㈜

조선인노무자관계철*, 총 183명 수록				
건한글명	성명	성명(한자)	생년 월일	본적지
조선인노무자명부	진용문	陳龍文	190421	경상남도
소화73년도모집조선 인노무자명부 남양청 노무자	이상보	李相寶	210220	경상남도 고성군 마암면 좌기리
조선인노무자명부	문촌정수	文村正洙	201027	경상남도 김해군 가락면 대사리
조선인노무자명부	금산정명	金山正命	140923	경상남도 김해군 가락면 대사리
조선인노무자명부	암촌한	岩村漢	231220	경상남도 김해군 가락면 북정리
조선인노무자명부	하산병호	夏山秉浩	230114	경상남도 김해군 가락면 상덕리
조선인노무자명부	산본용수	山本容壽	190701	경상남도 김해군 가락면 제도리
조선인노무자명부	송본영문	松本永文	200213	경상남도 김해군 가락면 제도리
조선인노무자명부	청송태준	靑松泰俊	160910	경상남도 김해군 가락면 제도리
조선인노무자명부	신정옥개	新井玉介	281220	경상남도 김해군 김해읍 (남산정)
조선인노무자명부	금자금태랑	金子金太郞	181019	경상남도 김해군 김해읍 (봉황정)
조선인노무자명부	차주형	車住亨	221207	경상남도 김해군 김해읍 대성정
조선인노무자명부	박정부	朴正夫	220603	경상남도 김해군 김해읍 불암리
조선인노무자명부	하장성원	夏張聖遠	221016	경상남도 김해군 김해읍 불암리
조선인노무자명부	산본민평	山本敏平	231127	경상남도 김해군 김해읍 불암리
조선인노무자명부	전중상규	田中相圭	220215	경상남도 김해군 김해읍 삼계리
조선인노무자명부	금화종철	金花鍾哲	260421	경상남도 김해군 김해읍 삼계리
조선인노무자명부	궁본인수	宮本寅秀	270220	경상남도 김해군 김해읍 삼계리
조선인노무자명부	무본기흥	武本基(興)	250125	경상남도 김해군 김해읍 삼계리
조선인노무자명부	신농대근	神農大根	220217	경상남도 김해군 김해읍 삼산정
조선인노무자명부	대원동수	大原東洙	060303	경상남도 김해군 김해읍 어방리
조선인노무자명부	김한석	金漢石	251120	경상남도 김해군 김해읍 화목리
조선인노무자명부	금본경규	金本炅圭	221111	경상남도 김해군 대저면 덕두리
조선인노무자명부	복전상수	福田相洙	180725	경상남도 김해군 대저면 사덕리
조선인노무자명부	황복수	黃福守	081124	경상남도 김해군 명지면 동리
조선인노무자명부	금촌창웅	金村昌雄	210115	경상남도 김해군 명지면 신전리
조선인노무자명부	금○문○	金■文■	200303	경상남도 김해군 명지면 신전리
조선인노무자명부	덕산성자	德山成子	160810	경상남도 김해군 명지면 신호리
조선인노무자명부	금산종률	金山鍾律	201028	경상남도 김해군 명지면 조동리
조선인노무자명부	정원단개	井原旦介	200316	경상남도 김해군 명지면 중리
조선인노무자명부	서도석봉	徐島碩奉	210810	경상남도 김해군 명지면 진목리
조선인노무자명부	무본형팔	武本亨八	211229	경상남도 김해군 명지면 진목리
조선인노무자명부	장본○열	張本■烈	220415	경상남도 김해군 명지면 진목리
조선인노무자명부	옥산도몽	玉山道(蒙)	220303	경상남도 김해군 이북면 가동리
조선인노무자명부	김영환	金永煥	251203	경상남도 김해군 이북면 가동리
조선인노무자명부	류천도수	柳川道水	220322	경상남도 김해군 이북면 가동리

* 1943~1944년간 남양청 서부지청 토목과가 작성한 자료

건한글명	성명	성명(한자)	생년월일	본적지
조선인노무자명부	대산규철	大山奎哲	250515	경상남도 김해군 이북면 명동리
조선인노무자명부	상전종진	上田鍾進	130402	경상남도 김해군 이북면 명동리
조선인노무자명부	서원수의	西原洙毅	200625	경상남도 김해군 이북면 명동리
조선인노무자명부	신농용기	神農龍奇	210508	경상남도 김해군 이북면 명동리
조선인노무자명부	금자사강	金子四鋼	210403	경상남도 김해군 이북면 시산리
조선인노무자명부	안본한래	安本漢來	221010	경상남도 김해군 이북면 안곡리
조선인노무자명부	안본석래	安本石來	220501	경상남도 김해군 이북면 안곡리
조선인노무자명부	송산강석	松山康石	100322	경상남도 김해군 이북면 용덕리
조선인노무자명부	류진태	柳震泰	120710	경상남도 김해군 이북면 장방리
조선인노무자명부	국본우팔	國本遇八	201027	경상남도 김해군 장유면 수가리
조선인노무자명부	흥산용이	興山龍異	010817	경상남도 김해군 주촌면 덕암리
조선인노무자명부	대성○	大城■	220604	경상남도 김해군 진례면 고모리
조선인노무자명부	성점준	成点俊	020503	경상남도 김해군 진례면 고모리
조선인노무자명부	곽본중곤	郭本仲坤	131103	경상남도 김해군 진례면 담안리
조선인노무자명부	금본흥록	金本興祿	140107	경상남도 김해군 진례면 담안리
조선인노무자명부	부촌부억	金村不億	080727	경상남도 김해군 진례면 담안리
조선인노무자명부	금촌이만	金村二萬	080303	경상남도 김해군 진례면 담안리
조선인노무자명부	금촌만이	金村萬伊	060407	경상남도 김해군 진례면 담안리
조선인노무자명부	목하오출	木下五出	210120	경상남도 김해군 진례면 담안리
조선인노무자명부	산본학봉	山本鶴鳳	200815	경상남도 김해군 진례면 담안리
조선인노무자명부	김정배	金正培	221225	경상남도 김해군 진례면 담안리
조선인노무자명부	암본인석	巖本仁錫	190428	경상남도 김해군 진례면 산본리
조선인노무자명부	김용갑	金龍甲	110315	경상남도 김해군 진례면 송정리
조선인노무자명부	○림석주	■林石周	160629	경상남도 김해군 진례면 송정리
조선인노무자명부	금성상동	金城尙東〈來〉	130523	경상남도 김해군 진례면 조전리
조선인노무자명부	금성말식	金城末植	261219	경상남도 김해군 진례면 조전리
조선인노무자명부	우주종대	禹注鍾大	170701	경상남도 김해군 진영면 여래리
조선인노무자명부	산전환상	山田瑍相	141024	경상남도 김해군 진영읍 설창리
조선인노무자명부	부원고일	富原高一	220615	경상남도 김해군 진영읍 여래리
조선인노무자명부	암본종수	岩本鍾洙	250129	경상남도 김해군 진영읍 좌곤리
조선인노무자명부	남상문	南相文	210520	경상남도 김해군 진영읍 죽곡리
조선인노무자명부	금자이조	金子二祚	260411	경상남도 김해군 진영읍 진영리
조선인노무자명부	김영숙	金泳淑	170801	경상남도 김해군 진영읍 진영리
조선인노무자명부	차덕철	車德哲	230210	경상남도 김해군 진영읍 진영리
조선인노무자명부	해산태규	海山泰圭	230229	경상남도 김해군 진영읍 진영리
조선인노무자명부	안전민호	安田泯鎬	250223	경상남도 김해군 진영읍 하계리
조선인노무자명부	주본성원	朱本聖源	210718	경상남도 김해군 하동면 예안리
조선인노무자명부	금강정수	金岡正洙	230912	경상남도 김해군 하동면 예안리
조선인노무자명부	옥전진우	玉田鎭佑	221028	경상남도 김해군 하동면 주중리
조선인노무자명부	무촌영종	武村英鍾	230717	경상남도 김해군 하동면 주중리
조선인노무자명부	안전전신	安田全信	210408	경상남도 김해군 하동면 주중리

건한글명	성명	성명(한자)	생년 월일	본적지
조선인노무자명부	양천ㅇ호	梁川■鎬	190218	경상남도 김해군 하동면 초정리
조선인노무자명부	산전정탁	山田庭卓	210130	경상남도 김해군 하동면 초정리
조선인노무자명부	송촌위렬	松村慰烈	181209	경상남도 남해군 고현면 대사리
조선인노무자명부	송암재수	松岩在洙	151215	경상남도 남해군 고현면 대사리
조선인노무자명부	송위규삼	松衛奎三	100507	경상남도 남해군 고현면 도마리
조선인노무자명부	청천선광	菁川善光	161218	경상남도 남해군 고현면 면대리
조선인노무자명부	이학수	李学守	170303	경상남도 남해군 남면
조선인노무자명부	송원영ㅇ	松原永■	221021	경상남도 남해군 남면
조선인노무자명부	하본동ㅇ	河本東■	210917	경상남도 남해군 남면 평산리
조선인노무자명부	궁본균택	宮本均澤	210527	경상남도 남해군 남해면 남변동
조선인노무자명부	대원한성	大原漢城	040408	경상남도 남해군 남해면 남변동
조선인노무자명부	궁본주효	宮本柱孝	091024	경상남도 남해군 남해면 북변리
조선인노무자명부	금산정숙	金山丁淑	221020	경상남도 남해군 남해면 심천리
조선인노무자명부	금본한도	金本漢道	230322	경상남도 남해군 남해면 심천리
조선인노무자명부	금성덕세	金城德世	190824	경상남도 남해군 남해면 차산리
조선인노무자명부	금강천두	金岡千斗	210306	경상남도 남해군 삼동면 금송리
조선인노무자명부	암본종래	岩本鍾來	220118	경상남도 남해군 삼동면 금송리
조선인노무자명부	금강재윤	金岡在允	211202	경상남도 남해군 삼동면 금송리
조선인노무자명부	금성주수	金城珠秀	210923	경상남도 남해군 삼동면 난음리
조선인노무자명부	송촌윤배	松村允培	150325	경상남도 남해군 삼동면 동천리
조선인노무자명부	청산재석	青山在惜	060408	경상남도 남해군 삼동면 란음리
조선인노무자명부	금본갑이	金本甲二	170810	경상남도 남해군 삼동면 봉화리
조선인노무자명부	금본촉기	金本燭基	231102	경상남도 남해군 삼동면 봉화리
조선인노무자명부	금자풍기	金子風基	220412	경상남도 남해군 삼동면 송형리
조선인노무자명부	청산부안	青山富安	000000	경상남도 남해군 삼동면 영지리
조선인노무자명부	청산종선	青山鍾善	191230	경상남도 남해군 삼동면 영지리
조선인노무자명부	청산영문	青山永文	220803	경상남도 남해군 삼동면 영지리
조선인노무자명부	청산용권	青山龍權	230612	경상남도 남해군 삼동면 영지리
조선인노무자명부	안본용두	安本容斗	220720	경상남도 남해군 삼동면 지족리
조선인노무자명부	정상인춘	井上仁春	220305	경상남도 남해군 서면 구장리
조선인노무자명부	청송규현	青松圭峴	221120	경상남도 남해군 서면 대정리
조선인노무자명부	정상덕삼	井上德三	221225	경상남도 남해군 서면 로범리
조선인노무자명부	류용순	柳龍順	900303	경상남도 남해군 서면 정포리
조선인노무자명부	송촌주상	松村周常	060723	경상남도 남해군 서면 정포리
조선인노무자명부	죽산기섭	竹山基涉	200319	경상남도 남해군 서면 정포리
조선인노무자명부	고산덕표	高山德杓	230125	경상남도 남해군 서면 정포리
조선인노무자명부	송전문주	松田文柱	200204	경상남도 남해군 서면 정포리
조선인노무자명부	정ㅇ만	柳■萬	040128	경상남도 남해군 서면 정포리
조선인노무자명부	송촌태문	松村泰文	260804	경상남도 남해군 서면 중현리
조선인노무자명부	송촌종수	松村宗守	970804	경상남도 남해군 서면 중현리
조선인노무자명부	대성갑두	大城甲斗	140306	경상남도 남해군 설천면 금음리
조선인노무자명부	금촌가관	金村假寬	110124	경상남도 남해군 설천면 남양리

건한글명	성명	성명(한자)	생년 월일	본적지
조선인노무자명부	성촌길준	星村吉俊	241022	경상남도 남해군 설천면 남양리
조선인노무자명부	정상삼봉	井上三奉	230605	경상남도 남해군 설천면 문항리
조선인노무자명부	장사계수	庄司季守	230330	경상남도 남해군 창선면 동대리
조선인노무자명부	광산찬오	光山贊午	200707	경상남도 남해군 창선면 옥천리
조선인노무자명부	포산태봉	苞山泰鳳	000811	경상남도 남해군 창선면 옥천리
조선인노무자명부	서원중부	西原重夫	200911	경상남도 동래군 사하면 구평리
조선인노무자명부	오산주복	吳山柱福	120111	경상남도 밀양군
조선인노무자명부	암본시○	岩本時■	230128	경상남도 밀양군
조선인노무자명부	이만조	李萬祚	170825	경상남도 밀양군
조선인노무자명부	오야만이	吾野萬伊	220720	경상남도 밀양군
조선인노무자명부	유재철	俞在哲	030913	경상남도 밀양군
조선인노무자명부	오야중무	吾野仲无	170102	경상남도 밀양군
조선인노무자명부	김근오	金根五	190111	경상남도 밀양군 밀양읍 내일동
조선인노무자명부	강명술	姜命述	100115	경상남도 밀양군 산내면
조선인노무자명부	신정해진	新井海珍	200401	경상남도 밀양군 삼랑진면 용전리
조선인노무자명부	송본용술	松本龍述	140715	경상남도 밀양군 상동면 신곡리
조선인노무자명부	안상룡	安相龍	950718	경상남도 부산부 온정(溫町)
소화73년도모집조선 인노무자명부 경북군 위군 2반	대원동일	大圓東一	170710	경상남도 부산부 초량정 969
조선인노무자명부	정길금	鄭吉金	980828	경상남도 사천군
조선인노무자명부	산리수득	山梨守得	171129	경상남도 양산군 농소면
조선인노무자명부	최태열	崔泰烈	240403	경상남도 진주군 사봉면 사곡리
조선인노무자명부	강성봉	姜聖奉	200330	경상남도 진주군 진성면 이촌리
조선인노무자명부	이선근	李善根	101010	경상남도 진주부 사봉면 마성리
조선인노무자명부	성경운	成敬云	000000	경상남도 창녕군 유어면 풍조리
조선인노무자명부	안릉정식	安陵正植	230324	경상남도 창원군 동면 노연리
조선인노무자명부	김우근	金佑根	090103	경상남도 창원군 창원면
조선인노무자명부	금본윤○	金本允■	180516	경상남도 창원군 천가면 천성리
조선인노무자명부	대천원식	大川元植	210112	경상남도 창원군 천가면 천성리
조선인노무자명부	고산동복	高山東(福)	210527	경상남도 창원군 천가면 천성리
조선인노무자명부	창산태환	昌山泰煥	190715	경상남도 하동군 북천면 방화리
조선인노무자명부	금궁태중	金宮泰中	161201	경상남도 하동군 북천면 방화리
조선인노무자명부	옥산우갑	玉山又甲	120515	경상남도 하동군 북천면 병천리
조선인노무자명부	금궁삼패	金宮三旆	951230	경상남도 하동군 북천면 사평리
조선인노무자명부	고산승	高山乘	140506	경상남도 하동군 북천면 서황리
조선인노무자명부	완산행호	完山幸鎬	000000	경상남도 하동군 북천면 서황리
조선인노무자명부	금촌덕조	金村德祚	220613	경상남도 하동군 북천면 서황리
조선인노무자명부	금산기문	金山璣文	220310	경상남도 하동군 북천면 옥정리

건한글명	성명	성명(한자)	생년월일	본적지
조선인노무자명부	하본을룡	河本乙龍	111208	경상남도 하동군 북천면 옥정리
조선인노무자명부	송산위갑	松山謂甲	160223	경상남도 하동군 북천면 옥정리
조선인노무자명부	양천○석	梁川■碩	220617	경상남도 하동군 북천면 직전리
조선인노무자명부	금궁수명	金宮壽命	190814	경상남도 하동군 북천면 직전리
조선인노무자명부	금산우문	金山又文	210310	경상남도 하동군 옥종면 대곡리
조선인노무자명부	옥산윤갑	玉山閏甲	170730	경상남도 하동군 옥종면 병천리
조선인노무자명부	하촌철범	河村哲範	220115	경상남도 하동군 옥종면 병천리
조선인노무자명부	하본도용	河本道容	170620	경상남도 하동군 옥종면 병천리
조선인노무자명부	동조판용	東條判龍	130410	경상남도 하동군 옥종면 북방리
조선인노무자명부	이산양석	伊山陽錫	120908	경상남도 하동군 옥종면 원계리
조선인노무자명부	송원석조	松原錫祚	190417	경상남도 하동군 옥종면 원계리
조선인노무자명부	포산우국	苞山又國	050515	경상남도 하동군 옥종면 홍대리
조선인노무자명부	임종술	林宗述	990529	경상남도 하동군 청암면 상리리
조선인노무자명부	안릉용범	安陵龍範	120318	경상남도 하동군 청암면 상리리
조선인노무자명부	안본재이	安本在二	230209	경상남도 하동군 청암면 중리리
조선인노무자명부	금택규석	金澤圭錫	110220	경상남도 하동군 청암면 중리리
조선인노무자명부	금○태용	金■兌鎔	210401	경상남도 하동군 청암면 중리리
조선인노무자명부	국본우진	國本又眞	230925	경상남도 하동군 청암면 회신리
조선인노무자명부	○촌일성	■村一成	181207	경상남도 하동군 하동읍 읍내동
조선인노무자명부	최섭동	崔涉東	200318	경상남도 하동군 하동읍 읍내동
조선인노무자명부	금산덕지	金山德之	080106	경상남도 하동군 하동읍 읍내동
조선인노무자명부	금촌황시	金村悅市	211008	경상남도 하동군 하동읍 읍내동
조선인노무자명부	영산신고	永山新高	170820	경상남도 하동군 하동읍 읍내동
조선인노무자명부	야촌판옥	野村判玉	220117	경상남도 하동군 하동읍 읍내동
조선인노무자명부	송산재곤	松山在坤	210505	경상남도 하동군 하동읍 흥룡리
조선인노무자명부	청원재호	清原載浩	220122	경상남도 함안군 군북면 오곡리
조선인노무자명부	목하란군	木下蘭君	140310	경상남도 합천군 대양면 양산리

남양군도 승선자 명부(일명 귀환자 명부)*, 총 659명 수록										
선편	선편 번호	출발지	출발날짜	성명	한자명	영문명	나이	성별	나이 구분	본적 -군
LST	661	팔라우		제산룡시	諸山竜時	Ryuzi, Moroyama	62	남	성인	거창
LST	1045	팔라우	1946.1.8	최장수	崔長壽	Chozyu,Sai	29	남	성인	거창
LST	1045	팔라우	1946.1.8	임성길	林成吉	Seikiti,Hayasi	43	남	성인	거창
LST	1045	팔라우	1946.1.8	임청자	林清子	Kiyoko,Hayasi	11	여	유소년	거창
LST	1045	팔라우	1946.1.8	김기원	金基元	Kigen,Kin	27	남	성인	거창
LST	1045	팔라우	1946.1.8	강명석	姜命石	Meiseki,Kou	30	남	성인	거창
LST	1045	팔라우	1946.1.8	량수업	梁守業	Syugyo, Ryo	37	남	성인	거창
LST	1045	팔라우	1946.1.8	신중기	辛重基	Zunki, Sin	27	남	성인	거창
LST	1045	팔라우	1946.1.8	산본인태	山本仁泰	Nintai, Yamamoto	27	남	성인	거창
LST	661	팔라우		김선권	金善權	Zenken,Kin	28	남	성인	거창
LST	661	팔라우		이순애	李順愛	Zyunai,Ri	27	남	성인	거창
LST	661	팔라우		신종만	慎宗萬	Soman,Sin	30	남	성인	거창
LST	661	팔라우		도본무웅	棹本武雄	Takeo, Saomoto	21	남	성인	거창
LST	984	팔라우	1946.2.8	박정남	朴正男	Boku Seiman	43	남	성인	거창
LST	984	팔라우	1946.2.8	박우점	朴又点	Boku Motaten	26	여	성인	거창
LST	984	팔라우	1946.2.8	박외순	朴外順	Boku Kaishun	10	여	유소년	거창
LST	984	팔라우	1946.2.8	박남순	林南順	Boku Nanjun	6	여	유소년	거창
LST	984	팔라우	1946.2.8	박남석	林南石	Boku Nanseki	1	남	유소년	거창
LST	984	팔라우	1946.2.8	박경만	朴敬晩	Boku Keiban	33	남	성인	거창
LST	984	팔라우	1946.2.8	박분녀	朴分女	Boku Bunjo	26	여	성인	거창
LST	984	팔라우	1946.2.8	박일분	朴一分	Boku Ichibun	10	여	유소년	거창
LST	984	팔라우	1946.2.8	박해영	朴海榮	Boku Kaiei	6	남	유소년	거창
LST	984	팔라우	1946.2.8	문복순	文福順	Bun Fukuzun	23	여	성인	거창
LST	984	팔라우	1946.2.8	조태섭	趙泰燮	Chio Taihei	38	남	성인	거창
LST	984	팔라우	1946.2.8	조용순	趙龍順	Chio Riuzun	8	남	유소년	거창
LST	984	팔라우	1946.2.8	조용남	趙龍南	Chio Riunan	5	여	유소년	거창
LST	984	팔라우	1946.2.8	조용추	趙龍秋	Chio Sansen	2	여	유소년	거창
LST	984	팔라우	1946.2.8	하본쌍개	河本雙介	Kawamoto Sokai	26	남	성인	거창
LST	984	팔라우	1946.2.8	하본말순	河本末順	Kawamoto Matsusun	21	여	성인	거창

* 태평양전쟁 종전 후 연합군이 작성한 자료. 남양군도 재류 조선인의 본국 송환을 위해 미군
이 직접 작성하거나 미군의 명령에 의해 일본인이 작성했다고 한다. 현재 미국립문서기록청
(NARA)에 있고, 국내에도 여러 기관이 소장하고 있다. 국내에서는 국사편찬위원회가 입수
해 2006년 8월 11일에 일반에 공개. 미국 국립문서기록청에 'Records Group 313 미해
군태평양함대 일본인송환자기록 1945~1946' 중 '한국인승선자귀환명단자료'라는 이름으
로 보관되어 있으나 자료에는 제목이 기재되어 있지 않다.

선편	선편번호	출발지	출발날짜	성명	한자명	영문명	나이	성별	나이구분	본적군
LST	984	팔라우	1946.2.8	김태쌍	金泰雙	Kin Taisho	36	남	성인	거창
LST	984	팔라우	1946.2.8	홍봉순	洪鳳順	Ko Hoshun	33	여	성인	거창
LST	984	팔라우	1946.2.8	김영해	金榮海	Kin Eikai	8	여	유소년	거창
LST	984	팔라우	1946.2.8	김문자	金文子	Kin Humiko	4	여	유소년	거창
LST	984	팔라우	1946.2.8	김귀달	金貴達	Kin Kitetu	36	여	성인	거창
LST	984	팔라우	1946.2.8	이옥준	李玉俊	Ri Kyokotun	33	남	성인	거창
LST	984	팔라우	1946.2.8	이재억	李在億	Li Zyaioku	37	남	성인	거창
LST	984	팔라우	1946.2.8	이춘자	李春子	Li Haruko	13	여	유소년	거창
LST	984	팔라우	1946.2.8	이묘임	李妙任	Li Mounin	9	여	유소년	거창
LST	984	팔라우	1946.2.8	이해순	李海順	Li Kaiutun	5	여	유소년	거창
LST	984	팔라우	1946.2.8	이순남	李順南	Ri Zunnan	1	여	유소년	거창
LST	984	팔라우	1946.2.8	연원현윤	延原鉉潤	Nobuhara Kenzun	25	남	성인	거창
LST	984	팔라우	1946.2.8	연원봉임	延原奉任	Nobuhara Honin	20	여	성인	거창
LST	984	팔라우	1946.2.8	최명진	崔明眞	Sai Meisin	32	남	성인	거창
LST	984	팔라우	1946.2.8	최란이	崔蘭伊	Shai Nani	28	여	성인	거창
LST	984	팔라우	1946.2.8	최정자	崔貞子	Shai Satuko	10	여	유소년	거창
LST	984	팔라우	1946.2.8	최영자	崔英子	Shai Eiko	6	여	유소년	거창
LST	984	팔라우	1946.2.8	덕원동신	德原東信	Tokuhara Tosin	40	남	성인	거창
LST	984	팔라우	1946.2.8	덕원분이	德原分伊	Tokuhara Buni	39	여	성인	거창
LST	984	팔라우	1946.2.8	덕원민웅	德原敏雄	Tokuhara Hiteo	12	남	유소년	거창
LST	984	팔라우	1946.2.8	덕원조자	德原照子	Tokuhara Teluko	5	여	유소년	거창
LST	984	팔라우	1946.2.8	덕원맹	德原猛	Tokuhara Takesi	3	남	유소년	거창
LST	984	팔라우	1946.2.8	덕원종석	德原種錫	Tokuhara Syogaku	9	남	유소년	거창
LST	984	팔라우	1946.2.8	덕원소분	德原小粉	Tokuhara Shohun	22	여	성인	거창
LST	984	팔라우	1946.2.8	덕원종남	德原種男	Tokuhara Syonan	6	남	유소년	거창
LST	984	팔라우	1946.2.8	덕원종조	德原種祚	Tokuhara Syoso	3	남	유소년	거창
LST	984	팔라우	1946.2.8	덕원귀자	德原貴子	Tokuhara Takako	9	여	유소년	거창
LST	984	팔라우	1946.2.8	장석군	張碩君	Zo Sekikun	34	남	성인	거창
LST	984	팔라우	1946.2.8	장수임	張壽任	Zo Zunin	28	여	성인	거창
LST	984	팔라우	1946.2.8	장점주	張点珠	Zo Tenzu	11	여	유소년	거창
LST	984	팔라우	1946.2.8	장종한	張鍾翰	Zo Shukan	9	남	유소년	거창
LST	984	팔라우	1946.2.8	장종본	張鍾本	Zo Shuhon	2	남	유소년	거창
LST	984	팔라우	1946.2.8	조판석	趙判碩	Zo Hanseki	37	남	성인	거창

선편	선편번호	출발지	출발날짜	성명	한자명	영문명	나이	성별	나이구분	본적군
LST	984	팔라우	1946.2.8	조순득	趙順得	Zo Zuntoku	26	여	성인	거창
LST	984	팔라우	1946.2.8	조양	趙洋	Zo Yo	3	남	유소년	거창
LST	984	팔라우	1946.2.8	오산팔근	吳山八根	Goyama Hachikon	32	남	성인	거창
LST	984	팔라우	1946.2.8	한정조	韓丁朝	Kan Teiyo	32	남	성인	거창
LST	984	팔라우	1946.2.8	오금석	吳今石	Kure Konseki	31	남	성인	거창
LST	984	팔라우	1946.2.8	연원문자	延原文子	Nobuhara Hisako	40	남	성인	거창
LST	984	팔라우	1946.2.8	덕원부영	德原富永	Tokuhara Tominaga	25	남	성인	거창
LST	716	팔라우		목촌삼랑	木村三郎	kimura Shanrow	30	남	성인	거창
LST	716	팔라우		목촌청자	木村清子	Kimura kiyoko	21	여	성인	거창
LST	716	팔라우		야촌선길	野村仙吉	Nomura Senkiti	26	남	성인	거창
LST	716	팔라우		야촌두자	野村豆子	Nomura Mancho	20	여	성인	거창
LST	716	팔라우		야촌남자	野村南子	Nomura Nanko	1	여	유소년	거창
LST	716	팔라우		이문옥	李文玉	Ri Bunkioku	30	남	성인	거창
LST	747	팔라우		문락현	文洛鉉	Bun Rakugen	28	남	성인	거창
LST	747	팔라우		오산학문	吳山學文	Goyama Gakubun	30	남	성인	거창
LST	747	팔라우		박영근	朴永根	Baku Eikon	26	남	성인	거창
LST	747	팔라우		강석주	姜石柱	Kyo Sekizu	39	남	성인	거창
LST	747	팔라우		한유복	韓遺腹	Kan Ihuku	27	남	성인	거창
LST	747	팔라우		오점문	吳点文	Go Tenbun	32	남	성인	거창
LST	747	팔라우		이소개	李小介	Lee Sokai	30	남	성인	거창
LST	747	팔라우		평산나권	平山羅權	Hiranuma Rakon	31	남	성인	거창
LST	747	팔라우		김본정희	金本貞熙	Kanemoto Deiki	31	남	성인	거창
LST	1045	팔라우	1946.1.8	신정암이	新井岩伊	Gani	24	남	성인	김해
LST	1045	팔라우	1946.1.8	신정태수	新井泰守	Taisyu,Arai	21	남	성인	김해
LST	1045	팔라우	1946.1.8	동원석모	東原石謨	Sekimo, Higasibara	29	남	성인	김해
LST	1045	팔라우	1946.1.8	오산영복	呉山永福	Eihuku, Kureyama	24	남	성인	김해
LST	1045	팔라우	1946.1.8	안전장호	安田章鎬	Shoko,Yasuda	24	남	성인	김해
LST	1045	팔라우	1946.1.8	김천덕수	金川德守	Tokusyu, Kanekawa	20	남	성인	김해
LST	1045	팔라우	1946.1.8	김영숙	金永淑	Eisyuku,Kin	24	여	성인	김해
LST	1045	팔라우	1946.1.8	남상문	南相文	Sobun,Minami	25	남	성인	김해
LST	1045	팔라우	1946.1.8	이종우	李鍾牛	Shogyu,Ri	20	남	성인	김해
LST	1045	팔라우	1946.1.8	진본성주	陳本聖柱	Jinmoto,Seichu	22	남	성인	김해

선편	선편 번호	출발지	출발날짜	성명	한자명	영문명	나이	성별	나이 구분	본적 _군
LST	1045	팔라우	1946.1.8	평소도웅	平沼道雄	Mitio, Hiranuma	21	남	성인	김해
LST	1045	팔라우	1946.1.8	평산이문	平山二文	Nibun, Hirayama	25	남	성인	김해
LST	1045	팔라우	1946.1.8	김택수웅	金澤秀雄	Hideo, Kanazawa	21	남	성인	김해
LST	1045	팔라우	1946.1.8	청천룡덕	清川龍徳	Ryutoku, Kiyokawa	32	남	성인	김해
LST	1045	팔라우	1946.1.8	김광을곤	金光乙坤	Otukon, Kanemitu	40	남	성인	김해
LST	1045	팔라우	1946.1.8	김성학문	金城學文	Gakubun, Kanesire	38	남	성인	김해
LST	1045	팔라우	1946.1.8	김산률	金山律	Soritu, Kaneyama	26	남	성인	김해
LST	1045	팔라우	1946.1.8	김택수웅	金澤秀雄	Hideo, Kanezawa	21	남	성인	김해
LST	1045	팔라우	1946.1.8	허배윤	許裵潤	Haizun, Kyo	30	남	성인	김해
LST	1045	팔라우	1946.1.8	김두환	金斗煥	Tokan,Kin	20	남	성인	김해
LST	1045	팔라우	1946.1.8	하본평길	河本平吉	Heikichi, Kawamoto	23	남	성인	김해
LST	1045	팔라우	1946.1.8	이준상	李俊相	Synso, Lee	25	남	성인	김해
LST	1045	팔라우	1946.1.8	서원수경	西原水敬	Suikei, Nishihara	26	남	성인	김해
LST	1045	팔라우	1946.1.8	소산충치	蘇山忠治	Tadaharu, Soyama	24	남	성인	김해
LST	1045	팔라우	1946.1.8	부원고일	富原高一	Koichi, Tomihara	24	남	성인	김해
LST	1045	팔라우	1946.1.8	안본재규	安本載奎	Saikei, Yasumoto	34	남	성인	김해
LST	661	팔라우		장도명	張道命	Domei,Cho	25	남	성인	김해
LST	661	팔라우		김성미식	金城未植	Misyoku, Kanesiro	21	남	성인	김해
LST	661	팔라우		김룡갑	金龍甲	Ryuko,Kin	34	남	성인	김해
LST	661	팔라우		목하순덕	木下順徳	Zyuntoku, Kinosita	24	남	성인	김해
LST	661	팔라우		송위규협	松衛奎協	Keikyo,Matuei	23	남	성인	김해
LST	661	팔라우		남룡태랑	南竜太郎	Taro,Nanryu	34	남	성인	김해
LST	661	팔라우		최태렬	崔泰烈	Tairetu,Sai	22	남	성인	김해
LST	661	팔라우		죽촌영종	竹村永鍾	Eisyu, Takemura	23	남	성인	김해
LST	661	팔라우		평소병희	平沼炳熙	Heiki, Hiranuma	33	남	성인	김해
LST	661	팔라우		평소금조	平沼今祚	Kinsyo, Hiranuma	28	남	성인	김해
LST	661	팔라우		평소영자	平沼栄子	Eiko,Hiranuma	11	여	유소년	김해

선편	선편번호	출발지	출발날짜	성명	한자명	영문명	나이	성별	나이구분	본적군
LST	661	팔라우		평소옥자	平沼玉子	Tamako, Hiranuma	9	여	유소년	김해
LST	661	팔라우		평소양일	平沼洋一	Yoichi, Hiranuma	6	남	유소년	김해
LST	661	팔라우		평소정웅	平沼征雄	Seyu, Hiranuma	4	남	유소년	김해
LST	661	팔라우		암촌한이	岩村漢伊	Kani,Iwamura	24	남	성인	김해
LST	661	팔라우		김촌만이	金村萬伊	Mani, Kanemura	42	남	성인	김해
LST	661	팔라우		류영식	劉永植	Eisyoku,Ryu	22	남	성인	김해
LST	661	팔라우		풍전려수	豊田麗水	Resui,Toyota	27	남	성인	김해
LST	661	팔라우		이미대자	李美代子	Miyoko,Lee	16	여	성인	김해
LST	661	팔라우		이출이	李出伊	Syutui,Lee	30	남	성인	김해
LST	661	팔라우		이소준	李小俊	Syosyun	57	남	성인	김해
LST	661	팔라우		이양자	李洋子	Hiroko,Lee	24	여	성인	김해
LST	661	팔라우		국본명우	国本明雨	Meiu, Kunimoto	25	남	성인	김해
LST	661	팔라우		김영숙	金永淑	Eisyoku,Kin	25	남	성인	김해
LST	661	팔라우		안본재규	安本載奎	Saikei, Yasumoto	34	남	성인	김해
LST	984	팔라우	1946.2.8	김자김태랑	金子金太郎	Kaneko Kintaro	30	남	성인	김해
LST	984	팔라우	1946.2.8	김자율자	金子律子	Kaneko Rituko	28	여	성인	김해
LST	984	팔라우	1946.2.8	허배인정	許裵印淨	Koyohai Jinyo	29	남	성인	김해
LST	984	팔라우	1946.2.8	송전청치	松田清治	Matuta Seizi	28	남	성인	김해
LST	984	팔라우	1946.2.8	송전수원	松田水源	Matuta Suigen	24	남	성인	김해
LST	984	팔라우	1946.2.8	하산송자	夏山松子	Natuyama Matuko	21	여	성인	김해
LST	984	팔라우	1946.2.8	안전승차	安田勝次	Yasuda Katuti	36	남	성인	김해
LST	984	팔라우	1946.2.8	안전옥자	安田玉子	Yasuda Tamako	24	여	성인	김해
LST	984	팔라우	1946.2.8	신본무부	新本武夫	Aramoto Takeo	24	남	성인	김해
LST	984	팔라우	1946.2.8	국본우팔	國本遇八	Gunimoto Guhachi	26	남	성인	김해
LST	984	팔라우	1946.2.8	문촌정수	文村正守	Humimura Seishu	26	남	성인	김해
LST	984	팔라우	1946.2.8	암본종득	岩本鍾得	Iwamoto Sutoku	24	남	성인	김해
LST	984	팔라우	1946.2.8	김본정기	金本正己	Kanemoto Seiki	24	남	성인	김해
LST	984	팔라우	1946.2.8	김도석구	金島錫九	Kanesima Seikiku	24	남	성인	김해
LST	984	팔라우	1946.2.8	김학주	金學柱	Kin Kakuzu	24	남	성인	김해
LST	984	팔라우	1946.2.8	김원상개	金原相介	Kanehara Shukai	24	남	성인	김해

선편	선편번호	출발지	출발날짜	성명	한자명	영문명	나이	성별	나이구분	본적군
LST	984	팔라우	1946.2.8	장산재수	長山在守	Nakayama Zaishu	23	남	성인	김해
LST	984	팔라우	1946.2.8	신농대근	神農大根	Sinno Taikan	24	남	성인	김해
LST	984	팔라우	1946.2.8	산도용호	山島龍鎬	Yamasima Luko	24	남	성인	김해
LST	984	팔라우	1946.2.8	산본용수	山本容壽	Yamamodo Yozu	27	남	성인	김해
LST	716	팔라우		함학룡	咸鶴龍	Kan Kakuryu	30	남	성인	김해
LST	716	팔라우		성촌천성	成村千星	Narimura Sensei	20	남	성인	김해
LST	716	팔라우		단산룡원	丹山隆元	Niyama Ryugen	21	남	성인	김해
LST	716	팔라우		판상봉조	坂上鳳祚	Sakakami Fojo	24	남	성인	김해
LST	716	팔라우		산성천익	山城千翼	Yamashiro Shenyoku	20	남	성인	김해
LST	716	팔라우		박정부	朴正夫	Boku Shobu	26	남	성인	김해
LST	716	팔라우		김촌창식	金村昌殖	Kanemura Shoo	28	남	성인	김해
LST	716	팔라우		*본경렬	*本敬烈	Kanmoto Keiletu	24	남	성인	김해
LST	716	팔라우		김산정명	金山正命	Kaneyama Shomei	32	남	성인	김해
LST	716	팔라우		송전일랑	松田一郎	Matuta Ichiro	26	남	성인	김해
LST	716	팔라우		궁본인수	宮本寅秀	Miyamoto Inshu	20	남	성인	김해
LST	716	팔라우		주성원	朱聖元	Shu Seiken	25	남	성인	김해
LST	716	팔라우		진용문	陳龍文	Chin Ryubun	26	남	성인	김해
LST	716	팔라우		김한식	金漢植	Kin Hansoku	21	남	성인	김해
LST	716	팔라우		목하오출	木下五出	Kinosita Goshutu	25	남	성인	김해
LST	716	팔라우		암본중석	岩本仲錫	Iwamoto Zushoku	41	남	성인	김해
LST	716	팔라우		서도석봉	徐島碩奉	Jiosima Sekiho	25	남	성인	김해
LST	716	팔라우		김강정수	金岡正洙	Kaneoka Seishu	24	남	성인	김해
LST	716	팔라우		송산강석	松山康石	기재사항없음	36	남	성인	김해
LST	716	팔라우		송산귀순	松山貴順	Matuyama Kizun	29	여	성인	김해
LST	716	팔라우		송산무조	松山茂祚	Matuyama Buzo	1	남	유소년	김해
LST	716	팔라우		대성교	大城敎	Osiro Kyo	24	남	성인	김해
LST	716	팔라우		판본광복	坂本光福	Sakamoto Kohuku	37	남	성인	김해
LST	716	팔라우		무본형팔	武本亨八	Takemoto Kyohachi	25	남	성인	김해
LST	716	팔라우		상전종술	上田種述	Ueta Suoshutu	26	남	성인	김해

선편	선편 번호	출발지	출발날짜	성명	한자명	영문명	나이	성별	나이 구분	본적 一군
LST	716	팔라우		해산태규	海山泰圭	Umiyama Taikei	23	남	성인	김해
LST	716	팔라우		류천도영	柳川道永	Yanakikawa Toei	24	남	성인	김해
LST	716	팔라우		안본석래	安本石來	Yasuoto Sekirai	33	남	성인	김해
LST	747	팔라우		복전상수	福田相洙	Fukuta soshu	27	남	성인	김해
LST	747	팔라우		김덕만	金德萬	Kin Tokuman	35	남	성인	김해
LST	747	팔라우		서원수경	西原水敬	Nisihara Suikei	26	남	성인	김해
LST	747	팔라우		옥전진양	玉田振兩	Ota Sinw	24	남	성인	김해
LST	747	팔라우		전중상규	田中想奎	Tanaka Shoku	25	남	성인	김해
LST	747	팔라우		임영택	林永澤	Fayasi Eitaku	21	남	성인	김해
LST	747	팔라우		암본?남	岩本溏南	Iwamoto Yonan	22	남	성인	김해
LST	747	팔라우		김본수복	金本壽福	Kanemoto Zufuku	24	남	성인	김해
LST	747	팔라우		김정배	金正培	Kin Seibai	23	남	성인	김해
LST	747	팔라우		김영환	金永煥	Kin Eikan	21	남	성인	김해
LST	747	팔라우		김자사동	金子四同	Kaneko Shido	24	남	성인	김해
LST	747	팔라우		남조명광	南條明光	Nanzyo Akimishu	21	남	성인	김해
LST	747	팔라우		중광정웅	重光政雄	Shigemitu Masao	22	남	성인	김해
LST	747	팔라우		신농용기	神農龍奇	Kanno Ryuki	25	남	성인	김해
LST	747	팔라우		김본이만	金本二萬	Kanemoto Niman	38	남	성인	김해
LST	747	팔라우		김자이조	金子二柞	Kaneko Niju	20	남	성인	김해
LST	747	팔라우		김본부억	金本不億	Kanemoto Huoku	38	남	성인	김해
LST	747	팔라우		하산승착	夏山乘錯	Najuyama Chosyaku	24	남	성인	김해
LST	747	팔라우		성점준	成点俊	Sei Denjun	43	남	성인	김해
LST	747	팔라우		덕산성룡	德山成龍	Tokuyama Seiryu	21	남	성인	김해
LST	747	팔라우		산본민평	山本敏平	Yamamoto Binhei	23	남	성인	김해
LST	747	팔라우		산전정탁	山田庭卓	Yamata Deitaku	25	남	성인	김해
LST	747	팔라우		안본한래	安本漢來	Yasumoto Kanlai	23	남	성인	김해
LST	747	팔라우		유진태	柳震泰	Yu Sintai	26	남	성인	김해
LST	747	팔라우		안전김신	安田金信	Yaseta Zensen	25	남	성인	김해
LST	716	팔라우		김산덕만	金山德萬	Kaneyama Dokuman	25	남	성인	김해
LST	716	팔라우		김덕주	金德周	Kin Tokuju	22	남	성인	김해

선편	선편번호	출발지	출발날짜	성명	한자명	영문명	나이	성별	나이구분	본적군
LST	716	팔라우		김본동주	金本東珠	Kanemoto Toshu	24	남	성인	김해
LST	716	팔라우		김궁의웅	金宮義雄	Kanemiya Yosio	20	남	성인	김해
LST	1045	팔라우	1946.1.8	청천오전	菁川五槇	Kosin,Aokawa	31	남	성인	남해
LST	1045	팔라우	1946.1.8	김강재윤	金岡在允	Zaiyun, Kaneoka	25	남	성인	남해
LST	1045	팔라우	1946.1.8	김우치	金宇馳	Uitchi,Kin	25	남	성인	남해
LST	1045	팔라우	1946.1.8	상천량식	相川良植	Ryosyoku, Aikawa	24	남	성인	남해
LST	1045	팔라우	1946.1.8	정상규렬	井上圭烈	Keiretu,Inoue	23	남	성인	남해
LST	1045	팔라우	1946.1.8	김산수부	金山守富	Syuhu, Kaneyama	28	남	성인	남해
LST	1045	팔라우	1946.1.8	하본한수	河本漢守	Kansyu, Kawamoto	25	남	성인	남해
LST	1045	팔라우	1946.1.8	목하종택	木下鍾澤	Syotaku, Kinosita	24	남	성인	남해
LST	1045	팔라우	1946.1.8	하산락찬	夏山洛贊	Rakusan, Natuyama	31	남	성인	남해
LST	1045	팔라우	1946.1.8	죽산기섭	竹山基燮	Kisyo, Takeyama	27	남	성인	남해
LST	1045	팔라우	1946.1.8	안본봉준	安本鳳俊	Hosyun, Yasumoto	33	남	성인	남해
LST	1045	팔라우	1946.1.8	안본순남	安本順南	Zunan, Yasumoto	31	남	성인	남해
LST	1045	팔라우	1946.1.8	류원창호	柳原昌豪	Syogo, Yanahara	24	남	성인	남해
LST	1045	팔라우	1946.1.8	청송규현	青松圭峴	Keigen,Aomatu	24	남	성인	남해
LST	1045	팔라우	1946.1.8	박련순	朴連順	Renzyun,Baku	미상	남	미상	남해
LST	1045	팔라우	1946.1.8	배남오	裵南吾	Nango,Hai	10	남	유소년	남해
LST	1045	팔라우	1946.1.8	배죽시	裵竹市	Takeo,Hai	5	남	유소년	남해
LST	1045	팔라우	1946.1.8	배남만	裵南萬	Nanman,Hai	13	남	유소년	남해
LST	1045	팔라우	1946.1.8	평산막준	平山莫俊	Bakuzyun, Hirayama	25	남	성인	남해
LST	1045	팔라우	1946.1.8	장본채관	張本採寬	Saikan, Harimoto	23	남	성인	남해
LST	1045	팔라우	1946.1.8	정상덕삼	井上德三	Tokuzyo,Inoue	24	남	성인	남해
LST	1045	팔라우	1946.1.8	김재경	金在京	Zaikei, Kin	33	여	성인	남해
LST	1045	팔라우	1946.1.8	김산두천	金山斗千	Tosen, Kaneyama	23	남	성인	남해
LST	1045	팔라우	1946.1.8	김강운	金岡雲	Saiun, Kaneoka	27	남	성인	남해
LST	1045	팔라우	1946.1.8	김덕오	金德五	Tokugo, Kin	28	남	성인	남해

선편	선편번호	출발지	출발날짜	성명	한자명	영문명	나이	성별	나이구분	본적군
LST	1045	팔라우	1946.1.8	김주식	金周植	Syusyoku, Kin	25	남	성인	남해
LST	1045	팔라우	1946.1.8	한춘득	韓春得	Syuntoku, Kan	26	남	성인	남해
LST	1045	팔라우	1946.1.8	김강용식	金岡容植	Yosyoku, Kaneoka	19	남	성인	남해
LST	1045	팔라우	1946.1.8	김강규성	金岡奎成	Keisei, Kaneoka	25	남	성인	남해
LST	1045	팔라우	1946.1.8	송본태문	松本泰文	Taibun, Matumoto	31	남	성인	남해
LST	1045	팔라우	1946.1.8	박룡섭	朴竜燮	Ryosyo,Baku	25	남	성인	남해
LST	1045	팔라우	1946.1.8	박룡경	朴龍莖	Ryukei, Baku	35	남	성인	남해
LST	1045	팔라우	1946.1.8	달천영진	達川英辰	Eisin, Tatukawa	27	남	성인	남해
LST	1045	팔라우	1946.1.8	류정렬	柳廷烈	Teiretu, Yanagi	24	남	성인	남해
LST	1045	팔라우	1946.1.8	류영규	柳永奎	Eikei,Ryu	37	남	성인	남해
LST	1045	팔라우		김본일견	金本一見	Ichimi, Kanemoto	29	여	성인	남해
LST	661	팔라우		배성일	裵成一	SeiChi,Hai	24	남	성인	남해
LST	661	팔라우		성촌길준	星村吉俊	Kituzyun, Hosimura	22	남	성인	남해
LST	661	팔라우		김강찬일	金岡讚一	Sanichi, Kaneoka	25	남	성인	남해
LST	661	팔라우		현로김	玄路金	Rokin,Gen	34	남	성인	남해
LST	661	팔라우		하본정자	河本静子	Shituko, Kawamoto	21	여	성인	남해
LST	661	팔라우		김강방자	金岡芳子	Yosiko, Kaneoka	45	여	성인	남해
LST	661	팔라우		하본태진	河本泰鎮	Taichin, Kawamoto	23	남	성인	남해
LST	661	팔라우		김강남귀	金岡南貴	Nanki, Kaneoka	36	남	성인	남해
LST	661	팔라우		이민규	李珉圭	Minkei,Ri	24	남	성인	남해
LST	661	팔라우		이원옥	李元玉	Gengyoku,Ri	27	남	성인	남해
LST	661	팔라우		이련금	李連今	Renkon,Ri	36	남	성인	남해
LST	661	팔라우		정경섭	鄭敬燮	Keisyo,Tei	30	남	성인	남해
LST	661	팔라우		죽산춘성	竹山春成	Syunsei, Takeyama	25	남	성인	남해
LST	661	팔라우		산송선자	山松善子	Yosiko, Yamamatu	10	여	유소년	남해
LST	661	팔라우		산송소저	山松小姐	Kone, Yamamoto	32	여	성인	남해
LST	661	팔라우		산송장림	山松長林	Chorin, Yamamatu	32	남	성인	남해

선편	선편번호	출발지	출발날짜	성명	한자명	영문명	나이	성별	나이구분	본적-군
LST	661	팔라우		산송신자	山松信子	Nobuko, Yamamatu	3	여	유소년	남해
LST	661	팔라우		청산종선	青山鍾善	Syozen, Aoyama	27	남	성인	남해
LST	661	팔라우		신정춘달	新井春達	Syuntatu,Arai	32	남	성인	남해
LST	661	팔라우		신정복수	新井福守	Hukusyu,Arai	23	여	성인	남해
LST	661	팔라우		박수돌	朴洙乭	Syutotu,Baku	3	남	유소년	남해
LST	661	팔라우		문암령	文岩霊	Ganre,Bun	32	여	성인	남해
LST	661	팔라우		복전재우	福田在雨	Zaiu,Hukuda	26	남	성인	남해
LST	661	팔라우		성촌길준	星村吉俊	Kichisyun, Hosimura	22	남	성인	남해
LST	661	팔라우		김산봉웅	金山峰雄	Hoyu, Kaneyama	25	남	성인	남해
LST	661	팔라우		하본락찬	河本洛賛	Rakusan, Kawamoto	24	남	성인	남해
LST	661	팔라우		김성정숙	金城丁宿	Teisyuku, Kanesiro	22	남	성인	남해
LST	661	팔라우		김림강원	金林鋼原	Kohara, Kanebayasi	20	남	성인	남해
LST	661	팔라우		강두규	姜斗奎	Tokei,Kyo	24	남	성인	남해
LST	661	팔라우		김산덕세	金山徳世	Tokuse, Kaneyama	27	남	성인	남해
LST	661	팔라우		송암재수	松岩在洙	Zaisyu, Matuiwa	31	남	성인	남해
LST	661	팔라우		송촌관배	松村冠培	Kanbai, Matumura	31	남	성인	남해
LST	661	팔라우		송촌주상	松村周常	Syuzo, Matumura	44	남	성인	남해
LST	661	팔라우		궁본균택	宮本均澤	Kintaku, Miyamoto	25	남	성인	남해
LST	661	팔라우		궁본주효	宮本柱孝	Chuko, Miyamoto	38	남	성인	남해
LST	661	팔라우		이석기	李碩基	Seki,Ri	25	남	성인	남해
LST	661	팔라우		장사이수	庄司李守	Syosi,Risu	23	남	성인	남해
LST	661	팔라우		죽산채조	竹山菜潮	Saisyo, Takeyama	24	남	성인	남해
LST	661	팔라우		죽산춘성	竹山春成	Syunsei, Takeyama	25	남	성인	남해
LST	661	팔라우		전중민수	田中敏守	Binsyu,Tanaka	24	남	성인	남해
LST	661	팔라우		고산기환	高山奇煥	Kikan, Takayama	28	남	성인	남해
LST	661	팔라우		고산초섭	高山鈔燮	Syosyo, Takayama	5	남	유소년	남해
LST	661	팔라우		고산영자	高山英子	Hideko, Takayama	1	여	유소년	남해

선편	선편번호	출발지	출발날짜	성명	한자명	영문명	나이	성별	나이구분	본적군
LST	661	팔라우		고산영표	高山永杓	Eisyaku, Takayama	34	남	성인	남해
LST	661	팔라우		최종환	崔鍾煥	Syokan,Sai	20	남	성인	남해
LST	661	팔라우		송촌위렬	松村尉烈	Iretu, Matumura	29	남	성인	남해
LST	747	팔라우		김본김다랑	金本金多郎	Kanemoto Kintaro	38	남	성인	남해
LST	984	팔라우	1946.2.8	청산부안	青山富安	Aoyama Fuan	29	남	성인	남해
LST	984	팔라우	1946.2.8	청산묘선	青山妙先	Aoyama Miosen	23	여	성인	남해
LST	984	팔라우	1946.2.8	화전종석	花田宗碩	Harada Souseki	27	남	성인	남해
LST	984	팔라우	1946.2.8	화전동동	花田東同	Harada Todo	18	여	성인	남해
LST	984	팔라우	1946.2.8	김촌재호	金村載浩	Kanemura Saiko	30	남	성인	남해
LST	984	팔라우	1946.2.8	김촌달례	金村達禮	Kanemura Tatulei	31	여	성인	남해
LST	984	팔라우	1946.2.8	김촌남자	金村南子	Kanemura minamiko	6	여	유소년	남해
LST	984	팔라우	1946.2.8	김촌조자	金村朝子	Kanemura Ashako	4	여	유소년	남해
LST	984	팔라우	1946.2.8	김촌청자	金村清子	Kanemura Kijoko	1	여	유소년	남해
LST	984	팔라우	1946.2.8	김본창배	金本昌培	Kanemoto Shobai	31	남	성인	남해
LST	984	팔라우	1946.2.8	김본경렬	金本庚烈	Kanemoto Keiretsu	28	여	성인	남해
LST	984	팔라우	1946.2.8	김본정희	金本貞熙	Kanemoto Teiki	7	여	유소년	남해
LST	984	팔라우	1946.2.8	야촌일웅	野村一雄	Nomura Echio	30	남	성인	남해
LST	984	팔라우	1946.2.8	야촌춘자	野村春子	Nomura Haruko	25	여	성인	남해
LST	984	팔라우	1946.2.8	야촌국자	野村菊子	Nomura Kikuko	7	여	유소년	남해
LST	984	팔라우	1946.2.8	야촌영자	野村英子	Nomura Eiko	7	여	유소년	남해
LST	984	팔라우	1946.2.8	야촌죽석	野村竹石	Nomura Takeseki	2	남	유소년	남해
LST	984	팔라우	1946.2.8	전중재관	田中在寬	Tanaka Zaikan	46	남	성인	남해
LST	984	팔라우	1946.2.8	전중부자	田中富子	Tanaka Tomigo	37	여	성인	남해
LST	984	팔라우	1946.2.8	청산문병	青山文兵	Aoyama Bunhei	24	남	성인	남해
LST	984	팔라우	1946.2.8	성산가현	星山家賢	Hosiyama Kaken	36	남	성인	남해
LST	984	팔라우	1946.2.8	성산소학	星山小鶴	Hosiyama Syokaku	29	여	성인	남해
LST	984	팔라우	1946.2.8	성산문대	星山文代	Hosiyama Humizo	5	여	유소년	남해

선편	선편번호	출발지	출발날짜	성명	한자명	영문명	나이	성별	나이구분	본적군
LST	984	팔라우	1946.2.8	성산충환	星山忠丸	Hosiyama Jukan	2	남	유소년	남해
LST	984	팔라우	1946.2.8	정촌봉호	井村奉鎬	Imura Hoko	47	남	성인	남해
LST	984	팔라우	1946.2.8	암본종원	岩本鍾元	Iwamoto Shuken	29	남	성인	남해
LST	984	팔라우	1946.2.8	강후기	姜後基	Kyo Koki	26	남	성인	남해
LST	984	팔라우	1946.2.8	김산화옥	金山華玉	Kaneyama Kakyoku	27	남	성인	남해
LST	984	팔라우	1946.2.8	목촌정부	木村正夫	Kimura Masao	25	남	성인	남해
LST	984	팔라우	1946.2.8	김택민부	金澤敏夫	Kanajawa Joshio	25	남	성인	남해
LST	984	팔라우	1946.2.8	남홍일	南弘一	Minami Zoichi	29	남	성인	남해
LST	984	팔라우	1946.2.8	남홍삼	南弘三	Minami Zozow	24	남	성인	남해
LST	984	팔라우	1946.2.8	송전태진	松田泰鎮	Matuta Taishin	33	남	성인	남해
LST	984	팔라우	1946.2.8	안전자웅	安田子雄	Yasta Sio	24	남	성인	남해
LST	716	팔라우		김강재옥	金岡在玉	Kaneoku Jaikyoku	24	남	성인	남해
LST	716	팔라우		신정?홍	新井贊洪	Arai Sanko	27	남	성인	남해
LST	716	팔라우		신정필수	新井必守	Arai Hitsu	23	여	성인	남해
LST	716	팔라우		신정홍	新井弘	Arai Hirosi	3	남	유소년	남해
LST	716	팔라우		하봉현	河鳳賢	Ka Hoken	36	남	성인	남해
LST	716	팔라우		김촌길선	金村吉善	Kanemura Kitizen	28	남	성인	남해
LST	716	팔라우		승산종덕	勝山鐘德	Katsuyama Shotoku	26	남	성인	남해
LST	716	팔라우		삼정덕련	三井德連	Mitsui Tokuren	25	남	성인	남해
LST	716	팔라우		청산두성	青山斗成	Aoyama Tosei	31	남	성인	남해
LST	716	팔라우		암본종명	岩本鍾明	Ewamoto Sumei	31	남	성인	남해
LST	716	팔라우		김본철준	金本喆俊	Kanemoto Tetusun	26	남	성인	남해
LST	716	팔라우		김송만춘	金松萬春	Kanematu Manshun	29	남	성인	남해
LST	716	팔라우		곽성우	郭成宇	Kaku Seiu	29	남	성인	남해
LST	716	팔라우		성산용섭	城山龍燮	Siroyama Ryusho	32	남	성인	남해
LST	747	팔라우		장본석천	張本石千	Harimoto Sekisen	29	남	성인	남해
LST	747	팔라우		정상인춘	井上仁春	Inoue Zinshun	24	남	성인	남해
LST	747	팔라우		암본종록	岩本鍾錄	Iwamoto Syoroku	19	남	성인	남해
LST	747	팔라우		천본문구	川本文九	Kawamoto Munkyu	26	남	성인	남해
LST	747	팔라우		김촌길동	金村吉東	Kanemura Kitto	24	남	성인	남해

선편	선편번호	출발지	출발날짜	성명	한자명	영문명	나이	성별	나이구분	본적군
LST	747	팔라우		김본막도	金本漠道	Kanemoto Kando	21	남	성인	남해
LST	747	팔라우		김용두	金龍斗	Kin Ruto	27	남	성인	남해
LST	747	팔라우		김자휘남	金子輝南	Kaneko Terao	22	남	성인	남해
LST	747	팔라우		광산?오	光山賛午	Mituyawa Sankou	35	남	성인	남해
LST	747	팔라우		대성용두	大城用斗	Osiro Yoto	32	남	성인	남해
LST	747	팔라우		이가현기	李家玄基	Rinoie Genki	24	남	성인	남해
LST	747	팔라우		목하재민	木下在民	Kinosita Zaimin	29	남	성인	남해
LST	747	팔라우		홍갑종	洪甲鍾	Ko Kashyu	46	남	성인	남해
LST	747	팔라우		송전문수	松田文秀	Matuta Bunsu	20	남	성인	남해
LST	747	팔라우		김본철기	金本鐵琪	Kanemoto Terako	26	남	성인	남해
LST	661	팔라우		임무생	林茂生	Sigeo,Hayasi	21	남	성인	남해
LST	716	팔라우		김중강언	金中康彦	Kanenaka Yashuhiko	27	남	성인	동래
LST	1045	팔라우	1946.1.8	안본설자	安本雪子	Setuko, Yasumoto	21	여	성인	마산
LST	1045	팔라우	1946.1.8	강순애	姜順愛	Zunai, Ko	19	남	성인	마산
LST	1045	팔라우		덕산춘자	德山春子	Haruko, Tokuyama	19	여	성인	마산
LST	661	팔라우		암본정자	岩本貞子	Sadako, Iwamoto	19	여	성인	마산
LST	661	팔라우		김정추자	金井秋子	Akiko,Kanai	20	여	성인	마산
LST	661	팔라우		고산장만	高山荘晩	Soban, Takayama	42	남	성인	마산
LST	716	팔라우		김본미자	金本美子	Kanemoto Yashugo	26	남	성인	마산
LST	716	팔라우		국본정길	國本正吉	Kunimoto Shokichi	27	남	성인	마산
LST	716	팔라우		국본정자	國本定子	Kunimoto Satako	18	여	성인	마산
LST	1045	팔라우	1946.1.8	김근오	金根五	Kongo,Kin	27	남	성인	밀양
LST	716	팔라우		신정홍경	新井紅京	Arai Kogyu	20	남	성인	밀양
HAK'ACHT		티니안	1946.1.28	고수내		KO, Soo Nai	28	여	성인	부산
LST	984	팔라우	1946.2.8	오귀례	吳貴禮	Go Kirei	31	여	성인	부산
LST	1045	팔라우	1946.1.8	안상룡	安相龍	Souryu,An	41	남	성인	부산
LST	1045	팔라우	1946.1.8	김본군자	金本君子	Kimiko, Kanemoto	미상	여	미상	부산
LST	1045	팔라우	1946.1.8	암본영자	岩本英子	Eiko,Iwamoto	20	여	성인	부산
LST	1045	팔라우	1946.1.8	김본방강	金本芳江	Houe, Kanemoto	19	여	성인	부산
LST	1045	팔라우		신정순명	新井順命	Zyunmei, Arai	22	남	성인	부산

선편	선편 번호	출발지	출발날짜	성명	한자명	영문명	나이	성별	나이 구분	본적 -군
LST	1045	팔라우		정천신자	井川信子	Nobuko, Ikawa	20	여	성인	부산
LST	661	팔라우		김송자	金松子	Matuko,Kin	40	여	성인	부산
LST	661	팔라우		김경자	金京子	Kyoko,Kin	13	여	유소년	부산
LST	661	팔라우		김견실	金見實	Kenzitu,Kin	9	여	유소년	부산
LST	661	팔라우		김화자	金和子	Kazuko,Kin	5	여	유소년	부산
LST	661	팔라우		김본순자	金本順子	Zyunko, Kanemoto	24	여	성인	부산
LST	661	팔라우		김본군자	金本君子	Kimiko, Kanemoto	24	여	성인	부산
LST	984	팔라우	1946.2.8	하금립	河今立	Kinritu,Ka	26	여	성인	부산
LST	984	팔라우	1946.2.8	하산기환	夏山琪煥	Kikan, Natuyama	58	남	성인	부산
LST	984	팔라우	1946.2.8	하산경구	夏山敬九	Keiku, Natuyama	34	남	성인	부산
LST	984	팔라우	1946.2.8	하산남순	夏山南順	Nanzyun, Natuyama	7	여	유소년	부산
LST	984	팔라우	1946.2.8	하산양순	夏山洋順	Yozyun, Natuyama	4	여	유소년	부산
LST	984	팔라우	1946.2.8	하산성광	夏山盛光	Seiko, Natuyama	2	남	유소년	부산
LST	984	팔라우	1946.2.8	하산석구	夏山錫九	Sekikyu, Natuyama	27	남	성인	부산
LST	984	팔라우	1946.2.8	하산학구	夏山学九	Gakkyu, Natuyama	24	남	성인	부산
LST	984	팔라우	1946.2.8	안전옥순	安田玉順	Gyokuzyun, Yasuda	16	여	성인	부산
LST	984	팔라우	1946.2.8	김송자	金宋子	Kin Machuko	40	여	성인	부산
LST	984	팔라우	1946.2.8	김경자	金京子	Kin Keiku	13	여	유소년	부산
LST	984	팔라우	1946.2.8	김견실	金見實	Kin Kensutu	9	남	유소년	부산
LST	984	팔라우	1946.2.8	김화자	金和子	Kin Wasi	5	여	유소년	부산
LST	984	팔라우	1946.2.8	국본강개	國本康介	Kunimoto Kosuke	29	남	성인	부산
LST	716	팔라우		신정두이	新井斗伊	Arai Toy	23	여	성인	부산
LST	716	팔라우		서촌무웅	西村武雄	Nishimura Takeo	42	남	성인	부산
LST	716	팔라우		강촌정시	岡村正市	Okamura Shoichi	24	남	성인	부산
LST	716	팔라우		고산동복	高山東福	Takayama Tohuku	25	남	성인	부산
LST	747	팔라우		김본우승	金本禹昇	Kanemoto Utei	46	남	성인	부산
LST	747	팔라우		상전승부	上田勝夫	Ueda Katuo	29	남	성인	부산
LST	747	팔라우		대원동일	大園東一	Ozono Taiti	29	남	성인	부산
LST	984	팔라우	1946.2.8	소림이삼부	小林二三夫	Kobayasi Humio	24	남	성인	부산

선편	선편번호	출발지	출발날짜	성명	한자명	영문명	나이	성별	나이구분	본적군
LST	984	팔라우	1946.2.8	연천월순	延川月順	Nobukawa Ketujun	29	여	성인	부산
LST	716	팔라우		국본옥례	國本玉禮	Kunimoto Khokurei	20	여	성인	부산
LST	1023.7	팔라우	1946.1.28	박판문		BAHK PAHN MOON	26	남	성인	부산
LST	1023.8	팔라우	1946.1.28	이순임		YEE SOON YIM	17	여	성인	부산
LST	1023.8	팔라우	1946.1.28	박용하		BAHK YONG HAH	1	남	유소년	부산
LST	1023.8	팔라우	1946.1.28	한형원		HAHN HEHNG WOHN	19	남	성인	부산
LST	1023.8	팔라우	1946.1.28	구인수		GOO INN SOO	17	여	성인	부산
LST	1023.8	팔라우	1946.1.28	이순덕		YEE SOON DUHK	18	여	성인	부산
LST	1023.8	팔라우	1946.1.28	이덕남		YEE DUHK NAHM	19	여	성인	부산
LST	1045	팔라우	1946.1.8	정락원	鄭洛元	Rakugen, Tei	37	남	성인	사천
LST	661	팔라우		오문옥	吳文玉	Bungyoku,Go	41	남	성인	사천
LST	1045	팔라우		공전차순	共田且順	Katuzyun, Tomota	22	여	성인	산청
LST	661	팔라우		김정자	金貞子	Sadako,Kin	22	여	성인	산청
HIB IKI		티니안	1946.1	정문섭		CHUNG, Moon Sup	26	남	성인	산청
LST	984	팔라우	1946.2.8	임낭	林娘	Hayasi Musume	20	여	성인	산청
LST	984	팔라우	1946.2.8	양덕업	梁德業	Rio Tokuzo	26	남	성인	산청
LST	716	팔라우		연천*광	淵川*光	Fuzikawa Firomitu	30	남	성인	산청
LST	661	팔라우		김산실수	金山實秀	Sanehide, Kaneyama	25	남	성인	언양
LST	661	팔라우		대달재관	大達在觀	Zaikan,Taitatu	28	남	성인	울산
LST	661	팔라우		오천해문	烏川海文	Kaibun,Ukawa	25	남	성인	울산
LST	716	팔라우		암본향화	岩本香花	Iwamoto Koka	20	여	성인	울산
LST	716	팔라우		김본갑순	金本甲順	Kanemoto Kojun	20	여	성인	울산
LST	716	팔라우		산이종득	山梨宗得	Yamanasi Sotoku	29	남	성인	울산
LST	747	팔라우		길천복조	吉川福助	Yosikawa Hukutuke	31	남	성인	울산
HIB IKI		티니안	1946.1	이준식		LEE, Choon Sik	34	남	성인	울산
LST	661	팔라우		하본봉구	河本奉九	Hokyu, Kawamoto	47	남	성인	의령

선편	선편번호	출발지	출발날짜	성명	한자명	영문명	나이	성별	나이구분	본적군
LST	661	팔라우		김본준이	金本俊伊	Syuni, Kanemoto	26	남	성인	의령
LST	661	팔라우		수원주수	水原柱秀	Zyusyu, Mizuhara	26	남	성인	의령
LST	747	팔라우		김천기성	金川琪聖	Kanekawa Kisei	31	남	성인	의령
LST	1045	팔라우	1946.1.8	허본남홍	許本南洪	Nanko, Kyomoto	22	남	성인	의령
LST	984	팔라우	1946.2.8	곡산송자	谷山松子	Tanekawa Matuko	25	여	성인	의령
LST	984	팔라우	1946.2.8	곡산남득	谷山南得	Tanekawa Nantoku	1	남	유소년	의령
LST	984	팔라우	1946.2.8	전중용삼	田中溶三	Tanaka Yowzo	24	남	성인	의령
LST	716	팔라우		하본은옥	河本殷玉	Kawamoto Inkyoku	30	남	성인	의령
LST	716	팔라우		하본남이	河本南伊	Kawamoto Nani	20	여	성인	의령
LST	716	팔라우		송본상규	松本相奎	Matumoto Sokei	25	남	성인	의령
LST	716	팔라우		김본상조	金本祥祚	Kanemoto Syoso	27	남	성인	의령
LST	716	팔라우		신농덕성	神農德成	Sinno Tokusei	24	남	성인	의령
LST	716	팔라우		경김정섭	慶金正攝	Yosikane Seosetu	23	남	성인	의령
LST	747	팔라우		신정판세	新井判世	Arai Hansei	24	남	성인	의령
LST	1045	팔라우	1946.1.8	안릉영호	安陵英浩	Eiko,Ysunaka	26	남	성인	진양
LST	1045	팔라우	1946.1.8	송전두갑	松田斗甲	Toko,Matuta	24	남	성인	진양
LST	1045	팔라우	1946.1.8	내산윤렬	內山潤烈	Zunretu, Uchiyama	28	남	성인	진양
LST	661	팔라우		강본명삼	江本命三	Meisan,Emoto	23	남	성인	진양
LST	661	팔라우		김본봉춘	金本鳳春	Hosyun, Kanemoto	26	남	성인	진양
LST	716	팔라우		송강인호	松岡仁鎬	Matuoka Zinkou	27	남	성인	진양
LST	716	팔라우		송강옥분	松岡玉粉	Matuoka Kyokubun	22	여	성인	진양
LST	716	팔라우		송산욱현	松山旭鉉	Matsuyama Kyokugen	27	남	성인	진양
LST	747	팔라우		신정범홍	新井凡洪	Arai Bonkou	30	남	성인	진양
LST	716	팔라우		차덕철	車德喆	Siya Tokutetu	24	남	성인	진영
LST	1023.8	팔라우	1946.1.28	강일성		GAHNG IHL SUHNG	47	남	성인	진주
LST	1023.8	팔라우	1946.1.28	김성여		KIM SUHNG YUH	49	여	성인	진주
LST	1023.8	팔라우	1946.1.28	강영후		GAHNG YUHNG HOOW	27	남	성인	진주

선편	선편번호	출발지	출발날짜	성명	한자명	영문명	나이	성별	나이구분	본적군
LST	1023,8	팔라우	1946.1.28	최정열		CHURH JUHNG YUHL	23	여	성인	진주
LST	1023,8	팔라우	1946.1.28	강군자		GAHNG GOON JAH	3	여	유소년	진주
LST	1023,8	팔라우	1946.1.28	강복순		GAHNG BOHK SOON	15	여	유소년	진주
LST	1023,8	팔라우	1946.1.28	강남주		GAHNG NAHM JOO	11	여	유소년	진주
LST	1045	팔라우	1946.1.8	김본말암	金本末岩	Matugan, Kanemoto	24	남	성인	진주
LST	1045	팔라우	1946.1.8	김옥달	金玉達	Gyokutatu,Kin	21	여	성인	진주
LST	984	팔라우	1946.2.8	강이준	姜二駿	Koyu Nizun	36	남	성인	진주
LST	984	팔라우	1946.2.8	무산정이	武山正二	Takeyama Masani	37	남	성인	진주
LST	984	팔라우	1946.2.8	무산연강	武山延江	Takeyama Nokue	30	남	성인	진주
LST	716	팔라우		심경섭	沈景燮	Sin Keiso	45	남	성인	진주
LST	747	팔라우		신정이재	新井二齋	Arai Nisai	22	남	성인	진주
LST	747	팔라우		강차봉	姜且鳳	Kho Tanho	36	남	성인	진주
LST	747	팔라우		임진택	林鎭澤	Hayasi Sintaku	25	남	성인	진주
LST	984	팔라우	1946.2.8	풍산군자	豊山君子	Doyoyama Kimiko	23	여	성인	진주
LST	984	팔라우	1946.2.8	석천재욱	石川在旭	Isikawa Zaikyuku	29	남	성인	진주
LST	867	팔라우	1946.2.19	산본우상개	山本又相介	Yamamoto Matashokai	25	남	성인	진주
LST	716	팔라우		명산경삼	明山慶三	Akiyama Keiso	23	남	성인	진주
LST	716	팔라우		장천홍기	長川洪基	Nakakawa Kouhi	29	남	성인	진주
LST	716	팔라우		하산봉대	夏山鳳大	Natuyama Hotai	30	남	성인	진주
LST	716	팔라우		해원만수	海原萬壽	Umihara Mansyu	30	남	성인	진주
LST	716	팔라우		완산순	完山舜	Kanyama Jun	21	남	성인	진주
LST	716	팔라우		김영환	金永煥	Kin Eikan	21	남	성인	진주
LST	747	팔라우		신정태홍	新井泰弘	Arai Taiko	26	남	성인	진주
LST	747	팔라우		김전혜형	金田惠衡	Kaneda Heiko	26	남	성인	진주
LST	747	팔라우		대본성도	大本成道	Omoto Sheido	22	남	성인	진주
LST	747	팔라우		방산봉우	芳山奉雨	Yosiyama Kan	25	남	성인	진주
LST	1045	팔라우	1946.1.8	등택민웅	藤澤敏雄	Toshio, Huzisawa	23	남	성인	진주
LST	1045	팔라우	1946.1.8	김산송죽	金山松竹	Syotiku, Kaneyama	32	남	성인	진주
LST	1045	팔라우	1946.1.8	김택영자	金澤永子	Nagako, Kanezawa	26	여	성인	진주

선편	선편번호	출발지	출발날짜	성명	한자명	영문명	나이	성별	나이구분	본적군
LST	1045	팔라우	1946.1.8	김택시종	金澤是宗	Sino, Kanezawa	29	남	성인	진주
LST	1045	팔라우		궁본유미자	宮本由美子	Yumiko, Miyamoto	26	여	성인	진주
LST	1045	팔라우		궁본김자	宮本金子	Kaneko, Miyamoto	29	여	성인	진주
LST	1045	팔라우		백천복동	白川福同	Hukudo, Sirakawa	29	남	성인	진주
LST	661	팔라우		송본행전	松本行田	Yukita, Matumoto	24	남	성인	진주
LST	661	팔라우		송본부영	松本富榮	Tomie, Matumoto	21	남	성인	진주
LST	661	팔라우		대도연조	大島淵祚	Ensyo,Osima	26	남	성인	진주
LST	747	팔라우		강오인	姜五仁	Kyo Gochin	23	남	성인	협천(합천)
LST	661	팔라우		신정태사	新井泰寺	Taizi,Arai	47	남	성인	창녕
LST	984	팔라우	1946.2.8	허두리	許斗理	Tori,Kyo	4	여	유소년	창녕
LST	984	팔라우	1946.2.8	김삼조	金三朝	Santyo,Kin	24	여	성인	창녕
LST	984	팔라우	1946.2.8	김갑이	金甲伊	Koi,Kin	35	남	성인	창녕
LST	984	팔라우	1946.2.8	김문대	金文大	Bundai,Kin	11	남	유소년	창녕
LST	984	팔라우	1946.2.8	로영수	蘆永秀	Eisyu,Ro	29	남	성인	창녕
LST	984	팔라우	1946.2.8	이금순	李今順	Kinzyun,Lee	28	여	성인	창녕
LST	984	팔라우	1946.2.8	로학문	蘆学文	Gakubun,Ro	10	남	유소년	창녕
LST	984	팔라우	1946.2.8	로재렬	蘆在烈	Zairetu,Ro	8	남	유소년	창녕
LST	984	팔라우	1946.2.8	로재술	蘆在述	Zaizyutu,Ro	4	남	유소년	창녕
LST	984	팔라우	1946.2.8	로호선	蘆好先	Kosen,Ro	2	여	유소년	창녕
LST	984	팔라우	1946.2.8	최룡쾌	崔竜快	Ryukai,Sai	21	남	성인	창녕
LST	984	팔라우	1946.2.8	최룡출	崔龍出	Ryusyutu,Sai	19	남	성인	창녕
LST	984	팔라우	1946.2.8	최룡암	崔龍岩	Ryugan,Sai	13	남	유소년	창녕
LST	984	팔라우	1946.2.8	최남영	崔南榮	Nanei,Sai	8	남	유소년	창녕
LST	984	팔라우	1946.2.8	최남이	崔南伊	Nami,Sai	4	여	유소년	창녕
LST	984	팔라우	1946.2.8	손성운	孫聖云	Seiun,Son	56	남	성인	창녕
LST	984	팔라우	1946.2.8	최점분	崔点分	Tenbun,Sai	41	여	성인	창녕
LST	984	팔라우	1946.2.8	손수갑	孫壽甲	Zyuko,Son	15	남	유소년	창녕
LST	984	팔라우	1946.2.8	손순효	孫順孝	Zyunko,Son	9	여	유소년	창녕
LST	984	팔라우	1946.2.8	손두리	孫斗理	Tori,Son	5	여	유소년	창녕
LST	984	팔라우	1946.2.8	손남갑	孫南甲	Nanko,Son	1	남	유소년	창녕
LST	984	팔라우	1946.2.8	최기대	崔奇大	Kidai,Sai	46	남	성인	창녕
LST	984	팔라우	1946.2.8	최점세	崔点世	Tensei,Sai	31	여	성인	창녕
LST	984	팔라우	1946.2.8	박순이	朴順伊	Boku Tuni	42	여	성인	창녕
LST	984	팔라우	1946.2.8	배성남	裵成南	Hai Seinan	27	여	성인	창녕
LST	984	팔라우	1946.2.8	김문영	金文永	Kin Bunei	9	여	유소년	창녕
LST	984	팔라우	1946.2.8	김성애자	金城愛子	Kanesiro Aiko	16	여	성인	창녕

선편	선편번호	출발지	출발날짜	성명	한자명	영문명	나이	성별	나이구분	본적군
LST	984	팔라우	1946.2.8	김성계두	金城桂斗	Kanesiro Keido	23	남	성인	창녕
LST	984	팔라우	1946.2.8	이임이	李任伊	Li Nini	40	여	성인	창녕
LST	984	팔라우	1946.2.8	송을룡	宋乙龍	So Otoryu	41	남	성인	창녕
LST	984	팔라우	1946.2.8	송봉열	宋鳳烈	So Holetu	9	남	유소년	창녕
LST	984	팔라우	1946.2.8	송학열	宋學烈	So Kakuletu	4	남	유소년	창녕
LST	984	팔라우	1946.2.8	송남연	宋南連	So Nanren	7	여	유소년	창녕
LST	984	팔라우	1946.2.8	최판윤	崔判允	Sai Hanin	55	남	성인	창녕
LST	984	팔라우	1946.2.8	최상복	崔相福	Sai Sohuku	13	남	유소년	창녕
LST	984	팔라우	1946.2.8	최소복	崔小福	Sai Shohuku	7	남	유소년	창녕
LST	984	팔라우	1946.2.8	최남돌	崔南乭	Sai Nantotu	4	남	유소년	창녕
LST	984	팔라우	1946.2.8	최판준	崔判俊	Sai Hanchun	53	남	성인	창녕
LST	984	팔라우	1946.2.8	최상식	崔相植	Sai Shusku	13	남	유소년	창녕
LST	984	팔라우	1946.2.8	최춘자	崔春子	Sai Haruko	2	여	유소년	창녕
LST	984	팔라우	1946.2.8	윤평주	尹平周	Iin Heizu	65	여	성인	창녕
LST	984	팔라우	1946.2.8	고남철	高南哲	Ko Nantetu	37	남	성인	창녕
LST	716	팔라우		김덕근	金德根	Kin Tokukon	37	남	성인	창녕
LST	747	팔라우		성전기운	成田基雲	Narita Kiun	44	남	성인	창녕
LST	1045	팔라우	1946.1.8	이옥자	李玉子	Gyokuko,Ri	19	여	성인	창원
LST	661	팔라우		서원태	徐元太	Genta,Zyo	63	남	성인	창원
LST	661	팔라우		김해석덕	金海石德	Sekitoku, Kanaumi	32	남	성인	창원
LST	716	팔라우		고산봉한	高山鳳漢	Takayama Houkan	23	남	성인	창원
LST	1045	팔라우		김전두리	金田斗理	Touri,Kaneda	26	여	성인	통영
LST	984	팔라우	1946.2.8	목본인선	木本仁先	Kimura Ninsen	30	남	성인	통영
LST	1045	팔라우	1946.1.8	서원순석	西原順石	Zyunseki, Nishihara	27	남	성인	하동
LST	1045	팔라우	1946.1.8	평산점이	平山点伊	Teni,Hirayama	31	남	성인	하동
LST	1045	팔라우	1946.1.8	김촌열시	金村悦市	Etusi, Kaneyama	25	남	성인	하동
LST	1045	팔라우		문수옥	文秀玉	Syugyoku, Humi	24	여	성인	하동
LST	1045	팔라우		김본종임	金本鍾壬	Syonin, Kanemoto	24	여	성인	하동
LST	1045	팔라우		도촌복례	島村福禮	Hukurei, Simamura	23	여	성인	하동
LST	661	팔라우		강본부광	江本富光	Huko,Emoto	37	남	성인	하동
LST	661	팔라우		전전참인	前田参仁	Sanzin,Maeda	42	남	성인	하동
LST	661	팔라우		박문도	朴文道	Bundo,Baku	24	남	성인	하동
LST	661	팔라우		김택태용	金澤兌鎔	Dayo, Kanezawa	26	남	성인	하동
LST	661	팔라우		김택규석	金澤圭錫	Keiseki, Kanazawa	35	남	성인	하동
LST	661	팔라우		매전재실	梅田在實	Zaizitu, Umeda	23	남	성인	하동

선편	선편번호	출발지	출발날짜	성명	한자명	영문명	나이	성별	나이구분	본적-군
LST	661	팔라우		전야주완	全野桂完	Zyukan, Zennno	24	남	성인	하동
LST	984	팔라우	1946.2.8	박경수	朴敬秀	Boku Keisiu	38	남	성인	하동
LST	984	팔라우	1946.2.8	조춘선	趙春仙	Chio Sunsen	26	여	성인	하동
LST	716	팔라우		김택규석	金澤圭錫	Kanezawa Keisyoku	35	남	성인	하동
LST	716	팔라우		백천명	白川明	Sirakawa Akira	32	남	성인	하동
LST	716	팔라우		백천カスエ	白川カスエ	Sirakawa Kazue	25	여	성인	하동
LST	716	팔라우		길송한길	吉松漢吉	Yosimatu Kankiti	22	남	성인	하동
LST	716	팔라우		김본진석	金本珍錫	Kanemoto Sinsyoku	23	남	성인	하동
LST	747	팔라우		김궁수명	金宮壽命	Kanemiya Shumei	33	남	성인	하동
LST	747	팔라우		천본도룡	川本道龍	Kawamoto Doru	28	남	성인	하동
LST	747	팔라우		고산승	高山乘	Takayama Cyo	30	남	성인	하동
LST	747	팔라우		정판용	鄭判龍	Tei Fanryu	33	남	성인	하동
LST	747	팔라우		완산행오	完山行五	Yoshiyama Goko	24	남	성인	하동
LST	747	팔라우		국본우춘	國本又春	Kunimoto Yousen	21	남	성인	하동
LST	747	팔라우		김본정일	金本正一	Kanemoto Masaiti	33	남	성인	하동
LST	747	팔라우		하동을룡	河東乙龍	Kato Oturyu	49	남	성인	하동
LST	747	팔라우		김산기문	金山淇文	Kaneyama Kibun	33	남	성인	하동
LST	747	팔라우		옥산우갑	玉山又甲	Tamayama Matako	33	남	성인	하동
LST	747	팔라우		안본동이	安本東二	Yasumoto Toni	23	남	성인	하동
LST	747	팔라우		하촌개범	河村介範	Kawamura Kaihan	24	남	성인	하동
LST	747	팔라우		김산우문	金山又文	Kaneyama Matabun	24	남	성인	하동
LST	1045	팔라우	1946.1.8	김본태룡	金本泰竜	Tairu, Kanemoto	45	남	성인	함안
LST	1045	팔라우	1946.1.8	성산영로	星山英魯	Eiro, Hosiyama	37	남	성인	함안
LST	1045	팔라우	1946.1.8	오본명준	吳本命俊	Meizun, Kuremoto	35	남	성인	함안
LST	1045	팔라우	1946.1.8	허산구용	許山九用	Kyuyo, Kyoyama	30	남	성인	함안
LST	1045	팔라우	1946.1.8	오본명순	吳本命淳	Meizyun, Kuremoto	36	남	성인	함안
LST	661	팔라우		파산이제	巴山二済	Nisai, Hayama	27	남	성인	함안

선편	선편번호	출발지	출발날짜	성명	한자명	영문명	나이	성별	나이구분	본적군
LST	661	팔라우		김본상수	金本祥秀	Syosyu, Kanemoto	24	남	성인	함안
LST	984	팔라우	1946.2.8	강본성준	江本性俊	Emoto Seishun	29	남	성인	함안
LST	984	팔라우	1946.2.8	강본옥순	江本玉順	Emoto Kyukuchun	22	여	성인	함안
LST	716	팔라우		김광영환	金光永煥	Kanemitu Eikan	22	남	성인	함안
LST	716	팔라우		조덕식	趙德植	Zo Tokushoku	25	남	성인	함안
LST	1045	팔라우	1946.1.8	안본매자	安本梅子	Umeko, Yasumoto	26	여	성인	함양
LST	1045	팔라우		임청자	林清子	Yasuko, Hayasi	22	여	성인	함양
LST	1045	팔라우		송촌경자	松村慶子	Keiko, Matumura	25	여	성인	함양
LST	661	팔라우		대산부자	大山富子	Tomiko,Oyama	24	여	성인	함양
HAKACHT		티니안	1946.1.28	장석문		CHANG, Suk Moon	44	남	성인	함양
HAKACHT		티니안	1946.1.28	장미강		CHANG, Mi Kang	36	여	성인	함양
HAKACHT		티니안	1946.1.28	장금평		CHANG, Kum Pyong	14	남	유소년	함양
HAKACHT		티니안	1946.1.28	장양일		CHANG, Yang Il	12	남	유소년	함양
HAKACHT		티니안	1946.1.28	장성양		CHANG, Sung Yang	2	여	유소년	함양
LST	984	팔라우	1946.2.8	박묘련	朴妙蓮	Boku Myoren	34	여	성인	함양
LST	984	팔라우	1946.2.8	권주매	權柱梅	Kon Tumai	34	여	성인	함양
LST	984	팔라우	1946.2.8	정맹덕	鄭孟德	Dei Modoku	56	남	성인	함양
LST	984	팔라우	1946.2.8	정상남	鄭尚南	Dei Syonan	15	여	유소년	함양
LST	984	팔라우	1946.2.8	정점상	鄭点相	Dei Tenso	12	남	유소년	함양
LST	984	팔라우	1946.2.8	정남순	鄭南順	Dei Nanshun	7	여	유소년	함양
LST	984	팔라우	1946.2.8	정순남	鄭順南	Dei Shunnan	1	여	유소년	함양
LST	984	팔라우	1946.2.8	정맹생	鄭孟生	Dei Mosu	48	남	성인	함양
LST	984	팔라우	1946.2.8	정동식	鄭東湜	Dei Dosi	13	남	유소년	함양
LST	984	팔라우	1946.2.8	정창식	鄭昌湜	Dei Syotei	13	남	유소년	함양
LST	984	팔라우	1946.2.8	정원식	鄭元湜	Dei Gentei	4	남	유소년	함양
LST	984	팔라우	1946.2.8	정길자	鄭吉子	Dei Yosiko	2	여	유소년	함양
LST	716	팔라우		김본고만	金本古萬	Kanemoto Koman	24	여	성인	함양
LST	1045	팔라우	1946.1.8	송산만도	松山萬道	Mando, Matuyama	27	남	성인	협천(합천)
LST	984	팔라우	1946.2.8	청송명성	青松命性	Meisei,Aomatu	51	남	성인	협천(합천)
LST	984	팔라우	1946.2.8	청송영출	青松永出	Eisyutu, Aomatu	30	남	성인	협천(합천)

선편	선편번호	출발지	출발날짜	성명	한자명	영문명	나이	성별	나이구분	본적군
LST	984	팔라우	1946.2.8	청송순득	青松順得	Zyuntoku, Aomatu	40	여	성인	협천(합천)
LST	984	팔라우	1946.2.8	청송영기	青松永基	Eiki, Aomatu	21	남	성인	협천(합천)
LST	984	팔라우	1946.2.8	청송점모	青松点摸	Denmo, Aomatu	14	여	유소년	협천(합천)
LST	984	팔라우	1946.2.8	청송의기	青松義基	Giki, Aomatu	12	남	유소년	협천(합천)
LST	984	팔라우	1946.2.8	청송삼기	青松三基	Sanki, Aomatu	8	남	유소년	협천(합천)
LST	984	팔라우	1946.2.8	청송영자	青松永子	Eiko, Aomatu	5	여	유소년	협천(합천)
LST	984	팔라우	1946.2.8	문재호	文在浩	Zaiko, Bun	5	남	유소년	협천(합천)
LST	984	팔라우	1946.2.8	문옥순	文玉順	Gyokuzyun, Bun	12	여	유소년	협천(합천)
LST	984	팔라우	1946.2.8	문해순	文海順	Kaizyun, Bun	21	여	성인	협천(합천)
LST	984	팔라우	1946.2.8	문재식	文在植	Zaisyoku, Bun	3	남	유소년	협천(합천)
LST	984	팔라우	1946.2.8	백학석	白学錫	Hakuseki, Haku	20	남	성인	협천(합천)
LST	984	팔라우	1946.2.8	표임순	表任順	Ninzyun, Hyo	34	여	성인	협천(합천)
LST	984	팔라우	1946.2.8	김광룡기	金光龍記	Ryuki, Kanemitu	18	남	성인	협천(합천)
LST	984	팔라우	1946.2.8	김광용학	金光容鶴	Yokaku, Kanemitu	15	남	유소년	협천(합천)
LST	984	팔라우	1946.2.8	김광을남	金光乙南	Otunan, Kanemitu	20	남	성인	협천(합천)
LST	984	팔라우	1946.2.8	김광경용	金光敬用	Keiyo, Kanemitu	45	남	성인	협천(합천)
LST	984	팔라우	1946.2.8	김광만석	金光萬石	Manseki, Kanemitu	15	남	유소년	협천(합천)
LST	984	팔라우	1946.2.8	김광순남	金光順南	Zyunnan, Kanemitu	12	여	유소년	협천(합천)
LST	984	팔라우	1946.2.8	김광만이	金光萬伊	Mani, Kanemitu	21	남	성인	협천(합천)
LST	984	팔라우	1946.2.8	김광남회	金光南会	Nankai, Kanemitu	3	여	유소년	협천(합천)
LST	984	팔라우	1946.2.8	강두리	姜斗理	Tori, Kyo	26	여	성인	협천(합천)
LST	984	팔라우	1946.2.8	김명석	金命石	Meiseki, Kin	42	남	성인	협천(합천)
LST	984	팔라우	1946.2.8	김공수	金孔洙	Kosyu, Kin	19	남	성인	협천(합천)
LST	984	팔라우	1946.2.8	김동수	金東洙	Tosyu, Kin	15	남	유소년	협천(합천)

선편	선편 번호	출발지	출발날짜	성명	한자명	영문명	나이	성별	나이 구분	본적 -군
LST	984	팔라우	1946.2.8	김순남	金順南	Zyunan,Kin	11	여	유소년	협천 (합천)
LST	984	팔라우	1946.2.8	김남수	金南洙	Nansyu,Kin	8	남	유소년	협천 (합천)
LST	984	팔라우	1946.2.8	김창수	金昌洙	Syosyu,Kin	5	남	유소년	협천 (합천)
LST	984	팔라우	1946.2.8	김천석	金千石	Senseki,Kin	37	남	성인	협천 (합천)
LST	984	팔라우	1946.2.8	하수	河秀	Syu,Ka	28	여	성인	협천 (합천)
LST	984	팔라우	1946.2.8	김재순	金在順	Zaizyun,Kin	10	여	유소년	협천 (합천)
LST	984	팔라우	1946.2.8	김을점	金乙点	Otuten,Kin	6	여	유소년	협천 (합천)
LST	984	팔라우	1946.2.8	김용주	金容珠	Yozyu,Kin	2	남	유소년	협천 (합천)
LST	984	팔라우	1946.2.8	주삼룡	周三龍	Sanryu,Syu	33	남	성인	협천 (합천)
LST	984	팔라우	1946.2.8	주상이	周尚伊	Syoi,Syu	27	여	성인	협천 (합천)
LST	984	팔라우	1946.2.8	주영상	周永相	Eisyo,Syu	8	남	유소년	협천 (합천)
LST	984	팔라우	1946.2.8	주영호	周永浩	Eiko,Syu	5	남	유소년	협천 (합천)
LST	984	팔라우	1946.2.8	주문지	周文智	Bunchi,Syu	38	남	성인	협천 (합천)
LST	984	팔라우	1946.2.8	차순단	車順丹	Zyuntan,Sya	28	여	성인	협천 (합천)
LST	984	팔라우	1946.2.8	침만시	沈萬時	Manzi,Sin	9	남	유소년	협천 (합천)
LST	984	팔라우	1946.2.8	침군도	沈群道	Gundo,Sin	8	남	유소년	협천 (합천)
LST	984	팔라우	1946.2.8	침삼도	沈三島	Santo,Sin	4	남	유소년	협천 (합천)
LST	984	팔라우	1946.2.8	정묘순	鄭妙順	Myozyun,Tei	39	여	성인	협천 (합천)

아픈 역사도 우리 역사입니다. 잊지 않겠습니다.

남양군도. 일제는 태평양전쟁 당시 태평양 중서부지역 섬 일대를 군사적 요충지로 만들고 여기를 '남양군도'라고 불렀습니다.

조선에서 2천여 킬로미터 떨어진 남양군도로 가장 먼저 끌려간 것은 우리 경남 지역의 할아버지, 할머니였습니다.

MBC경남이 제작한 '남양군도의 기억'을 통해, 남양군도로 강제 동원된 경남 출신 노무자와 해군 군무원 인원이 1만8백여 명에 달하는 사실도 국내 최초로 밝혀졌습니다. 이분들 중 상당수가 태평양 전쟁에 동원돼 질병과 전쟁으로 사망했습니다. 일본군이 한국 여성들을 성노예로 삼았다는 충격적인 증언도 나왔습니다.

일제의 만행을 읽을 때는 분노가 일면서도, 우리가 전혀 몰랐다는 지적에는 식은 땀 한 줄기가 흘러내리는 느낌이었습니다.

이 구술기록집은 우리가 잊고 지냈던 남양군도 피해자들의 생생한 증언을 한데 모았습니다. 이 책이 들려주는 진실은 놀라우면서도 불편한 이야기입니다.

저는 그 동안 여러 차례 '역사를 잊은 민족에겐 미래가 없다'고 강조해왔습니다. 아픈 역사도 우리 역사입니다. 불편함을 마주할 수 있는 사람이 역사의 앞으로 나아갈 수 있다고 생각합니다.

남양군도의 기록. 잊지 않겠습니다.

여러분과 함께 진실을 마주하겠습니다.

경상남도지사
김경수

기록은 과거와 현재, 미래까지 잇는 이야기 타래이자 해당 시대의 증거다.

이 책의 부제처럼 '잊혀진 섬, 그곳은 지옥이었다.'는 이야기에는 일제의 침략 전쟁에 강제 동원된 사람들의 고통과 고향에 남겨진 사람들의 신산한 삶이 생생하게 날 것으로 담겨있다.

저자와 MBC경남 취재진이 6개월의 짧은 기간 동안 기록발굴과 조사를 통해서 남양군도에 강제동원된 경남사람들을 특정하고 구술자를 찾아 인터뷰하는 과정이 간단치 않았을 것이다.

하지만 저자와 MBC경남 취재진이 수고를 아끼지 않은 덕분에 귀한 사료들이 발굴돼 세상에 나와 재조명될 수 있었고 기록으로 확인되지 않았던 아픈 역사의 빈 공간은 구술자의 증언으로 메꿀 수 있게 됐다.

해마다 의례적인 소재로 소모돼 온 강제동원이라는 박제된 역사를 80년이 지난 지금 생생하게 되살려냈다는 점에서 의미가 크다.

그래서 이 책은 식민지 시대에 고통 받았던 개인의 연대기가 아니라 역사의 빈 공백을 채우는 훌륭한 사료가 될 것이라고 믿는다.

덧붙여 이 책은 MBC경남 취재진의 노력에 더해 경상남도 지역방송발전기금의 지원으로 발간됐다. 지역언론의 역할과 지원 필요성을 증명했다는 점도 성과중의 하나다.

저자와 MBC경남, 취재에 협조해 주신 모든 분들, 그리고 경상남도 관계자의 노력에 찬사를 보낸다.

전 경상남도의회 의장
김지수